O. J. 심슨은 어떻게 무죄가 되었나?

합리적
의심

합리적 의심
- O.J. 심슨은 어떻게 무죄가 되었나?

초판 1쇄 발행 | 2017년 2월 25일

지은이 | 권영법
펴낸이 | 조미현

편집주간 | 김현림
편집장 | 윤지현
책임편집 | 김희윤
디자인 | 장원석

펴낸곳 | (주)현암사
등록 | 1951년 12월 24일 제10-126호
주소 | 04029 서울시 마포구 동교로12안길 35
전화 | 365-5051 · 팩스 | 313-2729
전자우편 | editor@hyeonamsa.com
홈페이지 | www.hyeonamsa.com

ISBN 978-89-323-1833-2 03360

이 도서의 국립중앙도서관 출판예정도서목록(CIP)은
서지정보유통지원시스템 홈페이지(http://seoji.nl.go.kr)와
국가자료공동목록시스템(http://www.nl.go.kr/kolisnet)에서 이용하실 수 있습니다.
(CIP제어번호: CIP2016030940)

O. J. 심슨은 어떻게 무죄가 되었나?

합리적
의심

권영법 지음

ᄒ 현암사

차례

일러두기

1. 인용 문구 속의 괄호 안에 든 문구는 전후 문맥을 추정하여 저자가 기재한 부분이다.
2. 파운드는 킬로그램으로, 씨씨는 밀리리터로, 마일은 킬로미터로, 인치는 센티미터로 바꾸어 표기했다. 다만 인치는 문맥상 부득이한 경우 그대로 표기했다.
3. 인물 이름의 표기는 국립국어원의 외래어 표기법의 용례와 규정을 따랐으나, 이미 관용으로 굳어진 외래어는 그대로 표기했다.
4. 미국 사회에서는 '흑인'이란 표현을 거의 사용하지 않으나, 우리에겐 '아프리카계 미국인'이란 표현이 어색하다. 그래서 문맥에 따라 두 단어를 번갈아 사용했다.
5. 서술한 사실은 책, 논문, 신문기사 등 문헌을 기초하여 서술하였으나, 일부 내용은 저자가 추정 한 부분도 있음을 밝힌다.

내가 '오 제이 심슨 사건'을 마음속에 품기 시작한 것은 지금으로부터 약 20년 전의 일이다. 당시 나는 사무소를 막 개업한 신출 변호사였는데, 심슨에 대해 무죄 평결이 난 후, 언론과 인터뷰한 배심원의 말이 아직도 기억에 생생하다.

"심슨이 범인이 아닌가 하는 생각도 들었습니다. 하지만 합리적 의심이 없는 입증을 했다고 볼 수 없었습니다."

그로부터 15년간 나는 변호사 업무에 쫓기다시피 살았다. 그리고 '무죄 추정의 원칙'과 더불어 '합리적 의심 없는 입증 원칙'이란 말도 기억 속에서 가물가물해졌다. 지금은 상황이 많이 바뀌었고, 무죄율도 두 자릿수로 올랐지만 당시만 해도 무죄율은 매우 낮았다. 오히려 내 귀에는 '무죄 추정의 원칙'이 '유죄 추정의 원칙'으로, '검사의 합리적 의심 없는 입증 원칙'이 '피고인의 합리적 의심 없는 입증 원칙'으로 들렸다. 그리고 '오 제이 심슨 사건'은 먼 나라 남의 이야기로 남았다.

나는 2009년 늦깎이로 대학원 박사 과정을 다니면서 지금까지 형사소송과 형법에 관한 논문을 써오고 있다. 그중에는 이 책의 주제인 '합리적 의심 없는 입증'과 '진실'을 다룬 글도 있다. 그리고 『형사소송과 과학적 증거』, 『형사 증거법 원론』, 『현대 형법 이론』, 『공정한 재판』, 『자백과 묵비권, 그리고 미란다 판결』이란 책을 썼다. 이러한 집필은 내 안에 잠자고 있던 또 다른 나를 발견하는 계기가 되었다. 그리고 이러한 글쓰기는 나로 하여금 '오 제이 심슨 사건'을 새로운 시각으로 보게 하였다.

'오 제이 심슨 사건'은 형사재판과 민사재판, 이렇게 두 건의 재판이 이루어졌다. 형사재판°은 1994년 11월 9일 배심원들이 선서하고 1995년 1월 24일 모두진술을 하면서 시작되었다. 재판하는 데 8개월이 걸렸으며, 1995년 10월 3일 평결이 났다. 이후 피해자 로널드 골드먼의 가족과 니콜 브라운의 가족이 제기한 민사소송이 열렸다. 이 소송에서 심슨은 피해자 가족들에게 3,350만 달러를 지급하라는 판결을 받았다.

이 책에서 다루려는 재판은 1995년 1월에 시작된 형사재판이다. 이 재판은 미국 법학에 있어 새로운 시대를 열었다. 언론 보도가 줄을 이었고 여론이 나뉘었으며, 대중을 열광시켰다. 심슨 사건은 존

• The People of the State of California v. Orenthal James Simpson, 1. No. BA097211 (Cal. Sup. Ct. LA. County 1994~1995).

에프 케네디나 존 레논의 사망 이후 가장 떠들썩한 대중문화의 물결을 이끌었다.**

이와 동시에 이 재판은 DNA 증거, 배심 제도, 가정 폭력, 재판의 공개 등 재판 제도 전반에 대한 논쟁의 촉매가 되었다. 그리고 유명 인사의 역할론, 돈과 인종 문제에 대한 논쟁도 불러일으켰다.

심슨 재판은 1995년 1월부터 무려 113일에 걸쳐 텔레비전을 통해 생중계되었다. 1995년 10월 3일 배심원들이 4시간 동안 평의한 후 무죄로 평결했음을 알리자, 미국 형사재판에 대한 격렬한 논쟁이 다시 시작되었다. 나아가 경찰과 검사, 변호사와 판사, 배심원과 법과학자의 행동과 자질도 논란의 도마 위에 올랐다. 또한 돈, 유명인사, 인종, 인종주의에 대한 숱한 논의가 이어졌다. 그리고 텔레비전을 통해 재판을 보도하고, 재판 도중 언론이 여론을 주도해도 되는지도 검토되었다.

이와 같이 '심슨 재판'은 대중의 지대한 관심을 끌었다. 그뿐만 아니라 범죄학자, 법학자도 이 사건을 예로 들어 형사재판을 논했다. '심슨 사건'은 유명세에 걸맞게 수많은 책, 논설, 사회과학과 법률 논문으로 다루어졌다. 'O. J. Simpson'이란 검색어를 치면 수천 개의 문헌이 검색된다. 인터넷 서점 아마존에는 심슨 재판과 관련된 책만 50여 권에 이른다.*** 이처럼 심슨 사건이 남긴 유산과 영향력은 막대하다. 심슨 재판이 있은 지 20여 년이 흘러, 최근 미국에서는

** Joel J. Seidemann, *In the Interest of Justice*, Harper, 2004, pp. 1ff.

이 사건을 재조명하기 시작했다. 그리고 이 사건을 다룬 〈아메리칸 크라임 스토리〉라는 드라마가 제작되어 방영되었다.

이 책은 '심슨 사건'에서 가장 논란이 된, 배심원들의 평결이 옳았느냐의 문제에 초점을 맞추고 있다. 형사재판에서는 판사나 배심원이 '합리적 의심 없는 입증 원칙'에 따라 판단해야 한다. 따라서 배심원들이 과연 이 원칙에 맞게 판단하였는지가 첫 번째 관전 포인트다. 많은 사람들은 과연 심슨이 범인인가의 문제에 관심을 갖는다. 여기에 대해선 여러 설이 있고, 후속 편을 통해 이 문제를 다루고 싶다. 이 두 가지 질문, 다시 말해 배심원들이 '합리적 의심 없는 입증 원칙'에 따라 옳게 판단하였나? 누가 진범인가? 이 글을 읽는 여러분이 배심원이 되어 판단해주기 바란다.

••• Wayne J. Pitts et al., "The Legacy of the O. J. Simpson Trial," *Loy. J. Pub. Int. L.*, Vol. 199 (2008-2009), pp. 199-202.

ORENTHAL
JAMES
SIM
PSON

제1장
브렌트우드의 주검들

"사람의 몸으로는 도저히 이런 고통이나 공포를 감당할 수 없습니다."

셰익스피어의 『리어 왕』에서

캘리포니아, 로스앤젤레스, 브렌트우드

이곳저곳의 소도로에서 이주민들의 자동차가 천천히 기어 나와 거대한 국토 횡단의 고속도로에 이르자 그들은, 서부를 향해서 방향을 잡았다. 낮에는 서쪽을 향해서 곤충처럼 허둥지둥 달렸고, 어둠이 덮치면 은신처나 물가에 곤충처럼 잔뜩 몰려들었다.[1]

1939년, 미국의 소설가 존 스타인백[2]은 디트로이트에서 시카고를 경유해 66번 국도를 타고 캘리포니아로 돌아왔다. 이때 66번 도로에서 무리를 이루며 서쪽으로 향해 가고 있는 이주 노동자의 참상을 보았다. 그리고 캘리포니아에 있는 이주 노동자 캠프를 찾아가 이들의 삶을 일일이 메모했다. 『분노의 포도』는 이 같은 체험과 조사를 바탕으로 쓰인 작품이다. 1929년 경제공황이 밀어닥치고 이어 1930년대에는 불황이 찾아왔다. 1,000만 명이 실업 상태에 빠져 빈곤에

허덕이는 생활을 이어갔다. 게다가 1933년부터 3년 동안 미국 중서부와 중남부에 휘몰아친 모래바람은 농지를 사막으로 만들었고, 조상들에게 물려받은 토지에서 쫓겨난 소작농은 생계를 이어가기 위해 캘리포니아로 잇따라 이주해 왔다.

캘리포니아의 역사는 풍요의 땅 미국 서부 해안에 스페인 선박이 닻을 내리면서 시작되었고, 골드러시에 이어 할리우드 영화가 각광을 받으면서 전 세계인의 이목을 끌었다. 캘리포니아는 인종의 도가니라는 이민 국가 미국의 축소판이다. 백인과 흑인, 아시아인, 라틴인 등 실로 다양한 사람들이 함께 살아가고 있다. 그러나 인종 갈등은 늘 수면 아래에서 꿈틀거렸다.

1991년 캘리포니아 남서부에 위치한 로스앤젤레스에서 경찰관들이 로드니 킹[3]이라는 흑인 남자를 자동차로 추격한 끝에 붙잡아 구타하는 장면을 한 구경꾼이 비디오로 녹화했다. 이 테이프가 전국에 걸쳐 여러 차례 방영되며 사람들의 분노를 불러일으켰다. 경찰관들은 폭행죄로 재판에 회부되었으나 로스앤젤레스 외곽의 백인으로 구성된 배심원들은 무죄 평결을 내렸다. 결국 1992년 여름, 로스앤젤레스 사우스센트럴 지역에 사는 흑인들의 분노가 폭발하여 광범위한 약탈과 방화로 이어지면서 50명 이상이 목숨을 잃었다.

그로부터 2년 뒤에 베벌리힐스, 벨에어와 함께 로스앤젤레스에서 'B'로 시작하는 세 곳의 부촌 중 하나인 브렌트우드에서 미국 역사를 뒤흔든 사건이 벌어졌다.

카토의 울음

1994년 6월 12일 저녁, 파블로 페니브스Pablo Fenjves는 부인 제이jai와 함께 3층 침실에서 밤 10시 뉴스를 보고 있었다. 이 부부는 브렌트우드에 살고 있었다. 보통 로스앤젤레스 하면 할리우드나 베벌리힐스를 떠올리는 사람이 많지만, 브렌트우드 역시 로스앤젤레스의 부촌으로 손꼽히는 곳이다. 그들의 집 바로 옆에는 은퇴한 미식축구 선수의 전 부인이 살고 있었는데 파블로는 그녀를 만난 적이 한 번도 없었다.

밤 10시 15분쯤, 파블로와 제이는 개 짖는 소리를 들었다. 파블로는 아래층으로 내려왔다가 11시 조금 전에 다시 침실로 돌아왔고, 제이는 드라마를 보고 있었는데 개는 그때까지도 짖고 있었다. 파블로는 개 짖는 소리가 평소 듣던 소리와 다르다는 것을 직감했다. 마치 슬퍼서 울부짖는 듯했다.

개 짖는 소리는 아니었지만 비슷한 시간대에 근처에서 소란스러운 소리를 들은 사람도 있었다. 이웃 주민 로버트 헤이드스트라Robert Heidstra는 저녁 10시 40분쯤 근처에서 개를 데리고 산책하고 있었는데, 그때 두 개의 목소리를 들었다. 하나는 불분명했고, 하나는 꽤 분명했다.

"이봐, 이봐, 이봐!"[4]

개 짖는 소리를 들은 사람은 또 있었다. 세 블록 떨어진 곳에서 사는 스티븐 슈와브Steven Schwab는 짖고 있는 개를 직접 발견하기도 했다. 브렌트우드 사람들은 개와 함께 조깅이나 쇼핑을 하고, 심지어 식당에도 데리고 다니는 일이 흔한데, 슈와브 역시 그랬다. 슈와브는 텔레비전 프로그램 〈딕 반 다이크 쇼〉를 본 뒤 밤 11시부터 11시 반까지 개를 데리고 산책했다. 슈와브는 후일 법정에서 "그날은 10시 30분부터 11시까지 산책했는데, 그때가 주말이어서 '반 다이크 쇼'가 10시 반에 끝나기 때문입니다"라고 증언했다. 슈와브는 이렇듯 즐겨 보는 텔레비전 쇼의 방영 시간에 맞추기 위해 규칙적으로 가는 길을 정해서 산책하곤 했다. 그날도 여느 때처럼 개를 산책시키고 있었다. 10시 55분쯤, 슈와브는 이상한 것을 목격했다. 그곳은 바로 페니브스 부부의 집 근처, 은퇴한 미식축구 선수의 전 부인이 살고 있는 집 앞 골목이었다. 수려한 아키타종의 개[5]가 집을 향해 짖고 있었다. 아키타 개는 슈와브를 바라보더니 다시 집을 향해 짖었다. 슈와브는 개의 행동이 이상한 데다 혹시 유기견은 아닌지 싶어 개에게 다가갔다. 개도 슈와브를 향해 다가와 코를 킁킁거렸다. 개는 비싼 목걸이를 하고 있었는데 이름이나 주소가 없었다. 슈와브가 가까이서 살펴보니 개의 뒷발에 피가 묻어 있었다.

누구의 개인지 알 수 없어 슈와브는 개를 내버려두고 집으로 향했다. 그런데 개가 따라오기 시작했다. 슈와브가 집에 도착했을 때는 밤 11시가 넘은 시각으로 〈매리 타일러 무어 쇼The Marry Tyler Moore Show〉가 막 시작되고 있었다. 슈와브가 부인 린다Linda에게 큰 개가 따라왔다고 하자, 린다는 "농담이죠?"라고 말했다. 밖으로 나가보니 개가 여전히 그 자리에 있었다. 슈와브 부부는 개에게 물을 주고 그 자리에 서서 이야기를 나누었다. 11시 40분쯤, 근처를 지나던 수크루 보즈테페Sukru Boztepe와 그의 부인 베티나 라스무센Bettina Rasmussen이 슈와브 부부와 마주쳤다. 이웃인 두 부부는 평소 친분이 있었는데[6] 슈와브 부부의 이야기를 듣고 보즈테페 부부가 그날 밤 개를 봐주기로 했다. 그런데 보즈테페 부부가 개를 데려가려 하자 개는 매우 불안해하며 주위를 서성거리더니 문을 긁어대기 시작했다. 게다가 아키타 개는 옛날 일본에서는 투견으로 키웠을 정도로 덩치가 커서 보즈테페 부부는 이렇게 큰 개를 집에 데려가는 것이 불편했다. 결국 부부는 불안해하는 개를 집 안에 두느니 함께 산책하는 편이 낫겠다고 생각했다. 개가 가는 대로 내버려두자 개는 자연스럽게 번디 길로 향했다. 한데 그곳으로 다가갈수록 개의 신경이 점점 날카로워지는 듯 보였고, 더 세게 목줄을 당겼다. 결국 개는 보즈테페 부부를 번디 길 875번지 집 앞으로 이끌었다. 주위는 너무 캄캄해서 길을 분간하기 어려울 정도였다. 그리고 바로 그 순간 보즈테페 부부는 피로 범벅이 되어 쓰러져 있는 여자를 발견했다.

보즈테페가 본 광경은 참혹했다. 피 웅덩이에 젊은 여자가 죽어 있었다. 여자는 길게 목이 잘려 목구멍이 다 드러나 보일 정도였다. 보즈텝은 즉시 경찰을 불렀고, 조금 떨어진 곳에서 목과 다리, 가슴과 배가 찔려 사망한 젊은 남자도 발견했다. 여자는 은퇴한 미식축구 선수 오린설 제임스 심슨Orenthal James Simpson, 일명 오 제이 심슨의 전 부인인 니콜 브라운Nicole Brown이었고, 젊은 남자는 '메잘루나 트라토리아'란 이탈리아 레스토랑의 직원 로널드 라일 골드먼Ronald Lyle

오린설 제임스 심슨은 서던캘리포니아 대학교 미식축구 선수였다. 이후 버펄로 빌스에서 뛰었고, 1973년 한 시즌에 2,000야드를 뛴 최초의 선수가 되었다. 1983년 대학 미식축구 명예의 전당에 헌액되었고, 1985년에는 프로 명예의 전당에 헌액되었다.

Goldman이었다. 그리고 보즈테페를 그곳으로 인도한 아키타종의 개는 니콜이 기르던 카토Kato였다.

오린설 제임스 심슨

은퇴한 미식축구 선수 오 제이 심슨은 방송인이자 배우로, 주스Juice 라는 별명으로 불리기도 한다. 심슨은 1947년 7월 7일, 샌프란시스코에서 네 자녀 중 셋째로 태어났다. 모친 유니스Eunice는 병원 행정

직원으로 근무했고, 부친 지미 리 심슨^{Jimmy Lee Simpson}은 요리사이자 은행 관리원이었는데, 에이즈로 사망했다. 모친은 샌프란시스코 제너럴 병원에서 야간직으로 근무하며 가족들을 부양했다. 심슨에게 '오린설^{Orenthal}'이란 이름을 지어준 것은 숙모였는데, 그녀가 좋아하는 프랑스 배우 이름이었다고 한다. 그러나 심슨은 그 이름을 싫어했다.

10대 때 방황기를 맞은 심슨은 '페르시아 전사'란 갱단에 가입해 샌프란시스코 소년 감호소에 구금된 적도 있었다. 하지만 심슨이 고등학생 때, 샌프란시스코 자이언츠팀의 전설적인 선수 윌리 메이스^{Willie Mays}는 심슨의 이런 문제점을 알면서도 당시 갈릴레오 라이온스 미식축구팀 선수로 뛰고 있던 심슨을 불렀다. 덕분에 심슨은 큰 집도 장만하고, 미식축구 선수로서의 경력을 쌓아갈 수 있었다. 심슨은 고등학교를 졸업하고 2년제 대학인 샌프란시스코 시티 칼리지^{City College of San Francisco}에서 미식축구팀 선수로 뛰었다.

미식축구에서 심슨의 포지션은 러닝백이었다. 러닝백의 역할은 공을 가지고 달리는 것이어서 스피드도 필요하지만 상대의 수비를 돌파하는 능력도 중요하다. 경기에서 대부분의 러닝백은 공을 차지하고 기껏해야 10야드(9.144m) 정도 달렸는데 심슨은 공을 차지하면 평균 10야드 이상을 뛰었다. 많은 4년제 대학교에서 이런 심슨을 눈여겨보고 스카우트 제의를 했다. 하지만 심슨의 목표는 오직 서던캘리포니아 대학교^{University of Southern California}, 즉 USC뿐이었다.

서던캘리포니아 대학교는 미국 서부에서 가장 큰 대학교 중 하나로, 미식축구팀이 유명했다. 사실 이 학교가 이처럼 성장할 수 있었던 것도 미식축구의 기여가 컸다. 대학팀의 미식축구 경기가 있을 때마다 부담스러운 관람료에도 학생과 동문, 주민들이 관중석을 채워주었고, 그 수익금이 고스란히 학교 발전으로 이어졌기 때문이다. 서던캘리포니아 대학교 안 곳곳에는 성인이나 천사 대신 미식축구 선수의 조각상이 건물을 떠받치고 있을 정도다.

　그토록 원하던 서던캘리포니아 대학교 선수가 된 심슨은 1967년, 팀을 대학 리그 우승으로 이끌면서 일약 스타로 발돋움했다. 심슨은 대학팀에서 주장을 맡았고, 학교 역사상 가장 뛰어난 선수가 되었다. 그리고 심슨이 소속된 팀 역시 가장 뛰어난 팀으로 이름을 올렸다. 대학팀은 여태껏 노트르담팀을 이긴 적이 없었으나 1967년에 이 팀을 상대해 24대 7로 완승을 거두었다. 1968년 심슨은 그해 최우수 선수에게 주어지는 하이즈먼 상Heisman Trophey[7]을 받았다.[8] 서던캘리포니아 대학교의 헤리티지 홀에는 학생들이 받은 메달이나 트로피, 상이 전시되어 있는데, 그곳의 가장 잘 보이는 곳에 심슨의 유니폼과 트로피가 있다.[9]

　심슨은 1969년 고액의 연봉을 받고 버펄로 빌스와 계약하며 프로 미식축구 선수가 되었다. 그리고 쉐보레, 로열 크라운 콜라, 에이비씨와 스폰서 계약을 맺었다. 심슨은《뉴욕 타임스》와 인터뷰를 하면서 "저는 흑인이 아닙니다. 저는 오 제이입니다"라고 말했다. 이 말에는 인종을 초월해서 국민의 영웅이 되고 싶다는 그의 염원이 담겨 있다. 그러나 심슨은 프로 선수로서는 빨리 적응하지 못했다. 심슨

오 제이 심슨은 1977년 브렌트우드에 있는 저택을 65만 달러에 샀다. 저택의 부지는 6,000제곱미터이고, 목재와 돌이 골조를 이루고 있다. 테니스 코트와 놀이 시설을 갖추었으며, 본채 뒤로 게스트하우스가 이어져 있다.

의 코치 존 라우치John Erich Rauch는 패스 위주로 공격하라고 가르쳤는데 심슨은 잘 따르지 못했다. 데뷔하던 해에는 신인상도 받지 못했다. 그리고 이듬해는 부상으로 거의 뛰질 못했다. 3년 차 때 심슨이 속한 버펄로 빌스는 고작 한 경기만 승리했다. 그러나 심슨의 코치가 바뀌면서 상황이 달라졌다. 1972년부터 1976년까지 심슨은 매년 새로운 기록을 세우며 전설적인 선수가 되었다.

1977년 2월 23일, 오 제이 심슨은 브렌트우드 길모퉁이에 있는 로킹엄 저택을 65만 달러에 샀다.[10] 또한 현역 축구 선수인데도 불구하고 텔레비전 드라마 〈뿌리〉에 출연하여 배우로 성공적인 출발을 했으며, 1979년에는 '오린설 제작사'란 영화 제작사도 차렸다.

니콜 브라운은 1977년 열여덟 살의 나이로 심슨을 만났다. 둘 사이에 딸 시드니와 아들 저스틴을 두었다. 1992년 심슨과 니콜은 이혼했고, 니콜은 심슨의 로킹엄 저택과 가까운 번디에서 살았다. 니콜은 1994년 6월 12일 밤, 번디 집 앞에서 살해되었다.

니콜 브라운 심슨

니콜 브라운은 1959년 5월 19일, 서독 프랑크푸르트에서 독일인 주디사 안네 바우어^{Juditha Anne Bauer}와 미국인 루이스 헤제키얼 브라운^{Louis Hezekiel Brown} 사이에서 태어났다. 열여덟 살의 평범한 소녀였던 니콜의 인생은 '데이지'란 식당에서 미식축구 스타 심슨을 만나면서 180도로 바뀌었다.

1967년 6월 24일 당시 열아홉이었던 심슨은 열여덟 살의 마거릿 휘틀리Marguerite L. Whitley와 결혼했다. 두 사람은 세 자녀를 두었는데 장녀 아넬Arnelle과 두 살 터울의 아들 제이슨Jason L. Simpson, 막내딸 아렌Aaren Lashone Simpson이 그들이다. 1977년, 심슨은 결혼기념일에 마거릿에게 줄 선물을 사려고 시내로 가다가 데이지에 들러 아침 식사를 했다. 심슨이 구석 자리에서 식사하고 있던 바로 그때, 종업원이 심슨 쪽으로 걸어왔다. 미소를 머금고 다가온 종업원은 금발에 늘씬한 몸매와 부리부리한 눈매를 가진 소녀였다. 심슨이 이름을 묻자 그녀는 니콜이라고 대답했다. 식사 후 심슨은 니콜과 드라이브를 하고 밤을 함께 보냈다. 그리고 심슨은 마거릿과의 결혼이 파경으로 치닫게 될 것을 알았다.[11]

당시 심슨은 니콜보다 열두 살이나 연상인 데다 인종도 달라서 심슨의 팬과 니콜의 친구들 사이에는 긴장감이 흘렀다. 1979년 심슨과 마거릿은 14년간 살고 헤어졌다. 그리고 심슨은 미식축구 선수에서 은퇴한 지 5년째인 1985년 2월 2일 니콜과 결혼했다.[12]

제이슨 심슨

심슨과 마거릿이 순탄한 결혼 생활을 보내던 1968년 12월 4일, 딸 아넬이 태어났다. 그리고 2년 뒤인 1970년 4월 21일, 심슨의 기도가 받아들여졌는지 마침내 고대하던 아들 제이슨이 태어났다. 신문·

잡지 기사에 의하면, 심슨이 미식축구 선수 생활을 접게 된 이유는 제이슨 때문이다. 심슨은 "제이슨이 고집불통이고 자존심이 강하며 (……) 자신이 어른보다 똑똑하다 생각하고, 어른이 무슨 말을 하면 현명하지 못하다고 생각해요. 다른 사람이 얘기할 때는 툭 끼어들어 말참견을 해요. 수업 시간에는 다른 아이들이 대답하기도 전에 불쑥 대답하고요. 그래서 선생님이 교탁 앞에 가까이 두고 지켜봅니다"라고 털어놓았다.

제이슨은 여러 공립학교와 사립학교를 전전했는데, 아버지처럼 운동을 잘하진 못했다. 제이슨의 돌출 행동이 겉으로 드러나기 시작한 것은 그가 중학생이던 1985년경이었다. 심슨의 집 정원에는 심슨의 모습을 본뜬 청동상이 있었는데 심슨은 이 동상에 기름칠을 하고 닦으며 무척 애지중지했다. 그런데 심슨과 니콜이 휴가를 떠난 어느 날, 제이슨이 동상을 야구방망이로 세게 내리치기 시작했다. 계속된 방망이질에 동상을 고정하고 있던 나사가 풀리면서 동상이 넘어졌다. 제이슨은 "아빠 미워! 아빠 미워! 아빠 미워!"라고 소리지르며 야구방망이를 마구 휘둘렀다. 집사 롤프 바우어Rolf Bauer는 해고될까 두려워 이 사실을 숨겼지만 결국 이 일을 알게 된 심슨은 제이슨을 흠씬 두들겨 패고 쫓아내라며 소리를 질러댔다.

이후 제이슨은 마약에 빠져 병원을 들락거렸고, 심슨은 문제 있는 유명 인사의 자녀를 잘 길들인다는 소문이 자자한 사관학교에 제이슨을 보내려 했다. 심슨이 보기에는 규율이 엄하고 군기가 센 사관학교가 제이슨에게 도움이 될 것 같았기 때문이다. 그러나 제이슨은 계속해서 심슨의 기대를 저버렸다. 제이슨은 요리사가 되고 싶어 했으나, 심슨은 제이슨을 요리학교가 아닌 서던캘리포니아 대학교에 보냈다. 제이슨은 의기소침해졌고, 당시 하고 있던 미식축구도 접고 학교도 그만두었다. 그리고 점점 더 약물에 의존하게 되었다.

어찌 되었든 제이슨은 결국 자신이 원하던 요리사의 길을 걸었는데, 그 길도 그리 순탄하지는 못했다. 1990년 가을 '아틀라스 식당Atlas Bar and Grill'에서 7개월간 근무한 제이슨은 그 후 샌타모니카에 있는 '보더 고깃집Border Grill'에서 서너 달 근무했다. 그리고 1992년 12월에는 '리바이벌 식당Revival Cafe'에, 1994년 1월에는 베벌리힐스의 '잭슨 레스토랑Jackson's Restaurant'에 취업하는 등 4년 동안 다섯 개의 직업을 전전했다.[13]

심슨 부부의 결혼 생활과 파경

심슨은 대중에게 좋은 이미지를 구축하고 유지하는 데 힘썼으나, 정작 실제 모습은 그렇지 않았다. 흑인 사회에는 별 관심이 없었고, 자선 활동도 미미했다. 심슨은 선글라스 광고에 부인 마거릿, 두 자녀와 함께 나와 화목한 가정을 보여주었지만 그의 실제 결혼 생활은 파경에 이르고 있었다. 그러나 이들 부부 사이에 폭력이 있었다는 얘기는 들리지 않았다.[14]

심슨이 산 로킹엄 집은 6,000제곱미터(약 1,818평) 부지에 일곱 개의 침실과 아홉 개의 욕실을 갖춘 저택이었다. 심슨은 이 저택을 관리하는 데만 매년 2만 5,000달러 가까운 돈을 썼다.

심슨이 니콜을 만난 것은 로킹엄 저택을 산 지 얼마 안 되어서의 일이다. 그리고 1979년, 첫 번째 부인 마거릿과 이혼했다. 자녀들은 심슨이 양육하기로 했다. 그해에 생후 23개월이 된 딸 아렌이 수영장에서 익사했다. 이 비극은 얼룩진 심슨의 가족사를 드러내고 있다.

심슨이 마거릿과 이혼하자마자 니콜은 로킹엄으로 이사했고, 1985년에 니콜이 딸 시드니를 임신하자 심슨은 니콜과 결혼했다. 지나간 일을 모두 묻어버리고 싶어 하던 둘은 로킹엄 저택을 리모델링했다. 그리고 얼마 안 되어 시드니를 낳았다. 그해 심슨은 미식축구 명예의 전당에 이름을 올렸고, 방송인, 배우, 사업 투자가로도 활동했다.

1980년대 후반에 심슨은 NBC스포츠와 ABC에서 방송 제작자로도 일하며 한 해에만 100만 달러씩 벌어들였다. 심슨은 매력적이고 예의 바르고, 어느 누구에게든 싫어하는 내색도 없이 사인을 해줬다. 그리고 경찰을 좋아해 로킹엄 저택으로 이들을 불러 수영장에서 함께 놀기도 했다. 1985년 10월 17일, 시드니 브룩 심슨Sydney Brooke Simpson이 태어났고, 3년 후인 1988년 8월 6일에는 저스틴 라이언 심슨Justin Ryan Simpson도 태어났다. 결혼 생활은 7년간 지속되었는데, 심슨의 주장에 따르면, 1989년 폭행 때까지는 아무런 다툼이 없었다.

심슨 부부의 결혼 생활에 숨어 있던 문제가 겉으로 드러난 것은 1989년이 시작되는 첫날, 새벽 3시 58분의 일이었다. 911에 한 통의 전화가 걸려왔다. 발신지는 노스로킹엄 360번지였다. 전화 너머로 여자의 비명이 들렸다. 그리고 누군가 맞는 소리도 들렸다. 이어 비명 소리가 커지더니 뚝 전화가 끊어졌다. 경찰관 존 에드워즈 John Edwards와 동료 경찰관이 현장에 출동했다. 에드워즈가 로킹엄 저택 초인종을 누르자 가정부라고 자신을 밝힌 여자가 나왔다. 그러고는 여긴 아무 문제가 없으니 돌아가라고 말했다. 하지만 에드워즈가 911에 전화한 여자분과 얘기하기 전에는 갈 수 없다고 하자, 몇 분후 금발의 니콜 브라운이 비틀거리며 걸어 나왔다. 브래지어와 짧은 운동복 차림의 니콜은 대문 쪽으로 넘어지듯 쓰러져서는 "날 죽이려 했어요!"라고 소리 질렀다. 그리고 바닥에서 일어나 대문을 열고 에드워즈의 가슴속으로 뛰어들었다.

"누가 죽이려고 합니까?"

에드워즈가 물었다.

"오 제이요."

"오 제이, 누구요, 축구 선수 오 제이 말입니까?"

"예. 오 제이 심슨, 축구 선수요."

"심슨 씨가 무기를 갖고 있습니까?"

"예. 총이 많아요. 총을 많이 갖고 있어요."

에드워즈가 플래시를 비추었을 때 니콜은 입술이 터져 피가 나고 왼쪽 눈언저리는 시퍼렇게 부어 있었다. 이마는 시퍼런 멍이 들었고 목에는 손찌검을 한 흔적까지 보였다. 에드워즈가 니콜을 순찰차에 앉혔다. 그러자 니콜이 이번에는 경찰들을 향해 경멸 조로 소리 지르기 시작했다.

"당신들은 아무 소용 없어. 꺼져버려! 여덟 번이나 여기 왔으면서 꼼짝도 안 했어!"

에드워즈가 저택 쪽을 바라보니 심슨이 잠옷 차림으로 걸어왔다. 심슨은 "이 여자는 필요 없어요! 어차피 다른 여자도 둘이나 있고, 이 여자하곤 자고 싶지 않아요!"라고 소리 질렀다.

에드워즈가 부인을 구타했는지 묻자 심슨은 때리지 않았다며 버럭 화를 냈다.

"침대에서 밀었을 뿐입니다."

에드워즈가 심슨에게 경찰서로 가야겠다고 말했다. 심슨은 "전에도 여덟 번이나 출동한 적이 있는데 나를 체포하다니! 이건 가족 문제입니다. 내 가족 문제란 말입니다!"라며 소리 질렀다.

에드워즈가 심슨에게 옷을 갈아입고 경찰서로 동행할 것을 요구했다. 심슨이 집 안으로 들어가자 가정부가 니콜에게 다가와 "부인, 이러지 마시고 집으로 들어오세요"라며 설득했다. 가정부는 니콜을 차에서 내리게 했다. 옷을 갈아입고 나온 심슨이 에드워즈에게 항의했다.

"당신은 뭐가 그리 별납니까? 전에도 여덟 번이나 출동했지만, 당신처럼 행동한 적은 한 번도 없었습니다."

그때 다른 경찰관이 끼어들어 에드워즈와 얘기를 나누었다. 이어 에드워즈가 니콜에게 남편이 왜 구타했는지를 물었고, 니콜은 두 여자가 집으로 왔고, 심슨이 여자와 성관계를 했다고 말했다. 에드워즈는 보고서에 니콜의 사인을 받고 현장을 떠났다. 그리고 사건은 다른 경찰관에게 넘어갔다. 다음 날, 니콜이 경찰서에 출두했지만 사건을 축소하여 진술했다. 수사 기록에 의하면, 심슨은 그날 저택에서 신년맞이 파티를 열었는데, 니콜을 주먹으로 때리고 발로 차고 머리채를 잡아당기며 "죽여버릴 거야"라고 소리 질렀다.[15]

이 사건으로 심슨은 기소되었고 보호관찰과 사회봉사명령을 받을 것으로 예상됐다. 그러자 심슨은 뉴욕으로 이사 갔다. 미식축구 시즌이 시작되었다는 것이 그 이유였다. 심슨은 선고의 일환으로 심리 상담사에게 상담받기로 되어 있었는데 판사의 허락 아래 전화로 상담을 받았다. 심슨은 니콜에게 사과 편지를 쓰고, 결혼 생활을 계속하기를 원한다고 밝혔다. 심슨은 보호관찰 기간이 끝나고 1994년 6월까지는 사법기관과 얽히지 않았다.[16]

1992년 2월 25일, 니콜은 심슨을 상대로 이혼소송을 제기했다. 니콜은 심슨이 1989년 배우자를 폭행했다고 주장하며, 성격 차이까지 사유로 삼아 이혼소송을 제기했다.[17] 두 사람이 헤어질 때 로킹엄 저택은 심슨이 소유하는 것으로 정해져서 니콜과 두 자녀는 근처 그레트나 그린 길 325번지의 집으로 이사 갔다. 이혼소송에서 니콜은 심슨에게 자녀 양육비와 배우자 수당을 요구했다. 법원은 자녀 양육비와 배우자 수당을 정할 때 양측의 소득이나 재산 상황 등을 고려한다. 그런데 니콜은 심슨을 만날 때 몇 달간 웨이트리스로 일했고, 그전에는 의상실 점원으로 일했다. 니콜은 의상실에서 2주 동안 일했지만 옷 한 벌 팔지 못했다. 그럼에도 니콜은 심슨과 이혼한 후 사업을 하기로 계획했다. 니콜이 죽고 나서 친구 페이 레즈닉^{Faye Resnick}은 『비밀 일기』에서, 두 사람이 브렌트우드에서 커피점을 개업하길 원했다고 적고 있다.

1992년 10월 15일, 심슨과 니콜은 협의이혼하기로 했다. 심슨은 니콜에게 1년에 66만 달러를 주고, 자녀 양육비로 매달 1만 달러를 주기로 합의했다. 심슨에게는 로킹엄 주택을 마련하기 전에 살던 샌프란시스코 집이 있었다. 이 샌프란시스코 주택과 관련한 재산 분할로 심슨은 니콜에게 44만 3,750달러를 주기로 했다. 니콜은 그린 길에 있던 집을 정리하고 새로 살 집을 마련했다. 브렌트우드의 사우스 번디 길에 있는 이 집은 1991년에 지어졌는데 네 개의 침실과 세 개의 욕실이 딸린 3층집이었다. 심슨의 저택처럼 부촌에 있진 않지만 안전하고 사생활이 보호받는다는 느낌을 주었다.[18] 무엇보다 학교가 가까웠고, 애들이 뛰놀 마당이 있었다. 니콜은 번디 집이 마음에 들었다. 부동산 중개인은 이 집을 62만 5,000달러에 내놓았는데, 니콜은 3만 달러를 더 얹어주고 샀다. 1994년 1월, 니콜은 이 집으로 이사했다.[19]

니콜은 이사하면서 심슨과 화해하길 바랐지만 둘 사이에 케이토 캘린^{Kato Kaelin}이 끼어들었다. 단역배우인 캘린은 그린 길에 있는 니콜의 집을 빌려 쓰며 니콜의 아이들을 봐주는 대가로 월세를 깎아서 한 달에 500달러를 주고 살고 있었다. 니콜이 번디로 이사 가면서 캘린도 데려가려 하자, 심슨은 전 부인과 다른 남자가 계속 한 지붕 아래 사는 걸 못마땅해했다. 그래서 돈도 받지 않고 자신의 게스트하우스에 캘린을 살게 했다.

1994년 5월, 심슨과 화해하려는 마지막 노력도 허사로 돌아갔지만 니콜은 세금을 줄이려고 자신의 주소지를 여전히 로킹엄 주택으로 해두고, 번디 집에서 살았다. 심슨은 생일 파티나 게임 등을 핑계 삼아 니콜과 두 자녀를 수시로 만나 대화를 나누었다. 심슨과 니콜이 이혼한 뒤에, 심슨이 여배우 폴라 바비에리Paula Barbieri와 결합한다는 말이 돌았다. 둘은 몇 년간 같이 지내왔다.[20]

로널드 골드먼

로널드 라일 골드먼은 일리노이의 버펄로 그로브 출신으로 유복한 유대인 가정에서 태어났으며, 부모는 골드먼이 여섯 살인 1974년에 이혼했다. 골드먼은 고등학교를 졸업한 뒤 일리노이 주립대학교에서 심리학을 전공했는데, 학교를 다닌 것은 한 학기뿐이었다. 이후 로스앤젤레스로 옮겨 온 골드먼은 피어스 대학에서 수업을 듣기도 했다.

가족을 떠나 캘리포니아로 온 골드먼은 다양한 직업을 전전했다. 살해되기 얼마 전에는 응급의료기술사 자격증도 취득했지만 그 방면으로는 나아가지 않았다. 그는 친구에게 브렌트우드에서 술집이나 레스토랑을 개업하고 싶다고 말했다. 또 실제로 친구와 함께 술집이나 레스토랑을 열 계획을 세우기도 했다. 친구 제프 켈러Jeff Keller

에 의하면, 골드먼은 레스토랑과 술집 사업을 배우기 위해 트립스란 댄스 클럽의 기획 직원으로 일하기도 했다. 하지만 생활비를 벌기 위해 골드먼은 식당 종업원으로 일했다. 골드먼은 주당 400달러에서 500달러를 벌면서, 오전에는 체육관에서 몸을 단련하고 무술을 연마했으며, 테니스 레슨을 받는가 하면 밖으로 나가 스타벅스에서 시간을 보냈고, 그곳에서 니콜을 만나기도 했다. 일을 마치면 친구들과 어울리거나 파티에 참석했다. 골드먼은 서핑과 비치볼, 롤러블레이드를 좋아하고 나이트클럽 생활을 즐겼지만, 술은 마시지 않고 저지방 다이어트를 했다. 골드먼은 1992년 11월 11일 파산 신청을 했는데 당시 1만 2,216달러의 카드 빚을 지고 있었다.[21]

살인 사건이 나던 1994년 6월 12일 저녁, 골드먼은 로스앤젤레스 산빈센트 대로 11750번지 코너에 위치한 '메잘루나 트라토리아'란 이탈리아 레스토랑의 직원으로 일하고 있었다. 니콜 브라운은 마침 그날 저녁 가족들과 함께 이 레스토랑에서 식사를 했는데 그만 니콜의 어머니 주디사가 식당 테이블에 선글라스를 두고 왔다. 니콜이 재빨리 레스토랑으로 전화해서 알아보니 선글라스는 그곳에 있었다. 골드먼은 니콜 가족의 테이블을 담당하지 않았지만 니콜의 집으로 선글라스를 갖다주기로 했다.

골드먼은 근무를 마친 후, 친구인 레스토랑 직원 스튜어트 태너Stewart Tanner와 같이 다른 일을 하기로 되어 있었다. 태너는 "집에 가서 옷을 갈아입고 밖에 나가기로 약속되어 있었습니다"라고 말했다. 골드먼은 근무표에 저녁 9시 33분에 퇴근한다고 입력했지만, 물을 마

로널드 라일 골드먼은 '메잘루나 레스토랑'에서 직원으로 일하고 있었다. 니콜 브라운의 모친 주디사가 선글라스를 식당에 두고 오자 골드먼은 자원해서 니콜의 집에 선글라스를 갖다주려 했다. 그리고 니콜의 집 앞 인도에서 살해당했다.

시느라 15분간 더 있다가 태너에게 이따 보자고 전화한 뒤 선글라스를 들고 식당을 나섰다. 골드먼은 레스토랑 근처에 있는 자신의 아파트에 들러 식당 유니폼을 벗고 옷을 갈아입었다. 그리고 그곳에서 멀지 않은 사우스 번디 길 875번지에 있는 니콜의 집에 갔고, 그곳 인도에서 살해당했다. 경찰은 니콜이 살해당할 때 골드먼도 칼에 찔려 사망한 것으로 추정했다.[22]

생전의 골드먼을 아는 이들은 그가 구릿빛 피부에 잘생겼고 말도 잘하며, 친구들과도 잘 어울리던 사람으로 기억한다. 골드먼은 레스토랑을 운영할 계획을 갖고 있었지만 정작 그의 친구들은 골드먼이 스타가 되려는 꿈을 키워왔던 것으로 기억했다.[23] 스물다섯 살의 골드먼은 패션모델로 성공하고 싶어 했는데 실제로 조르조 아르마니의 모델로 패션지에 실린 적도 있었다. 그는 근육질의 다부진 몸매에 화사한 미소가 매력적이었다. 골드먼과 니콜 두 사람은 사귀던 사이로 알려져 있지만 골드먼의 가족은 이런 사실을 부인한다.

ORENTHAL JAMES SIMPSON

제2장
그날 밤

"아무리 험한 날에도 시간은 지나간다."

셰익스피어의 『맥베스』에서

메잘루나의 파티

로킹엄 저택 오른쪽에는 차고가 있다. 그 뒤로 보도블록이 깔린 인도가 본채와 연결되고, 본채 뒤엔 게스트하우스인 별채가 있다. 심슨의 장녀 아넬은 결혼해서 첫 번째 별채에 살았다. 지지[Gigi]라 불리는 가정부 조제핀 구아린[Josephin Guarin]은 두 번째 별채에 살았다. 심슨의 지인이자 단역배우인 케이토 캘린은 세 번째 별채에 살았다. 그날, 심슨은 리비에라 컨트리클럽에서 골프를 친 뒤 클럽하우스에서 카드를 했다. 그리고 로킹엄 저택으로 돌아와 샤워하고 옷을 갈아입은 뒤, 딸 시드니가 다니는 폴 리비어 중학교에서 니콜과 함께 댄스 공연을 보았다. 공연은 오후 6시 반(심슨은 공연이 6시 30분에서 7시 15분에 마쳤다고 한다)에 마쳤다. 그리고 심슨은 집으로 돌아와 몇 군데 전화를 했다. 그날 시카고에서 렌터카 업체 헤르츠[Hertz]의 회의가 열릴 예정이었고, 심슨은 이 회사 광고에 출연한 적이 있었다. 심슨은 이

로킹엄 저택

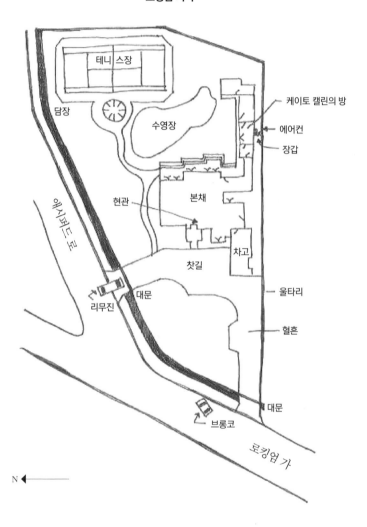

테니스장

담장

수영장

케이토 캘린의 방

에어컨

장갑

웨스트게이트 문

현관

본채

차고

찻길

울타리

리무진

대문

혈흔

대문

브롱코

로킹엄 가

N ◀——

회의에서 연설하고, 언론과 인터뷰하기로 되어 있었다.

니콜은 시드니의 댄스 공연을 본 후 가족들과 함께 제이슨이 일하는 레스토랑에서 식사하기로 약속했지만, 그 약속을 깨고 로널드 골드먼이 근무하는 '메잘루나'에서 가족과 식사했다. 그날 저녁 7시에 니콜과 두 자녀, 니콜의 세 자매 중 한 명, 니콜의 부모인 루이스와 주디사, 시드니의 친구 로널드 레이철Ronald Rachael이 참석했다. 식사는 저녁 7시 30분에 끝났다. 로널드 골드먼은 그날 브라운 가족의 테이블을 담당하지 않았다. 하지만 식탁으로 다가와 니콜에게 인사했다. 식사 비용은 179.95달러였고, 니콜은 팁 34달러를 포함해 카드로 계산했다. 그런데 니콜의 어머니 주디사 브라운이 선글라스를 레스토랑에 두고 갔다. 주디사는 그날 저녁, 레스토랑으로 전화해 선글라스를 찾아달라고 부탁했다. 레스토랑 직원 캐런 리 크로퍼드Karen Lee Crawford가 선글라스를 찾아 흰 봉투에 담았다. 그러자 로널드 골드먼이 자원해서 니콜의 집에 가져다주겠다고 말했다.

로널드 골드먼은 니콜에게 선글라스를 가져다주기 위해, 집으로 와서 샤워한 뒤 옷을 갈아입었다. 그리고 도로에 세워둔 크로퍼드의 차를 빌려 탔다. 로널드 골드먼은, 니콜의 집 근처에는 주차할 데가 없어 한 블록 떨어진 도로시 로路, Dorothy Street에 주차했다. 그곳은 걸어서 니콜의 집에 가기 쉬운 데다, 니콜에게 향한 사람들의 시선을 피할 수 있기 때문이다.[24]

한편, 제이슨이 근무하던 '잭슨 레스토랑'은 하루에 최대 200명 정도의 손님밖에 감당하지 못하는 곳이었다. 동시에 수용할 수 있는 인원도 기껏해야 87명에 불과했다. 사건이 나던 날 저녁, 제이슨은 주방장으로 사장을 대신해 일하고 있었다. 당시 식당에는 25명의 손님밖에 없었고, 제이슨은 미리 직원들에게 신경 써서 니콜 브라운 가족을 맞이할 준비를 하라고 당부한 터였으므로 이 일은 '잭슨 레스토랑'으로선 중요한 손님맞이였을 것이다. 하지만 니콜의 가족은 나타나지 않았다. 제이슨은 그날 주방 직원들, 홀에서 근무하는 종업원들을 보기가 민망했고, 자존심이 상할 대로 상했을 것이다.[25] 심슨과 마찬가지로 제이슨 역시 자존심이 무척 강했다. 아마 제이슨은 속상하고 화가 났을 뿐만 아니라 식당에서 바보가 된 기분도 들었을 것이다. '잭슨 레스토랑'은 보통 저녁 10시 반에 문을 닫는데 그날 제이슨은 저녁 9시 45분에 식당을 나섰다. 살인 사건이 나던 날로부터 두 달 후, '잭슨 레스토랑'은 일요일 저녁에는 손님이 끊겨 아예 문을 닫았다.

공연 후

2006년 11월, '리건북스ReaganBooks'는 심슨이 쓴 『내가 만약 범인이라면If I Did it』을 발간한다. 이 책에서 심슨은, 니콜 브라운과 로널드 골드먼이 어떻게 살해되었는지를 가설로 썼다고 말한다. 책을 본 로널드 골드먼의 누이 킴 골드먼은 CNN의 〈래리 킹 라이브 쇼〉에 출연하여 피해자 가족으로 분노를 표했다. 책에는 심슨이 "순전히 가정한 것"으로 주장하지만 범인이 아니고선 알 수 없는 사실을 많이 언급하고 있다.[26] 심슨은 이 책에서 그날 시드니의 댄스 공연 후 상황에 대해 적고 있다.[27]

딸의 공연 후 피곤했다. 그리고 론 피시먼(심슨의 친구로, 니콜 친구의 전남편이다)과 짧은 대화를 나눈 뒤 언짢았다. 론이 니콜에 대한 좋지 않은 소문을 늘어놓았기 때문이다. 나는 잠시 거실에 앉아서, 니콜을 감옥에 처넣겠다고 협박할 생각도 했다. 아이들을 뺏겠다는 마음은 없었는데, 그것은 니콜을 무너뜨릴 수도 있다고 생각했다. 이런저런 생각을 할 때 케이토가 나타났다. 케이토는 타월과 잡지를 들고 왔다. 그리고 니콜에 대한 소문을 말했다. 케이토가 들고 온 잡지는《플레이보이》였다. 케이토가 잡지를 뒤적이다 한 여자를 짚더니 소개해줄 수 있다고 말했다. 내가 관심 없다고 말하자 케이토는 욕실로 갔다.

나는 서재로 가서 시카고로 갈 여장을 꾸리다가 100달러짜리밖에 없는 걸 보고 공항에서 쓸 5달러가 있는지 물어보기 위해 케이토에게 갔다. 케이토는 욕조에서 나와 밖으로 갔고, 그래서 케이토가 있는 게스트하우스로 갔다. 케이토는 100달러를 바꿀 돈은커녕 20달러밖에 없어 내가 케이토에게 맥도널드에 같이 가자고 했다. 케이토는 좋다고 했다.

우리 둘은 벤틀리를 타고 창구에서 주문했다. 나는 차 뒷좌석에서 햄버거를 서둘러 먹었다. 그때 시드니의 공연장에서 본 댄스 공연이 떠오르며 기분이 나빠지기 시작했다. 나는 니콜에게 전화 걸어 아이들을 데려오라고 했다. 니콜은 잘 안 들린다고 말했다. 그러고는 "애들은 지금 피곤해요. 저녁을 많이 먹었고, 오늘 많이 지쳤어요"라고 말했다. 나는 이해할 수 없었다. 내가 친딸을 보는 게 니콜은 못마땅한 것 같았다.

심슨의 만찬

심슨은 시드니의 댄스 공연을 보고 로킹엄 저택으로 돌아와 폴라 바비에리에게 전화했다. 그즈음 케이토 캘린은 심슨의 저택에 머물고 있었는데, 심슨은 캘린에게 종종 니콜에 대한 불만을 털어놓곤 했다. 캘린의 속마음은 심슨이 그러지 말았으면 싶었지만 그날은 공연 때 무슨 일이 있었음을 직감했다.

평소 캘린은 주말에는 농구를 하거나 오래달리기를 했는데, 15킬로미터 정도는 단박에 거뜬히 달렸지만 통증이 있어 심슨의 눈치를 보지 않고 저택에 있는 스파에서 몸을 풀고 싶어 했다. 캘린은 몇 달째 심슨의 집에 머물면서도 스파를 쓰려면 심슨의 허락이 필요하다고 생각했다. 심슨은 캘린에게 스파를 써도 된다고 허락했다. 캘린은 30분가량 스파에 있으면서 하늘을 바라보고 근육통이 가라앉기를 기다렸다. 그리고 스파를 나오면서 그만 스파 끄는 것을 잊어버렸다. 몇 분 후, 캘린은 심슨이 게스트하우스로 건너오는 걸 보았다.

이런 경우는 아주 드물어서 캘린은 무슨 문제라도 있는지 당황스러웠다. 심슨이 문을 열더니 "이봐, 스파 안 끄고 나온 걸 몰랐나? 네가 그랬어?"라며 물었다. 캘린은 "그래, 오 제이, 미안해"라고 대답했다. 캘린은 미안한 마음에 심슨에게 저택으로 여자들을 불러들이자고 제안했는데 심슨은 그럴 생각이 없다며 자리를 떴다. 하지만 몇 분 지나지 않아 캘린을 불렀다. 그러고는 지금 자신에게 100달러짜리밖에 없는데 공항에서 포터를 빌리려면 5달러짜리가 필요하다며 캘린에게 돈을 빌리려 했다. 그 후 캘린에게 같이 저녁을 먹으러 가자고 말했다. 캘린은 좋다고 흔쾌히 대답했다. 심슨과 캘린은 벤틀리를 타고 햄버거를 사 먹으러 나갔다가 다시 로킹엄 저택으로 돌아와 심슨이 먼저 차에서 내렸고 캘린은 벤틀리에 남았다. 이후 캘린은 심슨이 그날 집으로 돌아오는 걸 보지 못했다. 그때가 저녁 9시 36분쯤이었다.[28]

시카고로 향하다

그날 저녁, 심슨이 다시 목격된 것은 케이토 캘린과 벤틀리를 타고 집으로 돌아온 지 1시간 18분 후인 저녁 10시 54분이었다.

심슨은 시카고에서 열리는 헤르츠의 회의에 참석할 예정이었다. 저녁 10시 24분, 심슨을 태우고 로스앤젤레스 국제공항으로 가기 위해 리무진 운전사 앨런 박 Allan Park 이 도착했다. 후일, 앨런은 로킹엄 대문을 지날 때 심슨의 흰색 브롱코 차량이 커브 길에 주차된 건 보지 못했다고 말했다. 앨런은 심슨의 집을 찾느라 두리번거렸고, 이윽고 집 번지를 보았다. 이에 대해 심슨은 브롱코가 그 자리에 몇 시간째 주차되어 있었다고 주장했다. 그 시각, 캘린은 게스트하우스에서 여자 친구와 전화하고 있었다.

심슨의 로킹엄 저택은 애시퍼드 로^路와 로킹엄 가^街가 만나는 모퉁이에 있다. 애시퍼드 쪽으로는 애시퍼드 대문이, 로킹엄 쪽으로는 로킹엄 대문이 있다. 앨런은 애시퍼드 대문 맞은편에 리무진을 주차했다. 그리고 빠져나갈 때 어느 길이 편한지 확인하려고 로킹엄 대문 쪽으로 후진했다. 앨런은 로킹엄 입구가 너무 비좁다고 판단해 애시퍼드 대문 쪽으로 돌아와 10시 40분에 초인종을 눌렀다. 그러나 대답이 없었다. 앨런은 리무진에서 나와 애시퍼드 대문을 살폈다. 그때 집에 불이 켜져 있지 않아 어두컴컴했고, 심슨의 침실이 있는 2층 창문 쪽에서 희미한 불빛이 새어 나오는 것을 보았다. 담배를 피우고 나서, 앨런은 자신의 휴대전화로 사장 데일 존^{Dale St. John}을 호출했다. 그리고 심슨 집 전화번호를 알기 위해 모친에게 전화해 존의 집 전화번호를 물었다.

10시 50분쯤, 여자 친구와 통화 중이던 캘린은 게스트하우스 바깥 벽 쪽에서 세 번 '쿵' 하는 소리를 들었다. 캘린은 그 소리를 확인하기 위해 전화를 끊고 밖으로 나갔으나, 소리가 들려온 남쪽 길은 직접 가보지 않고 애시퍼드 대문 밖에 주차한 앨런의 리무진이 있는 저택 앞으로 걸어갔다.

그제야 불이 켜지더니 심슨이 앨런에게 "늦잠을 잤다. 곧 현관으로 나가겠다"라고 말했다. 훗날 앨런은 심슨과 비슷한 체격으로 검은색 차림인 사람이 로킹엄 저택 게스트하우스 뒤에서 찻길로 걸어오는 것을 보았다고 증언했다. 공항으로 갈 심슨의 짐이 현관 앞에 이미 나와 있었기 때문에 캘린과 앨런은 같이 짐을 들어 리무진 트렁크에 실었다. 나중에 앨런과 캘린 모두 당시 심슨이 불안해 보였다고 증언했다. 하지만 또 다른 증인인, 로스앤젤레스 국제공항에서 심슨의 비행기표를 검사한 승무원은 심슨이 편안해 보였고, 평소와 다름없이 행동했다고 증언했다.[29]

심슨은 처음엔 살인 사건이 발생한 시각에 자고 있었다고 주장했다. 하지만 그러한 주장은 이후 여러 다른 주장으로 바뀌었다. 심슨의 변호인에 의하면, 심슨은 그날 밤 집을 떠난 적이 없으며 집에서 혼자 시카고로 갈 여장을 꾸리고 있었다. 변호인은 심슨이 후문을 통해 집 밖으로 나가 앞뜰에서 몇 개의 골프공을 쳤고, 그래서 캘린의 게스트하우스 쪽으로 세 번의 소음이 들렸을 거라고 주장했다.

1994년 6월 12일 시간대

니콜의 아버지 루이스 브라운은 사건 다음 날인 1994년 6월 13일, 수사관 톰 랭Tom Lange에게, 6월 12일 밤 11시에 마지막으로 니콜과 전화 통화를 했다고 말했다. 둘은 니콜의 어머니 주디사 브라운이 레스토랑에 두고 온 선글라스에 대해 얘기했다. 그로부터 사흘 후인 6월 16일, 주디사 브라운 역시 심슨의 변호인 로버트 샤피로[Robert Shapiro]에게 똑같이 말했다. 그런데 7일 후인 6월 20일, 루이스는 검시관 사무실에서 최초의 진술을 바꾸어, 니콜과 통화한 시각이 9시 30분이거나 10시라고 정정했다. 밤 11시면 심슨을 범인으로 보기 어렵다. 왜냐하면 심슨은 그날 밤 11시에 리무진 뒷좌석에 앉아 로스앤젤레스 공항으로 가서 밤 11시 45분에 출발하는 시카고행 비행기를 탔기 때문이다.

개와 산책하던 스티븐 슈와브 역시 맨 처음에는 경찰관에게 니콜이 키우던 개 카토를 밤 11시 15분에 보았다고 말했다. 그 시각이면 심슨은 범인이 될 수 없다. 하지만 슈와브는 책 『의심할 바 없이 Without A Doubt』에서 개를 본 시각이 10시 45분이라고 번복했다. 10시 45분이라면 심슨이 범인일 가능성이 열린다.

메잘루나 레스토랑의 지배인 존 드벨로[John DeBello]는 6월 13일 수사관 랭과 그의 파트너인 필립 배내터[Philip Vannatter]에게 저녁 9시쯤 니콜의 가족이 레스토랑을 떠났다고 말했다.[30] 당시 메잘루나에서 브라운 가족이 살던 집으로 가는 데 족히 두 시간은 걸렸고, 아무리 빨라도 90분이 걸렸다.[31] 그렇다면 9시에 니콜이 메잘루나 레스토랑을 떠나 집으로 돌아간 뒤 다시 레스토랑에 전화하고 있을 시간에 심슨은 이미 리무진을 타고 공항을 향해 출발했으므로 심슨이 범인이 아닐 가능성이 높다. 게다가 니콜의 가족은 집으로 돌아가서 잃어버린 선글라스 때문에 9시 37분에 마지막으로 메잘루나 레스토랑으로 전화했다고 주장했다. 메잘루나 레스토랑의 직원인 크로퍼드 역시 그 날 저녁 9시 37분에 니콜의 어머니 주디사 브라운으로부터 선글라스를 레스토랑에 두고 왔다는 전화를 받았다고 했다. 드벨로의 주장대로 브라운 가족이 9시에 레스토랑을 떠났다면 그 시간에 니콜의 가족이 집으로 돌아가서 레스토랑으로 전화를 했다는 주장은 성립되기 어렵다. 재판이 열리자 니콜의 가족은 레스토랑에서 출발한 시각을 15분에서 20분 소급하여 8시 40분이나 8시 45분이라고 주장했다. 2년 후 민사소송에선, 형사재판에서 증언하지 않던 주디사 브라운이 니콜의 가족이 식당을 나선 것은 정확히 8시 30분이라고 증언했다. 그러나 8시 30분에 출발했다 하더라도 니콜의 가족은 9시 37분에 식당으로 전화할 수 없었다. 최소한 10시는 되어야 집에 도착할 수 있었기 때문이다.

메잘루나의 여종업원 티나 개빈Tina Gavin은 브라운 가족을 서빙하고 있었다. 개빈은 처음 경찰관에게, 로널드 골드먼이 식당을 나선 시각은 10시 33분이라고 말했다. 1994년 7월 9일자《뉴욕 데일리 뉴스》는 주디사가 메잘루나에 마지막으로 전화한 것은 저녁 10시 17분이고, 10시 28분에 통화를 마쳤다고 보도했다.[32]

마이크 길버트Mike Gilbert는 심슨의 스포츠 에이전트이고, 사업 자문가이다. 그는 『내가 어떻게 오 제이의 무죄를 도왔나How I Helped O. J. Get Away With Murder』에서 1994년 6월 12일 일요일의 시간대를 적고 있다. 이 시간대를 참고하여 사건 당일의 시간대를 추정해보았다.[33]

1994년 6월 12일 일요일 추정 시간대

오후 2시	케이토 캘린은 심슨이 로킹엄 주방에 있는 걸 보았다. 심슨은 폴라 바비에리에게 전화했다. 폴라가 심슨과 같이 시드니의 댄스 공연을 보고 싶다고 말하는 바람에, 두 사람은 다퉜다. 폴라는 그날 저녁 라스베이거스로 가서 마이클 볼튼 쇼를 보았다. 심슨은 트레이시 아델Tracy Adell과 통화할 때 자신은 불행하다고 말했다. 그리고 여배우 재스민 가이Jasmine Guy와도 통화했다.
4시	심슨은 케이토 캘린과 다음 주 화요일 약속을 잡았고, 시드니의 댄스 공연장으로 떠났다.
4시 30분	니콜과 가족들은 폴 리비어 중학교에 도착했다. 로널드 골드먼은 메잘루나 식당에서 근무를 시작했다.
4시 45분	심슨이 공연장에 도착했다. 심슨은 니콜의 뒤쪽에 앉았다가 친구와 얘기를 나누려고 코너 쪽으로 자리를 옮겼다.
6시 30분 혹은 7시 15분	공연이 끝나자 심슨은 니콜과 대화를 나눴다.
6시 30분~7시	니콜의 가족이 메잘루나 레스토랑에 도착했다. 로킹엄에서 심슨은 케이토 캘린에게, 니콜이 너무 꽉 끼는 옷을 입고 가족 식사 자리에 자신을 끼워주지 않아 기분이 언짢다고 말했다.
7시 35분	심슨은 전 라이더팀의 그레첸 스톡데일Gretchen Stockdale에게 전화해서 음성 메일을 남겼다. "오린설 존스Orenthal Jones입니다. 완전히, 완전히, 외톨이 인생을 살고 있는 사람입니다."
9시	니콜의 가족은 메잘루나를 떠났다. 페이 레즈닉이 니콜에게 전화했다. 니콜은 레즈닉에게, 자신이 심슨에게 한 말을 전했다. 니콜은 심슨에게, "꺼져버려, 내 인생에서 사라져줘. 더 이상 우리 가족은 환영하지 않아"라고 말했다고 한다.
9시 3분	케이토 캘린이 친구 톰 오브라이언Tom O'Brien에게 전화할 때, 심슨은 캘린에게 5달러가 있는지 물었다.
9시 10분	심슨과 케이토 캘린이 심슨의 벤틀리를 타고 맥도널드에 갔다.

9시 25분	케이토 캘린과 심슨은 차 안에서 햄버거를 먹었다.
9시 33분	로널드 골드먼은 교대 근무를 마쳤다.
9시 35분	케이토 캘린은 저택에서 심슨과 헤어졌다.
9시 36분	케이토 캘린은 심슨이 어두운 색 스웨터를 입은 것을 보았다.
9시 30분 ~9시 45분	찰스 케일Charles Cale은 개를 데리고 심슨의 로킹엄 저택을 거닐 때 브롱코를 보지 못했다.
9시 45분 혹은 9시 50분	심슨의 이웃 로사 로페즈Rosa Lopez는 개 짖는 소리를 들었다 (그녀는 이후 저녁 10시 넘어 산책하다가 심슨의 저택 밖 도로에 브롱코가 주차되어 있는 걸 보았다).
10시 2분	심슨은 브롱코에서 휴대전화로 폴라 바비에리에게 전화하려고 했다.
10시 10분	케이토 캘린은 게스트하우스에서 여자 친구 레이철 페라라와 전화 통화를 했다.
10시 15분	니콜의 이웃은 개 짖는 소리를 들었다고 말했다.
10시 24분	리무진 운전사 앨런 박이 로킹엄에 도착했다.
10시 22분 ~10시 30분	리무진 운전사 앨런은 심슨을 공항으로 데려다주기로 되어 있었고, 로킹엄 저택에서 브롱코를 보지 못했다.
10시 30분	니콜의 이웃 스티븐 슈와브는 개를 끌고 산책했다.
10시 40분 10시 43분 10시 49분	앨런이 로킹엄의 벨을 몇 번 눌렀다. 그러나 대답이 없었다. 니콜의 이웃은 "이봐!"라고 세 번 외치는 소리를 들었다.
10시 40분 ~10시 45분 (혹은 10시 51분 ~10시 52분)	페라라와 계속 전화하던 케이토 캘린은 에어컨 실외기 근처에서 '쿵' 하는 소리를 들었다.
10시 43분	앨런은 사장 데일 존과 통화를 시도했다.

10시 49분	앨런은 데일 존에게 저택에서 아무 대답이 없었다고 말했다.
10시 50분	흰색 내지 밝은 색 브롱코가 번디와 도로시 교차로에서 목격되었다.
10시 54분	앨런은 캘린의 게스트하우스 근처에서 덩치 큰 흑인(키 182센티미터가량, 몸무게 90킬로그램가량에 검은 옷을 입은)이 정문으로 향하는 걸 보았다.
10시 56분	케이토 캘린이 앨런에게 집으로 들어오도록 했다. 슈와브는 니콜의 개를 보았다.
11시 혹은 10시 17분	니콜의 어머니 주디사 브라운이 메잘루나 레스토랑으로 전화해서 선글라스를 두고 온 사실을 알렸다.
11시쯤 혹은 9시 45분	니콜이 메잘루나로 전화해 캐런 리 크로퍼드, 로널드 골드먼과 전화했다. 골드먼은 선글라스를 들고 집으로 가서 옷을 갈아입은 뒤, 니콜의 집으로 갔다.
11시 1분 ~11시 2분	심슨이 밖으로 나가 리무진에 짐을 실었다. 심슨과 케이토 캘린은 쿵 하는 소리의 주인이 누구인지 살펴보았다.
11시 10분 ~11시 15분	앨런과 심슨은 공항으로 향했다.
11시 15분 혹은 10시 45분	스티븐 슈와브는 니콜의 개를 보았다.
11시 40분	슈와브의 이웃 수크루 보즈테페는 니콜의 개 카토의 다리와 발톱에 붉은 피가 묻은 걸 보았다.
1시 45분	심슨은 비행기를 타고 시카고로 향했다.
한밤중	보즈테페 부부는 니콜의 개를 데리고 산책한 뒤 니콜의 집으로 갔다.
12시	보즈테페 부부는 니콜과 로널드 골드먼의 시신을 보았다.
12시 13분	경찰관 리스키와 테라자스가 범행 현장에 도착했다.

ORENTHAL
JAMES
SIMPSON

제3장

번디에서 로킹엄까지

"바다 위에 무엇이 보이오?"

셰익스피어의 『오셀로』에서

로스앤젤레스 경찰청

로스앤젤레스 경찰청이 오늘날의 모습으로 성장한 데에는 윌리엄 파커^{William H. Parker}의 공이 크다. 전 로스앤젤레스 경찰청장인 파커는 경찰청을 대대적으로 혁신했으며 부패와의 전쟁을 벌였고, 수사 수준을 한 단계 끌어올렸다. 1966년 파커가 사망하자, 의회는 그의 이름을 따서 로스앤젤레스 경찰청 본청 건물을 파커센터로 명명했다.

1992년 로스앤젤레스 경찰청은 일대 변혁을 겪는다. 4월 3일, 로스앤젤레스 경찰관들이 무기를 소지하지 않은 차량 운전자 로드니 킹을 구타했다. 한 시민이 이 장면을 촬영해 언론에 공개했고, 그것을 본 사람들은 충격에 빠졌다. 하지만 로드니 킹을 구타한 네 명의 경찰관은 재판에서 무죄를 선고받았다. 그들이 받은 처분이라곤 로스앤젤레스 시내에서 변두리로 좌천된 정도에 불과했다. 그러자 로스앤젤레스에선 이에 항의하고 분노를 표하는 폭동이 일어났다. 폭동에 대한 과도한 진압은 인종주의를 불러일으키면서, 다른 한편으로는 경찰청 내부에 인종에 대한 편견이 생기게 했다.[34]

로버트 리스키의 출동

경찰관 로버트 리스키Robert Riske는 순찰차를 타고 로스앤젤레스를 돌아보고 있었다. 6월 13일 새벽 0시 9분, 리스키는 출동하라는 무전을 들었다. 사우스 번디 874번지에 범죄가 발생했다는 것이었다. 그리고 4분 후에 리스키와 동료 경찰관은 그곳에 도착했다. 노인 엘시 티셋Elsie Tistaert의 집이었다. 몇 분 전, 보즈테페와 그의 부인이 나타나 티셋의 집 현관문을 두드렸다. 티셋과 이들 부부는 평소 친하게 지내던 사이가 아니어서, 티셋이 그들을 도둑으로 생각하고 911에 신고했던 것이다.

　리스키가 살펴보니, 보즈테페 부부는 카토를 데리고 있었다. 보즈테페가 리스키를 데리고 길 건너 875번지 쪽을 가리켰다. 경찰관이 플래시를 켜자, 니콜 브라운의 시체가 보였다. 니콜은 현관 아래 계단에 누워 있었다. 피가 인도로 흘러 시신보다 큰 웅덩이를 이루고 있었다. 니콜은 검은 옷 차림으로, 가슴에 손을 대고 있었다. 그리고 맨발로 얼굴은 바닥을 향한 채 인도의 흥건한 피 웅덩이 왼쪽에 엎드려 있었다. 집 현관 쪽으로 흐른 피가 계단으로 난 보도까지 덮고 있었다. 길 한쪽은 수풀로 경계를 이루고 있었다. 리스키가 플래시로 길 오른쪽을 살피자, 니콜의 시체에서 몇 미터 떨어진 곳에 또 다른 시체가 모습을 드러냈다. 인도에서 조금 벗어난 나무 옆, 이웃 집과 경계를 이루는 철제 울타리 쪽에 남자의 시체가 있었다. 남자 는 근육질 몸매로 셔츠가 머리 위로 벗겨져 있었고, 얼굴은 형체를 알아보기 힘들었다. 나중에 로널드 골드먼으로 밝혀진 이 남자의 발 근처에는 무선호출기, 남색 모자, 피 묻은 흰색 봉투, 가죽 장갑 하나 가 있었다. 여자 시신을 보니 옆으로 한쪽 힐 자국이 나 있었다. 그 러나 현관 쪽에서 번디 길로 나가는 곳에는 신발 흔적이 보이지 않 았다.

리스키는 발자국을 남기지 않으려고 조심조심 발을 디뎌 니콜의 시신을 지나갔다. 그리고 플래시로 북쪽 보도를 비췄다. 통로를 따 라 피 묻은 발자국이 보였다. 이 골목길은 니콜과 파블로 페니브스 가 함께 쓰는 길이다. 자세히 살펴보니 다른 것도 보였다. 신발 자국 왼쪽에 방금 떨어진 혈흔이 보였다. 범행 현장에서 다섯 개의 핏방 울이 발견되었는데 니콜과 로널드의 시신에서 뒷골목 쪽으로 나 있 는 것으로 미루어 범인이 돌아간 길로 보였다. 그중 네 개는 12인치 신발 흔적 왼편에 나 있었다.[35] 모양으로 보아 범인은 왼손에서 피 를 흘린 것으로 짐작됐다.

집 현관문은 열려 있었다. 하지만 강제로 연 흔적이나 현관으로 사람이 들어간 흔적은 보이지 않았다. 리스키는 집 안으로 들어갔 다. 특별히 이상한 점은 눈에 띄지 않았다. 도둑이 뒤진 흔적도 없었 다. 거실에서 양초가 깜박거리며 타고 있었다. 리스키는 위층으로 갔다. 침실과 욕실에도 양초가 켜져 있었고, 욕조에는 물이 가득했다. 다른 두 개의 침실에선 아이들이 잠들어 있었고, 침실에는 TV가 켜져 있었다. 리스키는 아이들을 깨워 후문 쪽으로 데리고 나왔다.

시체의 신원을 확인한 뒤에는 출입을 통제하고, 수사팀의 현장 출동을 요청해야 한다. 그리고 수사팀으로 하여금 증거를 조사하도록 해야 한다. 리스키는 무전기로 지원을 요청하려다가 현관 탁자에 놓여 있는 편지를 보았다. 발신자가 '오 제이 심슨'이었다.[36] 좀 더 자세히 살펴보니 심슨과 나란히 찍은 가족사진이 테이블 위에 흐트러져 있었다. 사진을 보고 리스키는 무전기가 아닌 전화로 지원을 요청했다. 유명 인사와 관련된 살인 사건이 방송으로 새어 나가는 걸 원하지 않았기 때문이다. 무전기를 사용할 경우 기자들에게 알려질 수 있고, 언론에 보도되는 것은 시간문제였다. 로스앤젤레스 경찰청에서 4년간 근무한 리스키는 이렇다 할 수사 활동도 없었고, 지역신문에 이름이 오르내리지도 않았지만 늘 언론에 관심을 갖고 있었고, 어떻게 대처해야 하는지 알고 있었다.[37]

번디의 조사

6월 13일 0시 30분, 리스키는 상관 데이비드 로시David Rossi에게 살인 사건을 보고했다. 하지만 리스키는 니콜의 집 전화를 쓰면서 장갑을 끼지 않았고, 지문도 채취하지 않았다. 또 보고한 사항을 기록

니콜 브라운의 집 현관 앞. 1994년 6월 12일 밤, 니콜의 집 근처에 살던 보즈테페는 이 집 앞에서 참혹한 광경을 목격했다. 집 현관 아래 계단에 니콜이 피를 흘리며 누워 있었다. 피가 흘러 큰 웅덩이를 이루고 있었고, 얼굴은 바닥을 향해 왼쪽으로 엎드려 있었다. 그리고 인도에서 조금 벗어난 곳에 로널드 골드먼의 시체도 발견했다. 골드먼은 철제 울타리 쪽에 있었다.

하지도 않았다. 로시는 수십 번이나 전화해서 로스앤젤레스 범죄팀에 속한 경찰관들을 모두 출동하도록 했다. 평범한 살인 사건이라면 당직 경찰관과 직속상관에게만 전화하면 된다. 그러나 로시의 상관은 사건의 파장을 염두에 두고 더 높은 상관에게 모두 알리도록 지시했다. 경찰관들이 속속 사우스 번디 길 875번지에 도착했다. 리스키와 동료 경찰관은 범죄 현장임을 알리고 출입을 금지하는 노란색 테이프를 쳤다. 두 명의 경찰관이 더 도착하여 증거를 수집하기 위해 쓰레기를 뒤지고 목격자를 찾았다. 새벽 1시 정각, 데이비드 로시와 로시의 상관 콘스턴스 다이얼Constance Dial도 도착했다. 로시는 웨스트로스앤젤레스 살인 사건 팀장 로널드 필립스^{Ronald Philips}에게도 전화했다. 필립스는 자기 팀원들을 사건에 배정했다. 6월 13일, 필립스는 마크 퍼먼^{Mark Fuhrman}에게 전화했다. 19년간 경찰관으로 근무한 퍼먼은 다른 경찰관이 1급 수사관으로 승진할 때 2급 수사관으로 남아 있는 상태였다. 필립스는 사건을 책임질 팀장으로 마크 퍼먼을, 또 그를 도울 경찰관으로 브래드 로버츠^{Brad Roberts}를 정했다. 필립스와 마크 퍼먼은 새벽 2시 10분, 사건 현장에 도착했다. 그때 퍼먼은 셔츠와 타이 차림이었고 외투는 입지 않았다. 퍼먼은 현장에 도착한 17번째 경찰관이다.

리스키는 필립스와 퍼먼을 집 앞에서 만났고, 두 사람은 현장을 둘러봤다. 리스키가 플래시를 들어 여자의 시신을 비췄다. 경찰들은 피가 너무 많이 흐른 데다 어둡기까지 해서 조심스레 발을 내딛지 않고 현장과 계단을 그냥 밟고 다녔다.[38] 그들은 번디 길 인근의 도로시 로^路와 골목길도 살폈다. 리스키, 필립스, 퍼먼은 지프차와 페라리가 주차된 차고를 통해 집 안으로 들어갔다. 계단 옆 난간에는 먹다 남은 '벤 앤 제리^{Ben & Jerry}' 아이스크림과 초콜릿이 있었다.

그들은 2층까지 둘러보고 다시 밖으로 나왔다. 두 구의 시체를 보고, 또 피 묻은 발자국이 인도에서 골목길 쪽으로 나 있는 것을 보았다. 리스키가 플래시를 비추자 봉투와 함께 나뭇잎으로 살짝 가려진 장갑이 보였다. 리스키는 플래시로 피 묻은 발자국과 그 왼쪽에 있는 혈흔도 비췄다. 필립스는 휴대전화로 전화했고, 퍼먼은 자신이 본 것을 메모했다. 정식 보고서는 작성하지 않고, 방금 본 것만 적었다. 차고를 통해 다시 집 안으로 들어간 퍼먼은 거실 소파에 앉아 목격한 내용을 적었다. 퍼먼은 리스키가 시체를 발견했다고 최초 보고서를 작성했다. 시체를 자세히 살피지 않아 사인은 불분명하며, 피해자가 총에 맞아 죽었을 가능성도 있다고 적었다. 두 아이는 경찰서로 데려갔고, 양초가 타고 있었고, 아이스크림이 녹고 있었던 것도 적었다. 인도 쪽의 피 묻은 발자국에 대해서는 범인이 그리로 도주했을 것이라고 적었다. 그리고 범인이 개한테 물렸을 것이라고 적었다. 스키 모자, 한쪽 장갑을 포함하여 17개의 항목을 적었다.

브래드 로버츠가 도착하자 퍼먼은 그에게 시체와 모자, 장갑을 보여주고, 인도로 함께 걸어가서 표시해둔 피 묻은 발자국을 보았다. 로버츠는 주위를 둘러보았고, 퍼먼은 다시 소파로 가서 보고서를 작성했다. 그때 상관 로널드 필립스가 와서 웨스트로스앤젤레스팀은 이 사건을 담당할 수 없다고 말했다. 퍼먼은 필립스를 따라 집에서 나왔다. 그때가 2시 40분이었다. 그리고 퍼먼의 팀장 지위도 사라졌다. 잠시 후 필립스는 키스 부시Keith Bushey의 전화를 받았다. 부시는 로스앤젤레스와 할리우드, 퍼시픽, 월셔를 포함한 로스앤젤레스 서부 지역 수사팀장이다.

로시가 로스앤젤레스 수사팀뿐 아니라 웨스트로스앤젤레스 살인사건팀까지 모두 연락하는 바람에 많은 경찰관이 범죄 현장에 도착했고 결국 수사가 일대 혼선을 빚었다. 사실 로스앤젤레스 경찰청에는 수사관이 워낙 많아서 친한 사이가 아니면 서로를 잘 알지 못한다. 처음에는 웨스트로스앤젤레스의 마크 퍼먼과 브랜드 로버츠가

살인 현장에 출동한 경찰관

6월 13일 0시 13분	순찰 경찰관 로버트 리스키와 미겔 테라자스가 번디로 출동함
새벽 1시	마티 쿤, 데이비드 로시, 콘스턴스 다이얼이 번디에 도착함
새벽 2시 10분	웨스트로스앤젤레스 살인 사건팀 로널드 필립스가 마크 퍼먼과 브래드 로버츠를 수사관으로 정해 이들이 도착함
새벽 3시	사건 책임 수사관이 본청 로스앤젤레스 살인 사건팀의 수사관 톰 랭과 필립 배내터로 교체됨
새벽 4시 5분 ~ 4시 30분	수사관 필립 배내터와 톰 랭이 번디에 도착함

사건 책임자로 지목되었으나 이후 사건의 파장을 염두에 두었는지 사건 책임자가 본청 로스앤젤레스 살인 사건팀의 톰 랭과 필립 배내터로 바뀌었다.

경찰 사진사가 현장에 도착하자, 퍼먼은 한쪽 장갑, 봉투 등 몇 가지 증거를 설명했다. 그리고 퍼먼과 필립스는 자신들을 대신할 조사관들이 도착할 때까지 기다렸다. 두 사람은 거의 한 시간 반 동안, 번디 길에 서서 얘기를 나누었다. 그리고 울타리 쪽의 남자 시신을 살펴보았다.[39]

로킹엄의 조사

1994년 6월 13일 새벽 3시 직전, 로스앤젤레스 살인 사건팀 수사관 톰 랭과 필립 배내터는 상관 존 로저스의 전화를 받고 잠에서 깼다. 존 로저스는 전 미식축구 선수 오 제이 심슨의 전처가 사망 피해자 중 한 명이라고 말했다. 배내터가 주소를 받아 현장에 도착했을 때는 경찰 통제선이 둘러쳐져 있었고, 순찰 경찰관 미겔 테라자스^{Miguel Terrazas}가 현장을 통제하고 있었다. 4시 5분, 배내터는 테라자스로부터 상황을 보고받았다. 4시 30분, 배내터의 동료 톰 랭도 도착했다. 두 명의 수사관이 현장을 둘러보았는데 니콜의 발은 깨끗했다(후일 검시관은 이를 토대로 니콜이 범인에게 습격당한 것으로 추정한다). 웨스트로스앤젤레스 살인 사건팀 로널드 필립스와 로스앤젤레스 살인 사건팀의 배내터와 랭은 심슨의 집에 가는 것에 대해 의논했다. 그리고 배내터와 랭이 가기로 했다. 퍼먼은 순찰 경찰관으로 근무한 경력이 있고, 전화를 받고 심슨의 집에 간 적이 있어 동행하기로 했다. 새벽 5시, 필립스와 퍼먼, 배내터 그리고 랭 등 네 명의 경찰관이 두 대의 차량에 나누어 타고 번디에서 로킹엄으로 향했다. 그곳까지는 3.2킬로미터가량 되고, 차로 가면 5분이 걸렸다.

배내터가 로킹엄 대문 초인종을 눌렀다. 그러나 대답이 없었다. 다시 몇 번 더 눌렀다. 그리고 필립스와 랭이 이어 눌렀다. 하지만 여전히 대답이 없었다. 집 가까이 웨스텍 보안 회사가 경비한다고 적힌 팻말이 있었는데 마침 웨스텍 마크를 부착한 차량을 발견한 경찰관들은 경비원에게 심슨의 집 전화번호를 알려달라고 말했다.

새벽 5시 36분에 필립스는 자신의 휴대전화로 심슨의 집에 전화했다. 그러나 전화기는 "심슨입니다"라는 기계음만 반복했다. 퍼먼은 집에서 누구든 전화받기를 기다리며 몇 번 더 전화했다. 네 사람 중에서 직급이 가장 낮았던 퍼먼이 코너를 돌아 로킹엄 저택 뒤로 가서 브롱코를 살폈다. 플래시로 뒷좌석을 살피자 오 제이 심슨의 주소가 적힌 종이가 보였다. 그리고 운전석 문 쪽 핸들 바로 위에 조그만 혈흔이 보였다. 또 운전석 쪽 열린 문틈으로 문턱에 혈흔으로 보이는 몇 개의 엷은 붉은 줄도 보였다. 퍼먼은 배내터에게 전화해서 "브롱코에 뭔가 있는 걸 봤습니다"라고 말했다.

배내터가 브롱코로 와서 자세히 살폈고, 두 사람은 그 흔적이 피인 것 같다고 말했다. 배내터는 퍼먼에게 차량 번호판을 조회해 누구 차인지 확인하라고 말했다. 차량은 포드에서 제조했으며, 소유자는 심슨으로 등록되어 있었다.

배내터가 경찰 범죄연구원에게 차량에 묻은 흔적이 피가 맞는지 확인해줄 것을 요청하기로 했다. 불이 켜져 있는 걸 보면 집 안에 누군가 있는 게 분명한데 초인종을 눌러도 아무 대답이 없었다. 후일, 랭은 "또 다른 피해자가 심슨의 집 안에 있을 것 같았고, 피를 흘리거나 더 안 좋은 상태였을 거라는 생각이 들었습니다"라고 증언했다.[40] 그러나 경찰관들은 심슨이 니콜의 전남편으로 이미 니콜을 폭행한 전력이 있고 전직이 미식축구 선수였던 만큼 두 사람을 제압할 만한 체격을 가졌다는 사실을 잘 알고 있었다. 그 때문에 심슨은 처음부터 유력한 살인 용의자로 떠올랐을 것이다. 따라서 이런 증언의 신빙성은 매우 낮아 보인다. 어쩌면 유력한 용의자의 집을 영장 없이 수색한 것을 합리화하려는 핑계가 아닐까?

네 명 중에서 가장 젊고 체력 좋은 퍼먼이 자원해서 2미터 높이 담장을 넘어 들어가 대문을 열었다. 나머지 세 명의 경찰관은 대문을 통해 들어왔다.[41] 수사관들이 정원으로 지나가도 심슨의 개는 가만히 있었다. 배내터가 현관에서 문을 두드렸다. 아무 대답이 없었다. 2, 3분 기다렸다가 다시 문을 두드렸지만 인기척이 없었다. 네 명의 수사관이 플래시를 켜고 새벽 동이 틀 때까지 마당을 살폈다. 그리고 집 뒤로 돌아가 그곳을 살폈다. 뒤쪽에 게스트하우스가 있고 그 집은 방으로 본채와 연결되어 있지만 현관문은 따로 나 있었다. 필립스가 "안에 누군가 있는 것 같습니다"라고 말했다.

필립스가 문을 두드리자 부스스한 머리의 남자가 방금 잠에서 깬 듯 대답하면서 나왔다. 금발 머리를 가르며 필립스를 바라보더니, 자신은 케이토 캘린이라고 말했다. 잠에서 덜 깬 캘린은 심슨이 집에 있는지 모르고, 바로 옆 게스트하우스에 심슨의 딸 아넬이 산다고 말했다. 필립스, 배내터, 랭이 아넬의 방문을 두드렸다. 퍼먼은 뒤에서 캘린과 얘기를 나누었다. 퍼먼은 캘린이 잠에서 깬 상태라곤 하지만 너무 정신이 없어 보여 간단한 음주 측정을 했다. 38센티미터 길이의 펜을 캘린의 얼굴에 대고 눈이 펜을 따라가는지 살폈다. 캘린은 시험에 통과했다. 퍼먼은 캘린의 게스트하우스 안도 살폈다. 신발을 살피고, 옷장 안에 피 묻은 옷이 있는지 보았다. 그러나 눈에 띄게 이상한 점은 보이지 않았다.

캘린은 퍼먼에게, 전날 밤 10시 45분쯤 전화하고 있을 때 침실 쪽 벽 바깥 에어컨 실외기 부근에서 '쿵' 하는 소리가 들렸는데, 그 소리가 너무 강해서 벽에 걸린 그림이 흔들렸고, 지진이 난 것으로 생각했다고 말했다. 두 사람은 이런 대화를 나누며 본채로 걸어갔다. 그곳에서는 세 명의 경찰관이 아넬과 얘기하고 있었다.

퍼먼은 집 밖으로 나가 캘린의 침실이 있는 남쪽 벽을 확인해보려 했다. 남쪽 벽은 심슨 저택 모퉁이 쪽에 있었다. 옆엔 펜스가 있고, 펜스와 벽 사이에 좁은 통로가 있었다. 퍼먼이 플래시를 비추며 길을 살폈다. 어두운 길은 나뭇잎으로 가려져 있었다. 30미터쯤 걸어 갔을 때, 퍼먼은 바닥에서 검은 장갑을 발견했다. 장갑은 원래 그 자리에 있었던 것 같지 않았다. 장갑 위에는 나뭇잎이 없는 데다 축축해 보였고, 장갑 일부는 달라붙어 있었다. 퍼먼은 장갑 주위를 빙 돌며 주위를 살핀 뒤, 이어 길 끝까지 걸어갔다가 돌아왔다. 장갑은 번디에서 본 장갑과 비슷했다. 오른손 장갑은 피에 흥건히 젖어 있었다.[42]

필립스가 아넬에게, 위급한 일이 생겨 아버지에게 알려야 한다고 말했을 때 아넬이 본채를 가리키며 "저기 안 계시나요?" 하고 물었다. 경찰관들은 본채엔 없는 것 같다고 말했다. 그러자 아넬은 애시퍼드 대문 쪽으로 가서 심슨의 차가 있는지 살폈다. 경찰관들이 브롱코가 주차되어 있다고 말하자, 아넬은 본채 앞으로 운전해 왔다. 경찰관들이 세 번째 게스트하우스를 지났다. 가정부 지지의 집인데, 비어 있었다. 지지는 가정부이자 훌륭한 요리사이다.

아넬이 본채로 가서 심슨의 비서 캐시 랜다Cathy Randa에게 전화를 걸었다. 그런 다음 필립스에게 전화를 넘겨주었고, 필립스가 위급한 일이 생겨 심슨과 통화해야 한다고 말하자 랜다는 심슨이 묵고 있는 호텔을 알려주었다. 필립스는 아침 6시 5분에 호텔로 전화를 걸어 심슨이 묵고 있는 객실로 연결해달라고 요청했다. 필립스가 "심슨 씨입니까?"라고 물은 뒤 전처 니콜이 살해당했다고 전했다. 심슨은 크게 놀라며 "세상에! 니콜이 살해당했다고요? 세상에! 죽었나요?"라고 물었다. 그러고는 곧장 비행기를 타고 로스앤젤레스로 돌아오겠다고 말했다.[43] 후일, 필립스는 심슨의 목소리에서 충격을 받거나 당황하는 기색이 조금도 느껴지지 않았고, 특히 니콜이 어떻게 죽었는지에 대해서는 관심을 보이지 않았다고 증언했다.[44]

배내터의 조사

랭은 아넬로부터 니콜의 부모 루이스와 주디사 브라운이 그곳에서 120킬로미터 떨어진 오렌지 카운티에 산다는 얘기를 들었다. 아침 6시 21분, 랭이 루이스 브라운에게 전화했다. 니콜의 사망 소식을 전해 들은 언니 데니스가 전화를 바꿔 들더니 "그 남자가 죽였어요! 결국 죽였군요!"라고 울부짖으며 소리 질렀다. "누구요?" 랭이 묻자 그녀는 "오 제이!"라고 말했다. 안 그래도 경찰관들은 진작부터 심슨이 범인이라고 추정한 터였다. '범인은 싸우던 중에 왼쪽 장갑을 범행 장소에 떨어뜨렸고, 왼손을 다쳤다. 범인은 피를 흘리며 차를 세워둔 골목길로 걸어갔고, 그 차량은 아마 심슨의 브롱코일 것이

다. 그리고 로킹엄으로 가서 캘린의 집 뒤 골목길에 옷을 숨기려다 장갑을 떨어뜨렸다.'

필립스와 퍼먼 그리고 랭은 번디로 돌아가고, 배내터가 로킹엄에 남아 심슨의 집을 더 조사하기로 했다. 현관에서 나와 차도를 통해 차 두 대가 주차된 곳으로 걸어갔다. 그때 동이 트기 시작했다. 배내터는 바닥에 있는 혈흔을 보았다. 핏방울은 로킹엄 대문에서 집 현관 쪽으로 나 있었다. 배내터는 주차된 브롱코 부근을 살폈다. 브롱코 조수석과 운전석 사이의 콘솔에서 혈흔을 발견했다. 그리고 운전석 문 안쪽에 또 다른 혈흔이 있었다.[45] 집 안으로 들어서자 현관 뒤에 혈흔이 떨어져 있었다. 혈흔은 심슨 집 쪽으로 쭉 나 있었다.

범죄연구원 데니스 펑Dennis Fung이 7시 10분 로킹엄에 도착했다. 데니스 펑은 1984년부터 로스앤젤레스 경찰청의 범죄연구원으로 근무해왔다. 데니스 펑이 브롱코를 살펴보니 계기반과 운전석 문 안쪽에 혈흔이 있었다. 그리고 브롱코 외부의 혈흔을 검사했다. 확실한 것은 아니지만 사람의 혈흔으로 드러났다.[46]

잠시 후 번디로 갔던 퍼먼이 로킹엄으로 돌아왔다. 퍼먼은 배내터에게 현장에서 발견된 장갑은 왼쪽이고, 캘린의 집 뒤에서 발견된 오른쪽 장갑과 같은 것이라고 말했다. 배내터는 수색영장을 받기 위해 마셔 클라크Marcia Clark 검사와 통화했다. 판사가 영장을 발부해줄지는 검사가 더 잘 알고 있으리라 생각했기 때문이다.

배내터는 영장을 받기 위해 조서를 작성했다. 조서에서 배내터는 경찰관으로 25년간, 조사관으로는 15년간 근무했다고 밝힌 뒤 조사

니콜 브라운의 집은 번디 길에 있다. 이곳에서 니콜 브라운과 로널드 골드먼의 시체가 발견되었다. 니콜 브라운 가족이 사건 당일인 1994년 6월 12일 저녁에 식사한 '메잘루나 레스토랑'은 니콜의 집 부근에 있다. 그리고 니콜의 집 북쪽에 오 제이 심슨의 로킹엄 저택이 있다. 니콜의 집에서 심슨의 집까지는 차로 5분 정도 거리다. 따라서 경찰은 심슨이 두 사람을 살해하고 로킹엄으로 돌아갔을 것이라고 추정했다.

한 내용을 상세히 적었다. 그리고 판사가 늦은 아침에 서명한 영장을 들고 6월 13일 월요일 정오쯤 로킹엄으로 돌아갔다. 그때 심슨은 시카고에서 돌아와 있었다. 심슨은 6월 13일 헤르츠가 주최하는 초청 골프 대회에서 고객들과 골프를 치기로 되어 있었다. 한 주 전에는 버지니아에서 헤르츠가 주관하는 골프 대회에도 참가했다.[47]

조지프 보스코Joseph Bosco는 이 사건 재판을 법정에서 직접 지켜본 몇 안 되는 행운의 기자 중 한 사람이다. 이후 그는 잡지《펜트하우스Penthouse》에 실었던 글을 모아 1996년『증거의 문제A Problem of Evidence』를 펴냈다. 보스코는 치우침 없이 글을 썼다고 하지만, 검찰과 경찰의 시각으로 이 사건을 다루고 있다. 또한 그는 책에서, 필립 배내터가 수사관으로 범행 현장에서 마땅히 해야 할 증거 목록 작성 대신 그날 아침 일찍 검사 마셔 클라크의 사택으로 전화를 걸었다는 사실을 언급했다. 마셔 클라크는 처음엔 사건 소식을 듣고도 로킹엄에 가지 않으려 했으나 결국 배내터의 전화를 받고 사건에 개입하게 되었다. 그리고 클라크 검사는 다른 검사와 함께 사건에 배정되면서 사건 전반에 대한 통제권을 갖게 되었다.

영장 없는 수색

조지프 보스코는 시체가 발견된 지 두 시간 만에 오 제이 심슨이 살인범으로 조사받고 있다는 내용으로 보도 기사가 작성된 사실을 주목했다. 그러므로 심슨의 집을 영장 없이 수색한 것이 심슨에게 전처 사망 사실을 알려주기 위해서였다는 경찰의 변명은 설득력이 없어 보인다.[48]

하버드 대학교 로스쿨 교수인 윌리엄 스턴츠William Stuntz는 심슨이 유명 인사가 아니었다면 경찰이 사건을 해결해야 한다는 압박을 덜 받았을 것이고, 영장 없이 수색하거나 부정직한 일을 저지르지도 않았을 것으로 본다. 만약 그랬다면 결과가 달라졌을지도 모른다.

1994년 6월 13일, 네 명의 경찰관이 심슨 집으로 갔다. 경찰관들은 담장을 넘었고, 그곳에서 피 묻은 장갑을 발견했다. 담장을 넘기 전에 경찰관들은 다음의 사실을 알고 있었다. ① 니콜과 골드먼이 일곱 시간 전에 죽었다. ② 범인은 칼을 사용했다. ③ 니콜의 목에는 여러 개의 자상이 있었다. 이런 사실들로 미루어볼 때 범인은 여러 명이거나, 아니면 힘이 세고 운동을 한 사람이다. 심슨은 유명한 운동선수인 데다, 전처에게 폭력을 행사한 과거가 있다.

경찰이 사전 영장을 청구하려면 '상당한 이유[probable cause]'가 있어야 한다. 치안판사(영미법계 국가에서 전문 판사의 업무를 일부 분담하는 판사. 가벼운 범죄에 한해 판결을 내리기도 한다)에게 청구하기 전에 범죄와 관련된 증거가 발견될 것이라고 볼 상당한 이유가 있어야 하고, 나아가 '긴급한 사정[exigent circumstances]'이 있어야 한다. 스턴츠는 당시 상당한 이유라는 요건을 갖추기가 쉬웠을 것으로 본다. 심슨을 범인으로 볼 상당한 이유는 쉽게 찾을 수 있었다. 그리고 '긴급한 사정'도 쉽게 갖출 수 있었다고 본다. 왜냐하면 범행이 발견된 지 얼마 안 되었기 때문이다. 그럼에도 불구하고 경찰관들이 무슨 이유로 영장 없이 심슨의 집을 수색했는지는 의문이다. 스턴츠는 영장 없이 심슨의 집을 수색한 것은 분명 불법이라고 지적한다. 경찰관은 심슨에게 전처가 살해되었다는 사실을 알리기 위해 심슨의 집에 갔다가 심슨의 차량에 피가 묻어 있는 것을 보고 심슨 역시 두 사람을 살해한 범인에게 당한 것이 아닌지, 그리고 심슨이 안전한지 확인하기 위해 담장을 넘었다고 주장했다.[49]

변호사이자 작가인 스콧 터로[Scott Frederick Turow] 역시 경찰의 주장에 설득력이 없다고 말하면서 다음과 같이 지적한다.

경찰관들은 법무부가 발간한 통계 수치를 잘 알고 있었다. 미국에서 살해된 여성의 절반이 남자 친구나 배우자에게 당한다. 이런 수치를 가지고 쉽게 심슨을 용의자로 몰아갈 수 있다. 또 마크 퍼먼은 1년 전 심슨이 처를 폭행했다는 신고를 받고 심슨의 집에 전화한 적이 있다. 따라서 심슨은 유력한 용의자다. 심슨에게는 배우자를 폭행한 전력이 있다. 게다가 심슨은 뛰어난 미식축구 선수다. 그리고 두 명을 칼로 제압하고 죽일 만한 체격의 소유자다. 베테랑 경찰관들이라면 살인 용의자로 보이는 심슨의 집에 가지 않을 리 없다.

조지워싱턴 대학교 교수인 데이비드 로빈슨David Robinson 역시 경찰이 수색 영장 없이 심슨의 집을 수색한 사실을 지적한다. 후일, 심슨의 변호인은 로킹엄 저택 뒷길에서 발견된 피 묻은 장갑과 관련해서 경찰이 위증을 했다고 주장했다. 로빈슨은 석연찮은 경찰의 진술 때문에 경찰 증언 전체의 신빙성이 떨어져 결국 피 묻은 장갑과 함께 경찰 증언이 사실상 사라졌고, 결과적으로 검찰에 더 큰 피해로 돌아왔다고 본다.

후일, 재판 때 심슨의 변호인단은 마크 퍼먼과 필립 배내터가 한 증언의 신빙성을 가지고 다투었다. 그들은 법정에서 심슨이 용의자란 사실을 고려하지 않고 심슨의 집에 가서 수색했다고 증언했다. 로빈슨은 경찰이 수색영장을 발부받아 적법하게 수색했다면 결과가 달라졌을지도 모른다고 말한다.[50]

ORENTHAL
JAMES
SIMPSON

제4장
증거를 수집하다

"이유가 있어서 의심하는 게 아니에요.

의처증이 있기 때문에 의심하는 거죠."

셰익스피어의 『오셀로』에서

파커센터에서의 조사

수사관 배내터는 판사의 수색영장을 들고 6월 13일 정오 전에 로킹엄 저택에 도착했다. 배내터는 경찰관 도널드 톰슨[Donald Thompson]에게 로킹엄 주위를 지키라고 지시했다. 그리고 심슨이 도착하면 붙잡아두라고 덧붙였다. 한데 톰슨은 이 말을 '심슨을 묶으라'는 것으로 받아들였다. 더 나아가 수갑을 채우라는 것으로 이해했다. 후일, 배내터는 심슨을 붙잡아두라고 한 것은, 자신이 심슨과 얘기할 때까지 다른 곳에 가지 못하도록 하라는 말이었다고 해명했다.

심슨은 로스앤젤레스로 오는 첫 비행기를 타고 12시 10분 로킹엄에 도착했다. 심슨은 니콜이 살해당했다는 통보를 받고, 호텔에서 집으로 올 때 변호사와 만날 약속을 잡았다. 과거에 하워드 와이즈먼[Howard Weitzman] 변호사는 심슨의 배우자 폭행 사건을 잘 처리했다. 와이즈먼은 서던캘리포니아 대학교와 같은 대학교 골드 로스쿨을 졸업한 후 연예 전문 변호사로 활약했다.[51] 와이츠먼과 심슨의 비서 캐시 랜다, 심슨의 사업 자문 변호사 스킵 태프트Skip Taft, 심슨의 오랜 친구인 로버트 카다시안Robert Kardashian이 로킹엄 저택 앞 인도에서 심슨을 기다리고 있었다. 카다시안은 변호사이자 사업가로, 심슨과는 1970년대에 만나 가까운 사이로 지냈다. 심슨은 시카고에서 돌아올 때 옷가방을 들고 왔다. 그곳에는 기자들이 모여 있었고, 심슨은 옷가방을 카다시안에게 준 다음 서둘러 현관 쪽으로 갔다. 후일, 검찰은 이 가방에 피 묻은 옷과 살해 도구가 들었을 것이라고 추정한다.[52] 그러나 카다시안은 옷가방에는 특별한 게 없었다고 말했다. 와이츠먼 일행은 저택으로 들어가는 것이 허락되지 않았다.

심슨은 경찰들이 자신의 집을 에워싼 걸 보고 "이게 다 뭡니까?"라고 물었다. 경찰관 브래드 로버츠가 "아침 일찍 전화받으신 전처 살인 사건과 관계있습니다"라고 대답했다. 심슨이 "그런데요?"라고 묻자, 로버츠는 "저는 담당 수사관이 아닙니다"라고 대답했다. 톰슨은 카메라를 피해, 심슨을 마당 한구석 놀이 기구가 있는 곳으로 데려갔다. 그리고 그곳에서 심슨의 손을 뒤로 해서 수갑을 채웠다.

그 순간 사진기자들과 카메라가 물밀듯이 밀려왔다. 그들은 심슨을 찍으려고 좀 더 잘 보이는 곳으로 모여들었다. 그때 배내터가 심슨과 톰슨 쪽으로 다가왔다. 배내터는 와이츠먼이 다가오는 걸 허락했다. 와이츠먼이 배내터에게 수갑을 풀어줄 것을 요구했다. 배내터는 허락하고 수갑을 풀어주었다. 그때 배내터는 심슨이 왼손 중지에 밴드를 감고 있는 걸 보았다.

배내터는 심슨에게 전처 사망과 관련해 조사할 게 있으니 경찰서로 와줄 수 있는지 물었다. 심슨은 그러겠다고 대답했다. 심슨은 배내터와 랭의 차량 뒷좌석에 타고 로스앤젤레스 시 경찰국 본부 건물인 파커센터로 갔다. 이곳은 브렌트우드에서 32킬로미터쯤 떨어진 로스앤젤레스 도심에 있다. 와이츠먼과 태프트는 다른 차량을 타고 뒤따라왔다. 와이츠먼이 심슨과 얘기를 나누겠다고 말하자 배내터는 회의실을 내주었다. 와이츠먼과 태프트, 심슨은 30분가량 얘기를 나누었다. 다시 나타난 와이츠먼이 배내터에게, 녹음만 된다면 심슨을 조사해도 좋다고 말했다.

심슨은 변호인 와이츠먼, 태프트가 입회한 가운데 조사실에서 조사받았다. 배내터가 "지금은 1994년 6월 13일이고, 13시 35분입니다"라고 말하며 조사를 시작했다. 배내터는 먼저 미란다 고지를 해준 다음, 심슨에게 이혼 경위를 물었다. 심슨은 2년 전에 이혼했으며, 부부 사이에 불화가 있었지만 폭행은 없었다고 진술했다. 그리고 5, 6년 전에 부부 싸움을 크게 해서 사회봉사명령을 받은 사실이 있다고 말했다. 그때도 부부가 서로 다퉜는데 경찰관이 일방적으로 니콜의 말만 믿었다며 불평했다.

배내터는 범행 시각의 알리바이를 집중적으로 캐물었다.[53] 배내터는 전날 언제 니콜을 보았는지 물었다. 심슨은 딸 시드니의 댄스 공연 때 봤다고 대답했다. 댄스 공연은 6시 반인가 7시 15분쯤 끝났고, 니콜이 가족들과 식사를 같이하지 않겠냐고 물었을 때 심슨은 사양하고 집으로 갔다고 말했다. 집에 도착한 심슨은 여자 친구 폴라에게 전화를 걸었는데 폴라는 집에 없었다. 배내터는 그날 아침, 골프 약속이 있었는지 물었다. 심슨은 헤르츠를 이용하는 고객들과 시카고에서 골프를 치기로 되어 있었다고 대답했다. 그리고 전날 밤 11시 45분 시카고행 비행기를 탔다고 말했다.

배내터가 브롱코를 언제 세워두었는지 물었다. 심슨은 "8시 같기도 하고, 7시…… 8시인지 9시인지 잘 모르겠어요"라고 대답했다. "휴대폰이 브롱코에 있어 차에 올라탄 뒤 폴라에게 몇 번 전화했는데 집에 없었습니다. 그래서 메시지를 남겼습니다. 그 뒤 집으로 돌아갔고, 마지막은 케이토와 같이 탔습니다."

배내터는 언제 브롱코를 다시 주차했는지 물었다. "8시쯤일 겁니다. 케이토는 목욕하지 않았고요. 우리는 햄버거를 사러 갔고, 저는 떠날 준비를 해야 했거든요"라고 대답했다.

배내터가 손은 왜 다쳤는지 물었다. "모르겠습니다. 시카고로 빨리 가야 했고, 집에서 마구 돌아다녔거든요"라는 대답이 돌아왔다.

배내터가 시카고에서 무슨 일이 있었는지 물었다. "유리컵을 깼습니다. 욕실에 있을 때 전화가 걸려왔습니다. 그래서 정신이 없었어요"라고 대답했다. "어떻게 다쳤나요?" "글쎄요, 그전에 다친 것 같은데, 밴드를 다시 떼어보아도…… 잘 모르겠네요."

그때 랭이 "혹시 차에 피를 흘리진 않았습니까?"라고 물었다. "집에서 피를 흘린 기억이 납니다. 그리고 브롱코로 갔고요. 떠나기 전에 다시 브롱코에 가서 휴대폰을 가지고 나왔습니다."

랭이 "피를 어떻게 흘렸는지 기억납니까?"라고 묻자, "피를 흘린

건 기억나지만, 많이 흘리진 않았습니다. 골프도 쳤고요. 여기저기에 베일 만한 것들이 있게 마련입니다."

랭이 언제 일회용 밴드로 묶었는지 물었다. "오늘 아침 했습니다."

배내터가 "오 제이 씨, 그런데 문제가 좀 있습니다. 당신의 차에 혈흔이 있고, 집에도 있습니다"라고 말했다. 그러자 심슨은 선뜻 "그럼 제 피를 검사하십시오"라고 대답했다.

랭이 "그렇게 하지요. 그전에 손가락을 베인 부분이 석연치 않습니다. 혹시 니콜의 집에서 베인 건 아닌가요?"라고 물었다. "아닙니다. 어젯밤, 집에서 서둘러 나갈 때 그런 겁니다"라고 대답했다.

배내터가 살인 사건에 대해 어떻게 생각하는지 물었다. "모르겠습니다……. 사건에 대해 아무도 얘기를 안 해주니 모르겠습니다. 누군가 저질렀겠지요. 하지만 어떻게 벌어졌는지 저는 전혀 모릅니다."

잠시 후 랭이 "당신과 얘기하고 있는 건 당신이 전남편이기 때문입니다"라고 말하자, "그런 것 같군요. 제가 첫 번째 목표겠지요. 여러 곳에 피가 있다니 말입니다"라고 대답했다.

몇 가지를 더 묻고 조사는 오후 2시 7분에 마쳤다.[54] 심슨이 세 시간 동안 조사를 받았지만 경찰은 공식적으로 살인범이 누구라고 밝히지는 않았다. 그러나 수사가 계속되고 있으며, 심슨이 조사 대상이란 사실을 부인하는 경찰은 아무도 없었다. 경찰은 대대적인 인력을 동원해 심슨의 차량, 전화 기록, 주택, 시카고에서 묵은 호텔을 샅샅이 조사했다. 그리고 신원을 밝히지 않은 한 경찰은 심슨이 주된 용의자라고 밝혔다.[55]

검사 마셔 클라크

6월 13일 아침, 검사 마셔 클라크는 수사관 배내터의 전화를 받았다. 배내터는 클라크에게 심슨을 조사한 내용을 설명하고, 로킹엄에 와서 수색영장이 어떻게 집행되는지 참관해줄 것을 요청했다. 니콜의 집 부근과 로킹엄 저택에서 발견된 혈흔을 검사한 결과, 심슨의 것으로 추정되었다. 클라크가 "그는 악마야! 자기 부인을 구타한 악마!"라고 소리 질렀는데 이런 반응은 검사로서 이례적일 뿐만 아니라 지나치게 성급한 판단이었다. 클라크는 자신이 맡은 사건들을 선과 악의 싸움으로 바라보았는데, 그런 의미에서 심슨은 악의 화신이었다.

　마흔한 살의 차장검사 마셔 클라크는 일중독자였다. 그녀는 로스앤젤레스 지방검찰청 검사가 된 후 과학수사와 관련된 사건에서 능력을 발휘했는데, 1991년 텔레비전 스타 레베카 셰퍼Rebecca Schaeffer[56]를 살해한 혐의로 기소된 로버트 존 바르도Robert John Bardo 사건을 담당했고, 1992년에는 시신이 없는 사건에서 크리스토퍼 존슨Christopher Johnson이 유죄 판결을 받도록 이끌었다.[57] 클라크는 13년간 지방검찰청에서 일하며 스물한 건의 살인 사건을 다루었고, 지난 몇 년간은 그중에서도 가장 복잡하고 민감한 사건들을 다루었다.

과학수사를 하다

월요일, 배내터가 전화한 후부터 클라크는 심슨을 구속하기에 증거가 충분하다고 판단했다. 그러나 최초로 한 혈액검사를 다시 검사할 때까지 사건 처리를 미루기로 했다.

로스앤젤레스 경찰청 과학수사팀의 데니스 펑은 6월 13일, 가장 먼저 번디와 로킹엄에서 수집한 피 묻은 장갑에서 혈흔을 채취했다. 6월 13일 오후 파커센터에서 심슨을 조사한 후, 경찰청에 소속된 간호사 사노 페라티스Thano Peratis가 심슨의 피를 뽑았다. 그때 페라티스는 정확한 채혈량을 재지 않았다. 그러나 주사기 눈금을 보니 8밀리리터였다.[58] 페라티스는 배내터에게 샘플을 전했고, 배내터는 32킬로미터를 달려 로킹엄으로 갔다가 샘플이 든 튜브를 펑에게 주었다.

검사소에서 펑은 심슨의 혈액 튜브를 경찰 범죄연구원인 콜린 야마우치Colin Yamauchi에게 건넸고, 야마우치가 최초로 심슨의 혈액을 검사했다. 야마우치는 전날 이미 자신이 심슨의 피를 검사하게 된다는 사실을 귀띔 받은 터라 관심을 가지고 TV 뉴스를 보았다. 뉴스에선 범행 시각에 심슨이 시카고에 있었다는 알리바이가 있다고 보도했다. 그 때문에 혈액검사로 심슨의 결백이 밝혀질 것이라고 야마우치는 생각했다.

야마우치는 6월 14일과 6월 15일, 이틀 동안 샘플을 검사했다. 또한 그때 사체에서 채취한 니콜 브라운과 로널드 골드먼의 샘플도 받았다. 원래 최초 검사에서는 ABO와 같은 혈액형 분류 검사를 한다.

이 검사는 수십 년간 해오던 것으로, 여섯 가지 혈액형으로 나눈다. 그러나 이런 분류 검사는 일치 확률이 높기 때문에 DNA 검사를 하기로 했다. 디큐 알파$^{DQ-alpha}$ 검사는 혈액을 21가지로 분류한다. 결과는 의외였다. 번디 인도에 떨어져 있던 혈흔은 심슨의 혈액과 일치했고, 단 7퍼센트 정도의 사람만 동일한 특징을 갖고 있다. 디큐 알파 검사에서는 DNA 단편을 증폭하여 분석한다. 범죄연구원 게리 심스$^{Gary Sims}$는 이러한 일치 결과가 매우 중요하다면서, 이렇게 일치될 확률은 77억분의 1에서 410억분의 1이라고 주장했다. 케이토의 방 뒤에서 발견된 장갑에 묻은 혈흔은 심슨과 두 피해자에게서 나온 피와 일치했다. 클라크 검사는 6월 15일 수요일 저녁에 결과를 통보받았다. 그러나 야마우치는 검사할 때 장갑을 번갈아 사용하지 않았고 검사 결과를 일일이 기록하지 않았다. 게다가 오염을 방지하기 위해 정한 지침도 준수하지 않았다.[59]

목요일인 6월 16일, 마셔 클라크는 심슨을 구속하기에 충분한 증거를 수집했다고 판단했다. 혈흔도 범죄 현장에서부터 집까지 죽 이어져 있다. 그리고 거기서 발견된 혈흔은 심슨의 것이다. 집 뒤에서 발견된 장갑에서 나온 피도 심슨의 것이다. 검찰이 확보한 증거는 다음과 같다.[60]

- 심슨은 범행 현장에 피를 흘렸다.
- 범행 현장에서 다섯 개의 핏방울이 발견되었다. 핏방울들은 니콜과 로널드 골드먼의 시신에서 뒷골목 쪽으로 나 있다. 그중

네 개는 12인치 신발 자국 왼편에 나 있다. 이로 미루어 범인은 신체 왼쪽에 부상을 입었다. 사건 다음 날 아침, 심슨은 왼손 중지에 밴드를 붙이고 있었다.

- 남색 털모자가 로널드 골드먼과 니콜의 시신 옆에 있었다. 이 모자에는 몇 가닥의 흑인 머리카락이 붙어 있었다.

- 가죽 장갑 하나가 골드먼과 니콜 사이에 있었다. 크기는 XL 사이즈다. 장갑에 묻은 피를 DNA 검사로 분석한 결과, 그 피에는 심슨, 니콜, 로널드 골드먼의 것이 섞여 있었다. 장갑이 피로 젖어 있었지만 부근에서 그 외 다른 피는 발견되지 않았다.

- 다른 한 짝의 장갑엔 피해자의 머리카락이 묻어 있고, 피해자와 심슨의 피가 묻어 있으며, 심슨의 집 밖에서 발견되었다. 장갑에 묻은 모발 조각은 로널드 골드먼의 머리카락과 일치했다.

- 피해자의 혈흔이 묻은, 약간 안짱다리의 12인치 신발 자국이 범행 현장에서 발견되었다.

- 심슨은 12인치 신발을 신으며 약간 안짱다리다. 12인치 신발을 신는 사람은 전체의 9퍼센트에 불과하다.

- 범행 현장에서 발견된 피 묻은 발자국은 연방 범죄수사국의 전문가 윌리엄 보드잭William J. Bodziak이 조사했다. 신발은 브루노 말리Bruno Magli란 브랜드의 구두로 이탈리아에서 제조되었고, 미국에서는 299켤레만 판매된 매우 희귀하고 비싼 신발로 밝혀졌다. 큰 발자국은 12인치(305밀리미터)로, 심슨의 신발 크기와 거의 일치한다.

- 마크 퍼먼은 피 묻은 장갑, 피 묻은 양말, 브롱코 내부와 외부에 있는 피를 발견했다.

- 심슨의 흰색 브롱코는 심슨 집 밖에 주차되어 있었는데, 마크 퍼먼이 발견한 혈흔을 DNA 검사로 분석한 결과, 심슨, 로널드 골드먼, 니콜의 피였다. 뿐만 아니라 브롱코에는 브루노 말리 구두 발자국이 운전석 쪽 카펫에 묻어 있었다.

- 심슨의 피가 심슨 집 찻길에서 집 쪽으로, 침실과 욕실 쪽으로 흘러 있다.

- 마크 퍼먼이 심슨의 침실에서 발견한 한 짝의 양말에 20개의 혈흔이 있었다. 이 혈흔을 DNA 검사로 분석한 결과, 니콜의 피로 밝혀졌다(이 양말은 맨 처음 조사 때에는 발견되지 않았다). 혈흔의 DNA 특징은 97억 개 중 하나가 일치한다. 분리된 두 실험실에서 검사했을 경우 변이가 나타날 가능성은 21억 개 중 하나다. 양쪽 양말에서 비슷한 형태의 혈흔이 있었다.

- 로널드 골드먼의 셔츠에서 몇 가닥의 흑인 머리카락이 발견되었고, 시신에서는 몇 가닥의 남색 면섬유도 발견되었다.

- 차를 세워둔 니콜의 집 뒤에 신선한 혈흔이 묻은 몇 개의 동전이 발견되었다.

- 범행 현장에서 나온 카펫 섬유와 심슨의 브롱코에서 발견된 섬유가 일치했다.

- 니콜은 심슨이 폭력을 행사했다며 여러 차례 911에 전화했다.

- 경찰은 심슨의 전과 사실에서 심슨이 부인 니콜을 폭행하여 기

소된 사실을 발견했다. 그 당시 니콜이 얼굴에 타박상을 입은 사진도 있었다.

- 심슨은 살인 사건 이후 손에 자상이 있었다. 그러나 자상이 왜 생겼는지 제대로 설명하지 못했다.
- 진한 색깔의 스웨터와 일치하는 남색 면섬유가 범행 현장과 심슨의 집에서 발견되었다. 이러한 사실로 심슨이 두 곳에 있었다는 사실이 입증된다.

피 묻은 발자국은 출입문에서 길을 따라 120걸음 정도 떨어진 니콜의 집 후문으로 나 있었다. 이러한 사실은 범인이 살인을 저지른 뒤 털모자와 장갑을 찾기 위해 다시 집 현관 쪽으로 왔음을 의미한다. 발자국, 털모자, 장갑은 분명히 심슨이 범행 현장에 있었다는 설득력 있는 증거다. 그러나 사립 탐정 윌리엄 디어William C. Dear는 이러한 증거만으로는 심슨이 범인이란 사실을 추정하기에 부족하다고 생각한다.

니콜의 손톱 밑에서 피와 피부 조각이 발견되었는데, 이는 니콜이 범인과 싸웠음을 의미한다. 그리고 니콜의 등에서 발견된 혈흔은 심슨의 것이 아니었다. 범행 현장에 있던 아홉 개의 발자국 역시 심슨의 것이 아니었다. 더구나 니콜의 목은 난자당했고, 로널드 골드먼은 손과 목, 몸 스물두 곳이 찔려 피를 낭자하게 흘렸다. 심슨이 범인이라면 이런 상황에서 온몸이 피로 젖어야 한다. 심슨의 바지와 셔츠는 물론, 칼 손잡이에서 흐른 피로 머리도 젖고 팔도 젖어야 한

범행 시각 직후, 심슨이 흰색 브롱코를 몰고 가는 것을 보았다는 목격자가 나타났다. 브롱코 운전석 문, 바닥, 계기반에서 피가 발견되었다. 범죄 현장에서 발견된 장갑에는 브롱코의 카펫에서 나온 섬유도 발견되었다.

다. 하지만 브롱코와 로킹엄의 집과 옷에 있는 피를 모두 모아도 엄지손톱만큼도 되지 않았다. 그리고 경찰은 이에 대해 납득할 만한 설명을 하지 못했다. 단지 심슨이 로킹엄 저택으로 오기 전에 재빨리 옷을 갈아입고 어딘가에 옷을 숨긴 다음, 깨끗이 샤워했을 거라고 주장했다. 하지만 범인이 니콜의 집 근처에서 옷을 갈아입지 않은 것은 확실하다. 심슨이라면 환한 번디 길에서 옷을 갈아입을 수 없다. 만약 심슨이 그런 피 묻은 상태로 차에 탔다면 브롱코 바닥 등 여러 곳에 피가 흥건하게 흘렀어야 하는데, 차에는 단지 피 몇 방울만 떨어져 있을 뿐이다. 그리고 심슨이 로킹엄으로 돌아와 샤워를 했다면, 욕실 배수구에서 혈흔이 발견되었어야 한다. 그러나 그곳에

선 혈흔이 전혀 발견되지 않았다.

피 묻은 왼쪽 장갑에도 의문이 있다. 경찰은 3분에서 10분 정도 칼싸움이 있을 때 손가락을 베였고 장갑이 떨어졌다고 추정한다. 하지만 과연 그런 일이 가능할까? 이런 형태의 장갑, 특히 심슨처럼 큰 손을 가진 사람의 장갑은 손에 딱 맞게 만들어져서 좀처럼 빠지지 않는다. 칼싸움에서 손가락을 베였다면 장갑에 흔적이 남아야 한다. 그런데 장갑에는 베였거나 마찰이 있었다는 흔적이 없다.[61]

6월 17일 금요일 8시 30분, 수사관 랭은 심슨의 변호사에게 전화를 걸어 심슨이 11시까지 파커센터로 출두할 것을 요구했다. 11시 30분에 심슨은 그곳에서 두 블록 떨어진 형사법정에서 유죄인지 무죄인지 답변하는 기소인부起訴認否 절차를 밟기로 예정되어 있었고, 11시 45분에는 검사가 기자회견을 하기로 되어 있었다.[62]

로버트 샤피로와 변호인단

평소 심슨과 친분 있던 CBS 방송국의 경영자 로저 킹Roser Monroe King은 사건을 유심히 지켜보고 있었다. 변호사 와이즈먼이 파커센터에서 심슨으로 하여금 묵비권을 행사하지 않고 그냥 진술하도록 허용한 것도 지켜보았다. 그리고 로저 킹은 심슨에게 다른 변호사 로버트 샤피로Robert Shapiro를 추천했다. 로저 킹은 샤피로와 식사를 같이하며 심슨 사건을 맡아줄 것을 부탁했고, 샤피로는 그 자리에서 흔쾌히 승낙했다.

사실 킹과 심슨은 자주 만나는 사이가 아니지만 킹은 심슨이란 인물을 존경했다. 심슨 역시 킹의 권유에 따라 와이츠먼을 사임케 하고 샤피로를 선임하는 데 동의했다. 킹은 샤피로가 평소 유명 인사의 변론을 맡아 잘 처리했다는 얘길 들은 터였다. 샤피로는 6월 14일 사건을 수임했다. 그리고 다음 날, 와이츠먼은 사임했다.[63] 샤피로는 수임하자마자 심슨의 법률적, 의학적 상태를 점검했다. 그리고 심슨으로부터 자신이 결백하다는 얘기를 들었다. 하지만 이런 얘기는 수임 초기에, 의뢰인들이 흔히 상투적으로 하는 말이다.

샤피로는 먼저 심슨으로 하여금 폴리그래프 검사(맥박, 호흡 등 생리적 현상을 동시에 기록하는 장치. 범죄 수사에서 진술의 진위 여부를 확인하는 거짓말 탐지용으로 많이 쓰인다)를 받도록 했다. 물론 이 검사는 법정에서 증거로 허용되지 않지만 유죄인지 무죄인지 답변할 때 유리하게 쓸 수 있다. 폴리그래프의 정확성과 예측성에 대해서는 논란이 많다. 미 연방대법원은 폴리그래프 검사 결과를 증거로 허용하지 않는다는 입장을 취하고 있다. 이에 따라 미국 대부분의 주州는 증거로 허용하지 않는다. 그러나 증거의 신빙성을 다투는 사유로는 허용하는 주도 있다. 캘리포니아의 경우, 양 당사자가 증거로 쓰기로 약정하지 않으면 허용하지 않는다.[64] 따라서 심슨이 스스로 결백을 벗기 위한 폴리그래프 검사 결과가 심슨에게 유리한 쪽으로 나와도 재판에서는 증거로 쓰이지 않게 된다.

샤피로는 폴리그래프 검사와 관련해서 그 분야에 일가견이 있는 변호사 프랜시스 리 베일리$^{Francis\ Lee\ Bailey}$를 불렀다. 베일리는 폴리그래프 센터를 운영하는 에드워드 겔브$^{Edward\ Gelb}$를 추천했고, 겔브는 보안을 유지하기 위해 시내에서 벗어난 곳에서 직원으로 하여금 심슨의 심장박동 수, 맥박, 피부의 전기 반응을 검사했다. 검사 결과, 플러스 6 이상이면 진실이고, 플러스 6 이하면 거짓이며, 플러스 6 에서 마이너스 6 사이는 판단 불가다. 그런데 심슨은 마이너스 24가 나와 실패했다. 즉 거짓 반응으로 나온 것이다. 이에 대해 심슨은 검사받을 때 정서적으로 심한 스트레스를 받고 있었다고 말했다. 베일리는 심슨이 매우 혼란스러운 상태에 있으므로 검사 결과가 잘못되었다고 보았다.

샤피로는 '정신이상 항변$^{insanity\ defense}$'을 해야 할지 고민했다. 살인 등의 중죄에서 가해자가 정신이상인 경우 살인죄의 고의가 인정되지 않아 처벌을 면할 수 있다. 정신이상에 이르지 않더라도 형을 낮출 수 있다. 전자를 '정신이상 항변'이라 하고, 후자를 '한정능력$^{diminished\ capacity}$'이라고 한다.[65] 샤피로는 6월 15일, 두 명의 저명한 정신과 의사를 베벌리힐스로 불렀다. 그중 한 사람이 법정신의학 분야에서 전국적인 명성을 갖고 있는 솔 페어스틴$^{Saul\ Faerstein}$이었다. 샤피로는 페어스틴이 심슨을 진료하여 심슨이 한정능력 상태라는 진단을 받기를 기대했다.

페어스틴은 로킹엄의 거실에서 심슨을 만났다. 심슨은 자기 얘기를 털어놓았다. 페어스틴은 심슨의 얘기를 듣고 놀랐다. 심슨은 아이들 엄마인 니콜이나 아이들의 미래, 니콜에 대한 동정에 대해서는

심슨과 친분이 있던 로저 킹의 추천으로 로버트 샤피로 변호사가 오 제이 심슨의 변론을 맡게 됐다. 샤피로는 수임 직후 심슨으로 하여금 폴리그래프 검사를 받도록 했고, 의료 전문가와 법과학자를 변호인단에 합류시켰다.

관심이 없었다. 심슨이 염려하는 것은 오직 자신뿐이었다. 페어스틴은 기소가 잘못되었기를 바랐지만 자신의 기대가 틀렸다는 사실을 알았다. 그리고 심슨은 정신이상 상태가 아니었다. 따라서 페어스틴의 검사 역시 도움이 안 됐다.

6월 15일 수요일은 장례식장에서 니콜의 시신을 보게 되어 있었다. 그래서 샤피로는 내과 전문의 로버트 하이징아Robert Huizenga에게 심슨을 검사하도록 하고 법과학자 헨리 리Henry Lee와 의료 전문가 마

이클 베이든Michael Baden을 변호인단에 합류시켰다.[66]

금요일 오전 8시 30분에 수사관 랭은 샤피로의 집으로 전화했다. 랭과 배내터는 심슨의 체포에 대비해 밤새 근무했다. 랭은 심슨에게 두 명을 살해한 혐의가 있고, '특별한 사정special circumstances'이라는 요건도 갖추었다고 샤피로에게 통보했다. 캘리포니아 법에 따르면, '특별한 사정'이 있을 때는 가중 처벌된다. 심슨에게 적용된 '특별한 사정'이란 두 명을 살해했다는 혐의다. 이런 '특별한 사정'이 있으면 사형에 처해질 수 있고, 보석도 허락되지 않는다. 이는 판결이 선고될 때까지 계속 구금되어 있어야 한다는 것을 뜻한다. 랭은 심슨이 11시까지 출두해야 한다고 통보했다. 그러자 샤피로는, 심슨이 자살하려 할까 봐 염려스럽다며, 하지만 변호사로서 심슨이 정시에 출두하도록 노력하겠다고 말했다.

증거 수집의 오류

심슨 사건에서 당시로선 비교적 새로운 과학 증거인 DNA 검사 결과와 DNA 검사를 한 셀마크Cellmark 연구소의 신뢰성이 다투어졌다. 셀마크 연구소는 1987년 이래 330건 중 단지 4건만 법원에 의해 증거로 허용되지 않았다며 미국 전역에서 가장 정확하다고 자랑했다. 그러나 셀마크 연구소는 몇 개의 사건에서 치명적인 오류를 범했다. 예를 들어 1989년 미네소타 대법원은 살인 사건에서 셀마크 연구소의 검사 과정 등에 문제가 있음을 지적했다.

DNA 검사와 셸마크 연구소의 신뢰성을 놓고 변호인이 잇따라 이의를 제기하자, 판사는 검찰이 범죄 현장에서 나온 샘플을 버클리에 있는 법무부 캘리포니아 연구소에서 다시 검사하는 걸 허락했다. DNA 증거에 대비하여 변호인은 새로운 진용을 꾸몄다. 로스쿨 교수 배리 셰크Barry Scheck와 뉴욕 변호사 피터 뉴펠드Peter Neufeld를 영입했다. 배리 셰크와 피터 뉴펠드는 1992년 '무고 구제 사업Innocence Project'을 시작했다. 이 사업에선 DNA를 이용해 억울하게 유죄 판결을 받은 사람을 구제해주는 일을 해왔다.[67] 윌리엄 톰슨William C. Thompson 박사가 심슨 변호인단에서 자문역을 했다. 톰슨은 변호인들이 DNA 통계 수치의 분석, 분석 과정의 문제점, 오류율 등을 다룰 것이라고 내다봤다. DNA 검사에는 RELP(제한 효소 절편 다형성) 검사법과 PCR(중합 효소 연쇄반응) 검사법이 동원됐다. RELP는 전형적으로 용의자의 샘플과 발견된 샘플이 일치하는지 확인하는 데 쓰이고, PCR은 용의자를 수사 선상에서 제외할 때 쓰인다. 심슨 사건에서 RELP 검사를 해보니 심슨의 피와 범행 현장의 피가 일치했다. PCR 검사 결과, 심슨은 용의자에서 제외되지 않았다.[68]

헨리 리 박사Dr. Henry Chang-Yu Lee는 세계적으로 유명한 법과학자이며, '헨리 리 법과학 연구소'의 창립자이다. 중국 본토에서 태어난 그는 1940년대 말 타이완으로 피난 가서 경찰서장을 지내기도 했으며, 미국으로 건너가 애리조나의 게이트웨이 커뮤니티 대학에서 과학수사를 강의하고 있다. 그는 40년 동안 6,000여 사건에 관여했다.

헨리 리 박사는 심슨의 변호인을 통해 경찰로부터 범행 현장을 조사하는 걸 허락받았다. 그는 매우 좁은 공간에 피가 낭자하게 흐른 것을 볼 때, 범인이라면 당연히 신발에 꽤 많은 피가 묻었을 것이라고 추정한다. 니콜의 팔에 세 개의 손가락 자국이 있었고, 등에는 긁힌 것으로 보이는 일곱 개의 흔적이 나 있으며, 느린 속도로 흘린 혈흔으로 볼 때 누군가 니콜의 시신을 끌었을 가능성이 있었다. 니콜의 이마에 난 찰과상을 보면 니콜은 얼마 동안 의식이 있었던 것으로 보였다. 니콜은 일곱 군데를 찔렸다. 목이 잘려 그곳에서 피가 많이 흘러나왔다. 목에서 피가 나와 사망한 것으로 추정되기 때문에 니콜은 즉사하지 않은 것으로 생각되었다. 헨리 리는 시신을 직접 보지는 못했고, 시신을 찍은 사진만 보았다. 사진에 따르면, 분노에 의한 살인으로 추정했다. 로널드 골드먼의 몸에 난 27곳의 자상 등을 통해 볼 때, 범인과 로널드 골드먼은 격렬하게 싸운 것으로 추정되었다. 헨리 리 박사는 심슨의 손가락에 난 상처도 보았는데, 그 상처는 칼에 의해 생긴 것이 아니라고 판단했다.

로널드 골드먼이 건장한 체격의 청년이고, 니콜 역시 여리지만 건강했다. 따라서 그처럼 격렬하게 싸웠다면 범인의 몸 여러 곳에 흔적이 남아야 한다. 예를 들어 입술에 찰과상이라도 있어야 하는데, 심슨에게는 전혀 없었다. 로널드 골드먼의 자상을 보면 범행에 쓰인 흉기는 매우 예리한 칼로 추정되었다. 헨리 리 박사는 로널드 골드먼의 시신을 직접 검사하지 않아 범행에 쓰인 칼이 양날의 칼이라고 단정짓지는 않았다. 또 상처가 예리한 것으로 미루어, 주방에서 쓰는 요리사의 칼일 가능성도 있다고 보았다. 그리고 경찰이 추정하는 스위스 군용 칼로는 이 같은 예리한 상처를 낼 수 없다고 판단했다.

헨리 리 박사는 범행 현장에서 발견된 브루노 말리 신발이 범인의 것일 수도 있고, 그렇지 않을 수도 있다고 보았다. 범인이 그 신발을 신었다면 신발에는 굉장히 많은 피가 묻어 있어야 하는데 심슨의 브롱코에는 적은 양의 혈흔만 발견되었을 뿐이다. 그리고 니콜의 손톱 밑에서 발견된 피부 조직은 심슨의 것이 아니었다. 또 털모자에 묻은 머리카락도 심슨의 것이 아니므로 심슨이 아닌 제3자가 범인이라고 추정했다.[69]

헨리 리 박사는 증거 보존에 많은 문제점이 있다고 지적한다. "최초 사건 현장에서 니콜의 등에 범인의 것으로 보이는 피가 묻어 있었다. 그 피가 확인됐다면 심슨이든 누구든 간에 사건은 별다른 논란 없이 빨리 끝났을 것이다. 그러나 안타깝게도 혈흔은 지워졌고, 심지어 니콜의 시체도 깨끗이 씻긴 채 보관돼 있었다. 니콜의 시체를 씻는다는 것은 증거도 없애버리는 것과 같다."[70]

배리 셰크는 범죄 현장 뉴스와 경찰이 제시한 사진을 제시하며 치밀하게 파고들었다. 셰크는 데니스 펑이 로널드 골드먼의 발 근처에 있던 종이를 증거가 될 만한데도 줍지 않은 사실과, 검시관에게 로널드 골드먼의 시신을 인계하기 전에 경찰관이 시신을 곧바로 이동 장치에 옮기지 않고 바닥에 질질 끌고 다니다가 주디사 브라운의 선글라스가 든 봉투도 치워버린 사실을 발견했다. 게다가 데니스 펑이 증거를 수집할 때, 규정에 따라 고무장갑을 제때 교체하지 않은 사실과 몇몇 증거를 수집하면서 고무장갑을 사용하지 않은 사실도 발견했다.

검시관은 니콜 브라운의 위^胃에 든 내용물도 제대로 보존하지 않았다. 그리고 피해자들의 손에 남아 있을지 모를 증거도 제대로 보존 처리하지 못했다. 니콜의 옷과 바지는 규정에 따르지 않고 분리되지 않은 채 같은 봉지에 담겨 있었다.

경찰 범죄연구소에서 근무하는 안드레아 마졸라^{Andrea Mazzola}는 범죄 현상의 피를 민 조각에 묻힌 뒤 종이 봉지에 담아 검사소로 보내는 일을 했다. 그녀는 종이 봉지마다 자신의 이니셜을 적고 그 봉지를 유리 튜브에 담아 봉인한 뒤 연구소로 돌아갔다. 후일 대배심에서 그녀는 테이블에 있던 봉지를 보았는데, 봉지에는 자신의 이니셜이 보이지 않았다고 진술했다. 그녀는 경찰청에 소속된 사람으로, 이런 진술은 명백히 경찰에 불리한 진술이다.[71] 프레더릭 리더스^{Frederic Rieders}는 국립 의료연구소를 세운 인물이다. 이 연구소는 미래 세대를 위해 법과학을 진흥시킬 목적으로 창설된 비영리 단체다. 리더스 박사는 저명한 법 독물학자^{forensic toxicologist}이기도 하다. 리더스 박사는 심슨의 침실에서 발견된 두 개의 양말을 검사했고, 후일 법정에서 증언도 했다. 리더스 박사는 "저는 검찰 측 요청으로 두 개의 검은색 양말을 검사했습니다. 그러나 검찰은 제 검사 결과를 쓰지 않고 연방 범죄수사국의 검사 결과를 썼습니다"라고 말했다. 리더스 박사에 따르면, 양말에 묻은 혈흔은 범죄 현장에서 접촉하거나 피를 흘린 사람에게서 나온 것이 아니라 혈액이 들어 있는 병에서 나온 것이었다. 더구나 그 양말에서 나온 혈액에는 혈액응고 방지제EDTA가 섞여 있었다고 한다. 혈액응고 방지제는 사람으로부터 혈액을 채취한 후 시험용 튜브에 넣을 때 첨가하는 약물로, 이를 첨가하여 튜브 뚜껑을 닫고 흔들어 희석시킨다고 한다. 따라서 그 피는 경찰이 심슨의 혈액을 채취해서 묻혔다고 추정할 수 있다는 것이다.[72]

ORENTHAL
JAMES
SIM
PSON

제5장
심슨을 체포하다

"살인죄를 뒤집어쓸 사람이 됐으니."

셰익스피어의 『오셀로』에서

심슨이 사라지다

수사관 랭은 6월 17일 금요일 아침에 파커센터로 출두하라고 심슨 측에 통보했다. 심슨은 니콜의 장례식장에 참석한 뒤 집으로 돌아가지 않고 로버트 카다시안의 집에 머물고 있었다. 6월 16일 목요일, 앨런 그레그 카울링스^Allen Greg Cowlings가 심슨을 찾아왔다. 카울링스는 심슨의 가장 친한 친구로, 어릴 적부터 친했고 갈릴레오 고등학교와 서던캘리포니아 대학교 동창일 뿐 아니라 버펄로 빌스의 팀원이기도 했다.[73] 17일이 되자 샤피로는 카다시안 집으로 전화를 걸어 심슨에게 출두할 준비를 하라고 말한 후, 페어스틴 박사에게 전화해 카다시안 집으로 가서 심슨을 만나보라고 요청했다. 9시 30분에 샤피로는 카다시안의 저택 앞에 도착했다. 심슨은 여전히 1층 침실에 있었다. 심슨의 여자 친구 폴라 바비에리가 함께 있었다. 샤피로는 경찰에게 심슨이 11시까지 파커센터로 출두할 것이라고 통보했다.

샤피로와 카다시안이 심슨을 깨워, 파커센터로 가야 한다고 설득했다. 그러나 강요하지는 않았다. 대신 의사 하이징아와 페어스틴 박사가 심슨을 검사하겠다고 말했다. 페어스틴이 먼저 도착했고, 이어 하이징아가 왔다. 그리고 헨리 리 박사와 마이클 베이든도 도착했다. 하이징아는 처음 검사할 때 심슨에게 종양이 있는 걸 보았다. 심슨에게는 암에 걸린 가족력이 있었다. 하이징아는 심슨의 항변을 위해 추가 검사를 실시했다. 사진을 찍어 심슨에게 심한 상처가 없다는 사실을 입증하려고 했다.

출두하기로 한 11시가 지나자 샤피로는 15분마다 경찰에 전화를 걸어 심슨에겐 시간이 필요하다고 설득했다. 샤피로는 고위직 경찰관에게 "저는 경찰과 좋은 관계를 유지해왔습니다. 저는 약속을 지킵니다. 절 믿으세요. 그곳에 간다면 갈 겁니다"라고 말했다.

하이징아가 심슨의 피를 뽑고 머리카락을 채취하자, 심슨은 샤워한 뒤 모친과 아이들에게 전화하고 싶다고 말했다. 심슨과 바비에리, 카울링스는 1층 침실로 내려갔지만 페어스틴은 혹시라도 심슨이 자살 충동을 느낄까 싶어 가까이에서 심슨을 살피려 했다.

정오에 수사관 배내터와 랭이 더 이상 기다릴 수 없다며 경찰차를 보내겠다고 말했다. 정오에 잡혀 있던 기자회견도 연기해야 했다. 경찰이 페어스틴에게 전화해서 "영장이 발부됐고, 집행해야 합니다. 심슨은 어디 있습니까?"라고 물었다. 페어스틴은 샤피로에게 전화를 건넸고, 샤피로는 카다시안의 집 주소를 알려주었다. 12시 10분쯤, 경찰차가 카다시안의 집에 도착했고 경찰 헬리콥터는 집 주위를 선회했다.

정신과 의사 페어스틴이 심슨에게 경찰이 도착했음을 알려주기 위해 침실로 향했다. 그러나 침실에 있어야 할 심슨이 보이지 않았다. 페어스틴은 "심슨이 보이지 않습니다!"라고 외쳤다. 그곳에 있던 사람들은 모두 어안이 벙벙했다. 심슨은 2층에도 없었고, 차고에도 없었다. 심슨과 같이 있던 카울링스도 보이지 않았다.[74]

로스앤젤레스 경찰청은 그날 정오에 심슨 사건에 대한 성명을 발표할 예정이었다. 당시 1,000여 명의 기자가 심슨을 기다리고 있었지만 오후 1시 53분이 될 때까지 경찰에서는 아무 발표가 없었다. 기자들이 아우성을 지르는 지경에 이르러서야 경찰청 대변인이 약간 충격을 받은 모습으로 마이크 앞에 섰다.

"그럼 로스앤젤레스 경찰청 공식 발표를 하겠습니다. 로스앤젤레스 경찰청은 수십 명의 참고인을 조사하는 등 철저하게 조사했습니다. 이곳과 시카고에 있는 물적 증거에 대해 철저히 조사하고 분석했습니다. 그리고 니콜 브라운 심슨과 로널드 골드먼의 살인범인 심슨에 대한 영장을 청구해서 발부받았습니다. (……) 심슨은 변호사를 통해 오늘 아침, 로스앤젤레스 경찰청에 출두하겠다고 약속했습니다. 처음엔 11시로 약속했고, 그다음 12시 45분으로 미루었지만 끝내 나타나지 않았습니다."

순간, 장내가 술렁이기 시작했다.

"로스앤젤레스 경찰청은 지금 심슨을 찾고 있습니다."

이로써 심슨과 카울링스가 사라진 것이 공식화되었다.[75]

심슨의 편지

카다시안이 집 현관에서 편지가 들어 있는 봉투를 발견했다. 심슨이 남긴 것이었다. 샤피로와 페어스틴이 대리석 계단에 앉아 편지를 읽었다. 편지 내용은 심슨이 자살을 생각하고 있다는 느낌을 주었다. 경찰관은 심슨이 어디로 갔을지 물었다. 그곳에 모인 사람들 생각으로는 니콜의 묘지 아니면 부모님 집 근처일 것 같았다.

샤피로는 이 일로 경찰이나 검찰이 얼마나 분개했을지 걱정했다. 그리고 자신에게 시선이 쏠리는 걸 느꼈다. 그래서 검사 길 가르세티[Gil Garcetti]에게 전화했다.

정치인이기도 한 가르세티는 쉰세 살로, 경력 대부분을 검사로 보냈다. 서던캘리포니아 대학교에서 경영학을 전공했으며, 캘리포니아 대학교에서 법학 전문 박사 학위를 취득했다.[76] 과거 가르세티의 선거운동에 샤피로가 5,000달러를 기부할 정도로 두 사람은 좋은 관계를 유지해왔지만 이번에는 문제가 달랐다. 샤피로가 경찰에게 했던 말을 반복하면서 가르세티에게 심슨이 도주한다는 건 전혀 생각하지 못한 일이라고 했지만 가르세티는 화를 내면서 "즉시 여기로 데려오세요"라고 말했다. 오후 3시에 가르세티는 샤피로와 전화 통화를 마치고 형사법정 건물 18층에 있는 기자회견실로 향했다.

"심슨 씨는 재판을 피하려 하겠지요. 그렇다면 심슨은 정의를 피해 도망간 사람입니다"라고 가르세티는 말했다.

샤피로는 법을 집행하는 데 자신이 불한당으로 낙인찍힐까 걱정되어 그날 오후 5시 기자회견을 자청했다.

"아이들을 위해서라도 즉시 경찰에 출두하기 바랍니다."

샤피로는 카메라를 통해 심슨에게 호소했다. 그리고 그날 있었던 일을 죽 설명했다. 하지만 샤피로의 회견은 이상하게 심슨이 죄를 지었다는 인상을 주었다. 심지어 샤피로는 심슨이 결백하다는 얘기도 하지 않았다. 그리고 심슨의 친구 카다시안을 소개하고, 카다시안으로 하여금 심슨의 편지를 읽게 했다.[77] 카다시안이 고개를 숙여 인사하고는 "오 제이가 오늘 편지를 썼습니다"라고 말한 뒤 편지를 읽어 내려갔다. 손으로 쓴 편지는 군데군데 고치고 새로 쓴 흔적도 있었다.

저를 염려해 주시는 여러분께

먼저 모두가 알고 있듯이 저는 니콜 브라운 살인과 아무 관련이 없습니다.

우리는 힘든 시기를 겪었지만 나름 최선의 선택을 했습니다. 장차 우리는 좋은 친구로 남거나 아니면 그보다 더 좋을 수도 있었을 것입니다. 언론에 보도된 것과 달리 니콜과 저는 서로를 위해 좋은 관계를 이어왔습니다. 오랫동안 우리 둘 사이에는 부침이 있었습니다. 1989년의 일은 비난받아 마땅하지만 거기에 대해서는 따로 변명하지 않겠으며, 우리 사이에는 언론에 밝힐 수 없는 비밀이 있습니다.

저는 저의 모든 친구에게 사랑과 감사를 전하고 싶습니다. 모든 이의 이름을 열거하지 못하는 것을 용서해주십시오. 특히 앨 카울링스에게 감사합니다. 웨인 휴스Wayne Hughes, 루이스 막스Louis Marx, 프랭크 올슨Frank Olsen, 마크 패커Mark Packer, 벤더Bender, 보비 카다시안Bobby Kardashian이 보내준 응원과 우정에 감사드립니다.[78] 좀 더 좋은 시간을 함께했으면 하는 바람도 있습니다.

저는 나름 훌륭한 삶을 살았노라 자부합니다. 어머니는 저에게 다른 사람에게 선행을 베풀라고 가르쳤습니다. 저는 제가 대접받기를 원하는 것처럼 다른 사람을 대했습니다. 저는 다른 사람을 도우면 저에게도 도움이 돌아오리라 생각하며 살았는데, 왜 이런 일이 생겼을까요? 론 골드먼 가족에게는 유감을 전합니다. 얼마나 가슴 아플지 짐작이 됩니다. 니콜과 저는 서로 좋은 관계를 이어왔는데, 언론은 우리가 힘들었던 것만 보도하고 있습니다.

저에게 미안해하지 마십시오. 저는 위대한 삶을 살았고, 훌륭한 친구를 두었습니다. 좋지 않은 심슨은 잊어버리시고, 저의 참모습을 바라봐주십시오. 저를 특별하게 만들어준 여러분에게 신의 가호가 함께하길 바라며, 사랑과 평화가 함께하시길.

☺ J

사람들은 심슨이 자살하기 전에 이 편지를 쓴 것으로 생각했고, 기자들은 심슨을 찾기 시작했다. 심슨의 정신과 의사도 이 편지를 자살하려고 쓴 메모로 해석해도 좋다고 말했다. TV에서는 검사가 심슨에게 항복하라고 말하는 장면을 내보냈다.[79] 모두들 이 편지를

'유서'로 이해했지만, 편지 말미에 이상한 것이 보인다. 'O J'를 자세히 보면 'O'자 안에 스마일 표시 '☺'가 그려져 있다.[80] 이것은 무슨 의미일까?

브롱코 추격전

로스앤젤레스 경찰청은 심슨과 카울링스의 행방을 추적했다. 심슨의 여권을 압수하지 않아 국경 순찰대를 비롯해 항공사, 미국 관세청, 멕시코 사법경찰에도 수배를 내렸다. 샤피로의 기자회견이 끝나기 전인 오후 6시쯤, 로스앤젤레스 언론은 경찰이 찾고 있는 차에 대해 보도하기 시작했다. 그 차량은 1993년식 흰색 브롱코로, 캘리포니아 번호판을 달고 있으며, 차량 번호는 '3DHY503'이었다. 그리고 곧바로 반응이 왔다.[81]

크리스 토머스Chris Thomas가 텔레비전을 보고 심슨이 도주 중이란 사실을 알았다. 토머스와 여자 친구 캐시 페리그노Kathy Ferrigno는 캠핑을 가기 위해 산타아나 고속도로에서 북쪽으로 달리고 있었다. 둘은 심슨이 사라진 것에 대해 농담을 나누며 지나가는 차에 혹시 심슨이 타고 있지는 않은지 살폈다. 몇 분 후, 페리그노가 백미러로 지나가는 차를 보다 "세상에…… 크리스! 크리스! 크리스!"라고 외쳤다. 토머스가 속도를 늦추고 브롱코를 살폈다. 그곳은 카다시안의 집에서 128킬로미터가량 떨어진 곳으로 니콜 브라운 집과는 차로 불과 5분

거리였다. 페리그노가 브롱코의 번호판을 확인한 뒤 고속도로 전화기 쪽으로 차를 세우고 나서 고속도로 순찰대에 전화했다.

"심슨을 봤습니다. 심슨도 우릴 봤고, 자살하려는 것 같았습니다."[82] 오후 6시 20분쯤에는 오렌지 카운티에서 오토바이 운전자가 심슨이 탄 흰색 포드 브롱코를 보고 경찰에 신고했다. 경찰은 심슨의 휴대전화 발신지를 추적했다. 오후 6시 45분, 경찰은 브롱코가 405번 주간州間 고속도로를 달리는 것을 발견했다.[83]

오렌지 카운티의 보안관 래리 풀Larry Pool이 브롱코가 산타아나 북쪽으로 향하는 걸 보고 무전기로 "차를 추적하겠습니다"라고 알렸다. 브롱코는 산타아나에서 고속도로로 진입했지만 교통 정체 때문에 가다 서다를 반복했다. 풀과 그의 동료가 차에서 내려 권총을 뽑아들고 브롱코로 향했다.

"시동을 꺼요!"

보안관이 카울링스에게 외쳤다.

카울링스가 왼손으로 차 문을 두드리며 "제길, 아니!"라고 외쳤다. 얼마나 세게 쳤는지 차가 흔들릴 정도였다. 카울링스는 경찰을 향해 소리 질렀다.

"총을 치워요. 심슨이 뒷좌석에 있는데 머리에 총을 겨누고 있어요."

유혈 사태를 염려한 보안관들은 총을 내렸고, 그들은 카울링스가 시속 56킬로미터의 속도로 유유히 운전해 가는 것을 지켜보아야만 했다. 브롱코는 느린 속도로 북쪽을 향해 계속 달렸다. 브롱코의 뒤로 순찰차가 따르면서, 추가 차량을 지원해달라고 요청했다. 스무 대의 경찰차가 브롱코를 뒤쫓았다. 6시 45분, 카울링스는 고속도로를 달리면서 카폰으로 911에 전화했다.

"저는 카울링스입니다. 제 차에 심슨이 타고 있습니다."

"알겠습니다. 지금 어디죠?"

"5번 고속도로에 막 진입했는데, 아직은 괜찮습니다. 다시 전화 드릴게요. 심슨은 자기 머리에 총을 겨누고 있습니다."

"잠시만요, 어디죠? 괜찮나요?"

"지금은 괜찮습니다. 심슨이 어머니에게 데려다 달라고 요구합니다. 집으로 데려다 달라고 합니다."

한편 이전에 심슨을 조사했던 로스앤젤레스 경찰청 수사관 톰 랭은 심슨의 휴대전화로 계속 전화를 걸었다. 동료 경찰관이 랭의 전화 통화를 녹음하고 있었고, 랭은 계속해서 심슨에게 자식들과 모친을 생각해서라도 차 밖으로 총을 버리라고 말했다. 심슨은 경찰서에 출두하지 않은 것에 대해 죄송하다며 니콜의 죽음이 다 자기 탓이고, 니콜과 함께 가겠다고 했다.

톰 랭은 1994년 6월 17일, 당시 심슨과 주고받은 통화 내역을 1996년에 공개했다.[84]

톰 랭 네, 어떻게 할까요? 들립니까?

심슨 내 집으로 갈 수 있게만 해주세요.

랭 네. 그러려고 합니다.

심슨 맹세합니다. 저는 항복할 겁니다. 깨끗이 항복할 겁니다.

랭 알겠습니다.

심슨 내 집에만 가면 돼요. 더 이상 견딜 수 없어요.

랭 그럼 창밖으로 총을 던지세요.

심슨 그럴 순 없어요.

랭 괴롭히려는 게 아닙니다. 집으로 가게 해줄 겁니다. 그러니 제발, 차 밖으로 던지세요. 모든 사람들이 힘들어 하고 있어요. 들립니까……?

카울링스가 모는 브롱코는 브렌트우드를 향해 달렸다.

로스앤젤레스 지역 방송 KCBS의 기자 해나 조이 투르^{Hanna Zoey Tur}는 경찰이 심슨을 놓쳤다는 보도를 접하고, 헬리콥터로 심슨과 앨 카울링스의 행방을 추적했다. 투르는 심슨이 니콜의 묘지로 갈 거라는 직감에 묘지로 향했으나 이미 그곳에는 경찰이 운집해 있었다. 그래서 산타아나 고속도로 상공을 순회한 끝에 마침내 브롱코를 포착했다. KCBS 방송국은 이 상황을 헬리콥터에서 촬영하여 생방송으로 내보냈다. 그러자 다른 방송국에서도 헬리콥터를 동원해 추격 장면을 생방송으로 내보내기 시작했다. 결국 스무 대의 헬리콥터가 추적에 가담했고, 많은 방송국이 취재에 참가하여 시청 채널에 혼선을 빚었다.[85]

USC(서던캘리포니아 대학교 방송국)의 스포츠 아나운서 피트 아보가스트^{Pete Arbogast}와 프로듀서 오란 샘슨^{Oran Sampson}은 과거 심슨의 코치였던 존 매케이^{John Mckay}에게 연락했고, 매케이는 방송에 나와 심슨에게 도주를 멈추라고 설득했다. 매케이는 심슨에게 자살하지 말고, 차를 세우고 모습을 드러내라고 설득했다. 매케이뿐만이 아니었다. 심슨의 가족은 물론이고 각계의 전문가, 심지어 심슨을 한 번도 만난 적이 없거나 직접 관계가 없는 사람들까지 방송에 나와 심슨에 대해 이러쿵저러쿵 이야기했다. 헬리콥터에서 촬영하여 생방송으로 내보내는 고속도로 추격 장면은 각 방송사의 주요 뉴스로 다루어졌다. 지역 방송사들은 정규 프로그램을 중단하고, 추격 장면을 생방송으로 내보냈다. 브롱코가 달리는 곳과 로킹엄은 110킬로미터나 떨어져 있었지만 브롱코가 어디를 향해 달리는지 다들 짐작하고 있었다. 지역 방송사뿐만 아니라 전국 방송사도 하나둘 정규 방송을 중단하고 추격 장면을 생방송으로 내보냈다. NBC는 농구 챔피언 시리즈까지 중단하고 추격 장면을 방송했다. 사람들이 집에서 TV를 시청하는 바람에 쇼핑몰은 그날 문을 닫을 지경이 되었다.

헬리콥터가 상공을 선회하는 가운데 브롱코는 산타아나 북쪽으로 향했고, 디즈니랜드를 지나 고속도로로 접어들었다. 7시, 황금시간대 방송에선 무려 일곱 대의 헬리콥터가 브롱코를 추격했다. 수십 대의 경찰차가 다섯 개의 차선을 점거한 채 천천히 브롱코의 뒤를 쫓았다. 고속도로나 시내 도로는 이상한 생각이 들 만큼 적막했다. 경찰이나 추격전을 지켜보는 관객 모두 브롱코가 로킹엄 저택으로 향한다는 사실을 알고 있었다. 그래서인지 로킹엄으로 향하는 길은 텅 비어 있었다.

405번 샌디에이고 고속도로에서 선셋 대로 출구 쪽으로 나오면 곧장 브렌트우드에 이르는데 그쪽에도 수십 명의 사람들이 모여들었다. 심지어 백인들이 사는 부촌 벨에어에서도 심슨을 보자 환호를 보냈다. 사람들은 브롱코로 도주하는 심슨을 향해 '힘내, 오 제이'라고 적힌 피켓을 들고 응원했다. 이런 응원은 재판이 시작된 뒤에도 이어져 사람들은 '심슨은 무죄'란 피켓을 들고 심슨을 응원했다. 심지어 '살인을 했건 말건 우리는 심슨을 사랑해요'라고 적힌 피켓을 든 사람도 있었다.[86]

추격은 여섯 시간 동안 계속되었고, 경찰차는 전조등을 켠 채 추격했다. 고속도로는 폐쇄되었고, 다른 차량들은 고속도로 밖으로 나가야 했다. 심슨이 지나갈 때마다 행인이나 운전자들은 손을 흔들었다. CNN 같은 대형 방송사뿐 아니라 지역 방송사 역시 정규 프로그램을 중단해가며 이 뉴스를 보도했고, 전국적으로 9,500만 명이 이 소식을 접했다. NBC만 NBA에서 하는 뉴욕 닉스와 휴스턴 로키츠의 결승전을 보도했지만 그것도 잠시, 아나운서가 나와 심슨 사건을 보도하면서 화면 전체를 차지했고 경기는 코너에 작은 화면으로 나갔다. 심슨 사건을 보도한 프로그램 〈오대 사건지Five News Magazines〉는 2주간 최고의 시청률을 자랑했다.

저녁 시각에 사건이 발생하여 도미노 피자는 일요일의 슈퍼볼 시청 때만큼 배달 주문이 이어졌다.[87] 사람들은 한 장면도 놓치지 않으려고 외식을 하는 대신 TV 앞에 모여 피자를 주문했다.

카울링스가 운전하는 브롱코 뒤를 수십 대의 경찰차가 고속도로 다섯 개 차선을 점거한 채 천천히 뒤쫓고 있고 브롱코에 탄 심슨은 자신의 머리에 총을 겨누고 있다.

심슨의 체포

고속도로를 빠져나온 브롱코는 브렌트우드로 향했다. 톰 랭이 전화했을 때 카울링스는 심슨의 집 쪽으로 향하고 있으며, 심슨은 여전히 자살하려는 태도를 보이고 있다고 말했다. 랭은 경찰 특별 기동대를 준비했다. 25명의 특공대가 야간 투시 장비 등을 갖추고 카울링스가 도착하기 15분 전, 로킹엄에 도착했다. 로킹엄 저택에는 심슨의 친구들도 와 있었다. 경찰은 카다시안과 심슨의 스물네 살된 아들 제이슨만 남겨두고 모두 밖으로 내보냈다. 그리고 유일하게 《타임 앤드 라이프*Time and Life*》의 로저 샌들러*Roger Sandler*만 들여보냈다.[88] 샌들러는 대통령 선거, 올림픽 게임, 유명 인사 재판 등 대형 사건에서 활약한 베테랑 사진기자였다. 그리고 마침내 카울링스가 모는 브롱코가 심슨을 싣고 노스로킹엄 360번지에 도착했다.

몇 분 뒤 전 세계가 TV를 통해 심슨이 자살을 시도할지 숨죽이며 지켜보았다. 이때 제이슨은 니콜이 기르던 흰색 카토를 로킹엄으로 데리고 왔다. 관중이 모여들었고, 드라마 같은 장면이 연출됐다. 선셋 대로 쪽으로는 통행이 어려워, 일부 주민은 집으로 돌아가지도 못했다.

지역 방송사는 선셋에서 벌어진 인종 분리 현상을 보도했다. 백인들은 보기 드문 장면을 보기 위해 목을 빼며 쳐다보았고, 아프리카계 미국인들은 "오 제이는 무죄!"라고 소리 질렀다. 수천 명의 관객과 행인들이 흰색 브롱코를 기다리느라 북새통을 이루었다. 축제 같은 분위기에서 몇몇은 심슨에게 도망가라고 격려하는 문구가 적힌 피켓을 들고 있었다. TV로 이 장면을 접한 수백만 명이 심슨과 정서적으로 동질감을 느꼈고, 한 작가는 "심슨이 행여 자살이라도 하지 않을까, 도망가지 않을까, 체포될까, 아니면 폭력 사태로 이어질까 염려했다. 무슨 일이 일어나든 수백만 명의 관객들은 지대한 관심을 보였고, 전국적인 드라마가 펼쳐지는 현장에 자신들이 참여하고 있다는 의식을 갖고 있었다"라고 적었다.[89]

저녁 8시쯤, 브롱코가 로킹엄 저택 차도에 멈추자마자 앞집에 숨어 있던 심슨의 아들 제이슨이 뛰어나와 카울링스에게 소리 질렀다. 키 큰 카울링스가 긴 팔을 뻗어 제이슨을 밀쳐냈다. 그러자 몇몇 경찰관들이 제이슨에게 다가와 집 쪽으로 밀어냈다. 제이슨은 심슨에게 다가가려 하면서, 필사적으로 뭔가 얘기하려고 했다. 제이슨이 뛰어들자 경찰들은 권총을 꺼내 들었다. 그때 카다시안이 멈추라고 하면서, "심슨 아들이에요!"라고 소리 질렀다. 그때 이미 경찰은 브롱코에 다가가려는 제이슨을 떼놓은 상태였다. 브롱코 앞좌석에 있던 카울링스가 "떨어져!"라고 소리 지르면서 제이슨을 떠밀었다. 그러나 제이슨은 "아버지와 할 얘기가 있어요!"라며 소리를 질렀다. 심슨은 브롱코 뒷자리에서 권총으로 자신의 머리를 겨누고 있었다. 제이슨은 "아버지, 이러시면 안 돼요!"라고 외쳤다. "아버지, 제발 총 내려놓으세요. 이러시면 안 돼요!" 하며 소릴 질렀다. 그러나 제이슨이 심슨의 대답을 듣기 전에 두 명의 경찰관이 짙게 선팅된 차유리에서 제이슨을 떼냈다.[90] 심슨은 브롱코 뒷좌석에 혼자 앉아 있었다. 권총과 묵주, 액자에 담긴 두 개의 가족사진이 심슨 옆을 지키고 있었다. 그 순간 심슨은 당황스러워하는 듯 보였고, 로스앤젤레스 경찰청 협상 전문가가 나서서 자살하지 말라고 심슨을 설득했다.[91]

제이슨이 다가오자 카울링스가 신경질적으로 경찰은 물러나라고 소리 질렀다. 그리고는 차에서 내리더니 경찰관을 향해 "심슨이 총을 갖고 있습니다"라고 외치곤 다시 차 안으로 뛰어들면서 덧붙였다. "어리석은 짓 하지 마세요. 경찰은 물러나세요!" 랭은 협상 권한을 특별 기동대에 넘겼다. 특별 기동대의 베테랑 피트 웨이레터[Pete Weireter]가 휴대전화로 심슨에게 항복하라고 설득했다. 웨이레터는 50분 동안 심슨과 통화한 끝에, 결국 심슨으로부터 자살하지 않겠다는 다짐을 받아냈다. 협상가는 자녀들에게 심슨이 필요하다고 설득했다. 심슨이 어머니와 얘길 나누고 싶다고 말하자, 웨이레터는 승낙했다.[92]

잠시 후, 심슨이 주저하듯 브롱코에서 내렸다. 그때가 저녁 8시 53분이었다. 심슨은 권총을 내려놓았고, 가족사진을 집어들었고, 경찰관의 손에 넘겨졌다. 그는 "이런 지경에 이르게 해서 죄송합니다"라고 말했다. 앨 카울링스와 경찰이 협상한 대로 심슨은 한 시간 남짓 집에서 보냈다. 경찰은 심슨에게 욕실 사용을 허락하고 오렌지 주스를 주었으며, 어머니와의 통화를 허락했다. 심슨은 변호인 로버트 샤피로가 도착한 지 얼마 안 되어 경찰에 항복했다. 경찰관이 "다 됐습니까?"라고 묻자 심슨은 고개를 끄덕였다. 그러고는 손을 흔들고, 카메라를 향해 우아한 미소를 지어 보였다. 사태가 별다른 사고 없이 수습되자 관객들은 서로 포옹하며 안도했고, 박수를 쳤다. 그리고 심슨과 로스앤젤레스 경찰청은 서로 원하는 것을 이룬 듯했다.

18대의 차량이 심슨을 호송하며 파커센터로 갔다. 심슨은 거기서 다시 로스앤젤레스 카운티 구치소로 후송되었다.[93] 지방검사 길 가르세티가 심슨이 칼로 범행했다고 발표했지만 범행 동기는 밝히지 않았다.[94] 경찰 대변인이 발표하기를, 심슨이 어머니를 만나 얘기를 나누고, 오렌지 주스 한 잔을 마셨다고 하자 기자들은 웃음을 터뜨렸다. 경찰은 브롱코에서 8,000달러의 현금과 갈아입을 옷과 포도주 병, 여권, 가족사진, 분장용 턱수염과 콧수염을 발견했다.[95] 브롱코를 타고 도주한 장면이나 브롱코에서 발견된 물건은 배심원단에 제시되지 않았다. 게다가 검찰은 재판에서 카울링스를 증인으로 신청하지도 않았다. 카울링스를 증인으로 신청했다가 배심원들의 동정심을 불러일으킬까 염려해서였다. 변호인 측 역시 카울링스가 심슨의 말 못할 여러 사정을 알고 있기에 증인으로 신청하지 않았다. 사람들은 심슨이 제정신이 아니어서 자살 소동을 벌였고, 그걸 보고 충격받은 앨 카울링스가 경찰의 도움을 요청한 것으로 짐작했다. 그러나 카울링스는 당시 심슨을 브롱코에 태워 니콜의 묘지에 데려간 뒤 그곳에서 심슨의 자살을 도와줄 생각이었다고 한다.[96]

하지만 전직 경찰관이자 사립 탐정인 윌리엄 디어는 이러한 심슨의 행동을 보면 의문이 든다고 지적한다. 심슨이 자신이 계획한 대로 추격전을 꾸몄고, 자신의 의도대로 경찰과 언론을 조종했다는 느낌을 준다는 것이다.

첫 번째 의문은 경찰이 왜 심슨이 도망가도록 내버려두었느냐는 것이다. 경찰이 갖고 있는 혈흔 증거가 확고하다면, 그리고 언론에 보도된 대로 피 묻은 장갑이 확실한 증거라면 심슨을 바로 체포해야 한다. 또한 브롱코 추격전에서 고속도로 순찰대가 브롱코를 세우지 않은 것도 의심스럽다. 카울링스가 차를 세우지 않아도 순찰대는 바리케이드를 설치하거나 타이어를 터뜨려 브롱코를 세울 수 있었다. 심슨이 로킹엄 저택에 도착했을 때 역시 마찬가지다. 경찰은 심슨에게 수갑을 채워 체포하지 않았다. 심슨은 차에서 내려 저택으로 들어가 화장실을 쓰고, 모친에게 전화하고, 가족과 친구들하고 악수를 나눈 뒤 체포되었다. 그 때문에 심슨의 행동은 더욱더 미심쩍어 보인다. 게다가 TV에 비친 심슨의 모습은 진짜 자살하려는 사람처럼 보이지 않았다. 만일 심슨이 진짜 자살하려 했다면 마치 느린 화면을 보여주듯 천천히 고속도로를 주행할 리 없다. 심슨의 행동은 오히려 무언가 필요한 시간을 벌려고 하는 행동으로 비쳤다. 또 산더미 같은 증거에도 불구하고 심슨은 계속해서 자신의 결백을 주장했다. 그리고 스스로 경찰 조사에 응했고, 혈액 채취에 동의했으며, 폴리그래프 검사에도 순순히 응했다. 이런 행동은 진범이면 할 행동이 아니다.[97]

수사 초기에 경찰은 심슨을 유력한 용의자로 지목했으나, 심슨이 니콜과 골드먼을 죽였다고 단정짓기에는 석연치 않은 점들도 많았다. 무엇보다 심슨이 니콜을 살해할 뚜렷한 동기가 보이지 않았다. 디어는 심슨이 이런 행동에 나선 것은 누군가(디어는 심슨의 아들 제이슨이라고 추정한다)를 보호하기 위해서였다고 생각한다. 심슨이 스스로를 구렁텅이에 밀어 넣음으로써 아들 제이슨에게 향할지도 모르는 수사망을 흩뜨리려 했다는 것이다. 디어는 그렇게 함으로써 심슨이 순교자의 길을 걸었다고 생각한다.

《타임》의 사진

브롱코 추적 사건 후 심슨은 구속되었다. 그리고 경찰은 언론에 심슨의 머그샷mug shot(체포된 사람들을 기록하기 위해 찍는 사진. 유무죄 여부를 불문하고 촬영함)을 배포했다. 뉴스에서는 화면으로 사진을 보여주는 데 그치지만 잡지사는 컴퓨터를 이용하여 사진을 확대하고 수정해서 조작된 사진을 만들어낸다. 예를 들어 심슨의 추격 사건 이후 《내셔널 인콰이어러National Enquirer》는 컴퓨터로 브롱코에 탄 심슨이 자신의 머리에 총을 댄 채 휴대전화로 통화하고 있는 장면을 만들어냈다. 그리고 한 달 후에는 표지에 멍들고 피 묻은 니콜의 얼굴 확대 사진을 실었다. 이 역시 컴퓨터로 만들어낸 사진이었다.

《타임Time》도 이에 뒤질세라 컴퓨터로 만든 사진을 표지에 실었다. 1994년 6월 27일자 표지 사진에 심슨의 머그샷을 실었는데, 편집부에서 사진 일러스트레이터에게 이 사진을 기술적으로 처리하라고 요구했다. 그러자 그는 심슨의 얼굴색을 어둡게 하고 수감 번호를 축소시켰다. 그리고 편집부는 그것을 표지 사진으로 실었다. 이 사진은 흑인 사회 전자게시판에 게재되어 흑인들의 분노를 샀다. 독자들은 《타임》이 심슨을 '깜둥이'로 만들었고, 인종주의와 상업주의 논란을 일으켰다면서 《타임》을 고발했다.[98]

경쟁사 《뉴스위크Newsweek》도 똑같은 사진을 표지로 썼지만, 있는 그대로 싣는 바람에 《타임》이 심슨의 수배 사진을 조작한 사실이 더욱 분명해졌다. 결국 《타임》은 독자들에게 사과했다.[99]

ORENTHAL
JAMES
SIM
PSON

제6장
예비심문이 열리다

"그렇다면 증거를 보여다오."

셰익스피어의 『오셀로』에서

언론 플레이

니콜 브라운이 자주 들르던 메잘루나 레스토랑은 사건이 일어난 뒤 명소가 되었다. 이른 시각부터 호기심 많은 사람들의 행렬이 이어졌고 특히 주말이면 인산인해를 이루었다. 사람들은 니콜 브라운이 했던 대로 식사하고 후식으로 아이스크림을 먹었다.[100] 많은 미국인들이 심슨 사건의 관객이 되어 쇼를 보듯 즐겼다. 유명 인사가 관련된 살인 사건인 데다 각종 미디어를 통해 사생활 폭로가 이어지면서 이를 접한 사람들은 모두 자신이 배심원이 된 것처럼 생각했다. 심슨의 유명세는 검찰이 유죄 판결을 받아내는 것이 결코 녹록지 않음을 예고했다. 심슨은 가장 위대한 미식축구 선수로, 재능과 대기록을 갖고 있을 뿐만 아니라 경기 때는 미소와 좋은 매너를 보였다. 그리고 말끔하게 옷을 입었고, 은퇴한 후에는 스포츠 해설자로 TV에도 출연했다. 그리고 영화에선 영웅의 연기를 잘 소화해냈다.[101] 이런 분위기를 반영하듯, 살인 사건 후인 1994년 6월 14일 가수 마이클 잭슨[Michael Jackson]은 '래리 킹 쇼'와 로스앤젤레스 라디오 쇼에 나와 "청취자들은 완전히 심슨을 동정하고 있으며, 심슨이 무죄이길 기도하고 있습니다"라면서 청취자들의 정서를 전했다.[102]

심슨 사건은 검사장 길 가르세티의 지휘 아래 백인 여성인 차장검사 마셔 클라크가 주임검사직을 맡았다. 클라크 검사를 도울 검사로는 남성인 차장검사 크리스토퍼 다든[Christopher A. Darden]이 정해졌다. 다든은 흑인 검사로 많은 살인 사건을 다룬 경험이 있었다. 클라크와 다든은 한 팀을 이루어 재판을 주도하며 로스앤젤레스 검찰청에 소속된 많은 검사들의 지원을 받았다.

로스앤젤레스 검찰청의 검사 피터 보재닉[Peter Bozanich]과 루시엔 콜먼[Lucienne Colman]에 의하면, 클라크 검사는 심슨이 시카고에서 돌아와 랭과 배내터의 조사를 받은 1994년 6월 13일 오후에 이미 심슨을 살인범으로 기소하기로 결심했다고 한다. 그러나 길 가르세티 검사는 그 시점에서 심슨을 체포하는 것은 때가 너무 이르다고 판단했다. 베테랑 검사 보재닉은 심슨 사건을 좀 더 신중하게 다루자는 의견을 제시했다가 로스앤젤레스 한지로 좌천됐다. 심슨 사건에서 로스앤젤레스 검찰청은 구성원의 응집력이 매우 높고 외부와 단절되어 있다. 당시 검찰청은 사건을 빨리 해결하라는 여론의 압력을 받고 있었다. 그래서 심사숙고하기보다는 사건을 빨리 해결하는 쪽으로 의사 결정을 한 것이다. 결국 "사공이 많으면 배가 산으로 간다"라는 속담이 딱 맞아떨어진 셈이다.

개인적으로 의사를 결정하는 것과 집단으로 의사 결정을 하는 것은 어떤 차이가 있을까? 사회심리학에서는 집단이 의사 결정을 할 때 더 극단적이라고 본다. 집단이 모험적이라면 더 모험적으로 결정하고, 집단이 보수적이라면 더 보수적으로 결정한다. 이를 '집단 극화group polarization'라고 한다. 일반적으로는 집단이 개인보다 더 현명하게 판단할 수 있다고 생각하지만 반드시 그런 것은 아니다. 집단 구성원의 응집력이 높고, 집단이 외부와 단절되어 있으며, 심사숙고하는 절차가 미비할 때 집단 구성원은 비합리적이고 비생산적인 결정을 한다. 이를 '집단 사고group think'라고 한다.[103]

로스앤젤레스 경찰과 로스앤젤레스 지방검찰청은 내부적으로 심슨이 유죄라고 결론 내렸다. 그리고 심슨이 대중에게 좋은 이미지를 갖고 있다는 사실을 염려했다. 심슨이 체포되고 하루가 지난 6월 18일, 길 가르세티 검사는 기자회견장에서 다음과 같이 말했다.

"심슨이 영웅이고, 그래서 많은 사람들이 그를 놔주고 싶지 않아 한다는 건 분명한 사실입니다. 하지만 이 사건은 (영웅이 아닌 여느) 한 사람의 일입니다. 그는 잘생기고, 대단한 재능이 있습니다. 역경이 닥칠 때마다 잘 헤쳐나갔고, 큰 성과를 일구어냈습니다. 그러나 불행히도 우리는 이 모두를 통째로 바꿔버릴 많은 증거를 갖고 있습니다."

심슨이 좋은 이미지를 심어왔으므로 경찰과 검찰은 심슨의 대중에 대한 좋은 이미지를 깎아내리기 위해 잘 짜인 각본에 따라 행동에 들어갔다. 심슨이 체포된 날부터 익명으로 '경찰은', '탐정은', '사건에 정통한 소식에 따르면' 등의 표현으로 정보를 조금씩 흘렸다.

6월 19일,《로스앤젤레스 타임스_Los Angeles Times_》는 '익명의 경찰 소식통에 의하면', "혈흔은 심슨의 (로킹엄 저택의) 돌로 된 길을 따라 나 있고, 심슨의 혈액형과 일치합니다. 심슨 저택의 욕실 세면대에 있는 혈흔은 니콜 브라운의 혈액형과 같습니다. 심슨 저택 밖에서 발견된 피 묻은 장갑은 범죄 현장에서 발견된 다른 짝과 한 벌입니다"라고 보도했다. 그리고 이틀 후에는 "검사가 결과에 대해 말해주지 않았지만 DNA 검사에 따르면 심슨 저택 길에서 채취한 혈흔 샘플과 심슨의 집에 있는 옷, 신발 등에서 채취한 혈흔 샘플은 심슨이 살인범이라는 사실을 드러냅니다"라고 보도했다.

6월 22일에는 911에 신고된 당시 녹음테이프와 1985년 니콜에 대한 폭행 사건 경찰 보고서가 언론기관에 배포되었다.《로스앤젤레스 타임스》1면의 '911 테이프는 심슨이 깊이 관련되어 있다고 함'이라는 머리말 아래 "화요일, 로스앤젤레스 경찰청이 배포한 테이프에 의하면, 심슨의 전처가 울고 애원하면서 도움을 호소하고, 배경음으로 문을 부수는 소리와 함께 심슨이 격분하여 고함을 지르는 소리가 담겨 있다"라고 보도했다.[104]

경찰이 제시한 몇몇 증거의 신빙성 문제가 드러나자 경찰은 재빨리 심슨이 유죄임을 드러내는 산더미 같은 증거를 제시했다.[105]

- 경찰은 심슨의 저택에서 피 묻은 스키 마스크를 발견했다.

- 경찰은 살해 도구로 보이는 예리한 스위스 군용 칼을 발견했다.

- 심슨은 시카고로 도주할 때 한 손을 가방 속에 넣었는데, 이는 살해할 때 생긴 손가락의 상처를 숨기려는 행동으로 추정된다.

- 사건 당일 밤, 심슨이 시카고에 골프 가방을 가져간 것은 범죄 증거를 인멸하려는 행동으로 비친다.

- 살인이 나기 직전, 이웃 사람이 조깅하다가 니콜의 집 근처를 지나치면서 본 차량은 심슨의 브롱코와 비슷했다.

- 심슨이 시카고에 머물렀던 6월 13일 이른 아침 오하라 플라자 호텔O'Hara Plaza Hotel 남쪽에서 그가 목격되었다. 경찰은 심슨이 이곳 어딘가에 증거물을 버린 것으로 추정했다.

- 시카고 경찰견은 숲 속에서 선글라스와 양말 한 켤레가 든 가방을 발견했다.

여기에 편승하여 전직 검사이자 언론 대변인인 빈센트 버글리오시Vincent Bugliosi는 심슨을 범인이라고 생각하는 대중의 시선으로 언론을 조작하여 심슨을 살인범으로 몰고 갔다. 하지만 언론은 무책임하며, 책임을 지지 않는다. 그리고 많은 이들이 버글리오시의 말을 믿었다. 왜냐하면 그는 전직 검사로 온갖 어려운 사건들을 해결하여 명성을 떨쳤기 때문이다. 후일 버글리오시는《격분Outrage》에서 심슨 사건을 다루며, 심슨이 범인이라고 주장했다.

기소인부를 마치다

심슨은 6월 20일 월요일, 지방법원에서 혐의에 대해 고지를 받고 유 죄인지 무죄인지 답변하는 절차(이를 '기소인부'라고 한다)에 참여했다. 피곤한 기색이 역력한 심슨은 마흔여섯 살의 판사 패티 조 매케이 Patti Jo Mckay 앞에 섰다. 심슨은 검은색 정장에 흰색 셔츠를 갖춰 입었 지만 넥타이는 매지 않았다. 기소인부에 대해 대부분은 '유죄' 혹은 '무죄'라고만 답변한다. 그러나 심슨은 "절대 100퍼센트 무죄입니 다"라고 대답했다. 그 바람에 절차는 종료되었고, 매케이 판사는 열 흘 후인 6월 30일에 '예비심문preliminary hearing'을 한다고 통지했다. 그 리고 예상대로, 판사는 심슨의 보석을 허락하지 않았다.[106]

기소인부 절차가 끝나고 양측이 기자회견을 했다. 심슨의 변호인 샤피로는 심슨과 충분히 상의하지 않았다면서 말을 아꼈다. 검찰 측 은 기소인부를 마친 직후, 법정에서 열린 기자회견장에 마셔 클라크 검사가 처음 나타났다. 그녀가 보여준 태도로 검찰청이 축하 분위기 에 젖어 있음이 은연중 드러났다. 클라크는 자신만만하게 심슨이 고 의에 의한 살인죄를 지었으며, 살인을 예비하고 계획한 심슨의 단 독 범행이라고 주장했다. 클라크는 뛰어난 검사였지만 이처럼 중대 한 사건을 맡아 처리할 적임자와는 거리가 멀었다. 가르세티가 클라 크를 이 사건에 배정한 것은, 수사관 배내터가 6월 13일 전화한 후 긴박하고 힘든 상황에서 일주일을 잘 견뎌냈기 때문이었다.[107] 사건 지휘자인 가르세티 검사는 기자회견 뒤에도 ABC의 〈나이트라인〉,

CBS 저녁 뉴스, NBC 밤 뉴스, 〈투데이^{Today}〉 등에 출연해 가정 폭력 끝에 살인이 벌어졌다고 주장했다.

대배심을 신청하다

캘리포니아의 예비심문 전통은 여느 주^州의 절차와 다르다. 예비심문은 배심원단이 하는 재판이 아니라 판사가 주재하는 약식 절차다. 예비심문에서는 공소를 제기하기에 앞서 피의자가 범인이라고 믿을 만한 '상당한 이유'가 있어서 정식으로 재판을 받게 해야 할지를 심사한다. 판사가 이 '상당한 이유'를 살핀 다음 기소 여부를 결정한다. 캘리포니아에서는 중죄 사건에서도 피의자가 범죄를 저질렀다고 볼 '상당한 이유'가 있는지를 판사가 결정해왔다. 그리고 대부분의 경우, 법원은 이런 '상당한 이유'를 폭넓게 인정한다. 하지만 검사들은 이러한 예비심문을 매우 껄끄럽게 생각한다. 왜냐하면 재판이 시작되는 초기 단계에서부터 중요한 증인들이 모두 나와 변호인의 반대신문을 견뎌내야 하기 때문이다. 이 같은 반대신문을 거쳐 허점이 드러나면 정작 배심재판 때는 증인이 무기력해질 수 있다. 그리고 검찰이 들고 있는 패를 모두 보여주게 된다. 검찰은 이러한 예비심문을 축소하기 위해 노력했고, 그 결과 1990년대에 들어서면서 예비심문 대신 '대배심^{grand jury}' 절차로 진행되는 경우가 많아졌다. 대배심은 판사 대신 일반 시민이 재판에 참여하여 기소 여부를 결정하는 절차이다.

검찰이 대배심을 선호하는 또 다른 이유는 비공개로 진행되기 때문이다. 대배심 때 변호인은 증인에 대한 반대신문을 할 수 없다. 일단 대배심에서 피의자를 기소하기로 결정하면 예비심문이 종결되기 때문에 검사는 사건의 증거를 다 드러내지 않고도 배심재판으로 갈 수 있다. 대배심에선 검사가 사건의 골격만 제시하고 판사나 배심원이 직접 진술을 듣거나 본 증거가 아닌 증거(이를 '전문증거'라고 한다) 또는 간접증거도 제출할 수 있다. 이 때문에 대배심 절차에서 증거 검토가 제대로 이루어지지 않아, 기소할 만한 충분한 증거가 없는데도 검찰이 무리해서 기소한다는 문제점이 지적되기도 한다.[108] 어쨌든 심슨 사건에서도 검찰은 예비심문 대신 대배심에 의한 기소로 가기 위해 신청 절차에 돌입했다. 클라크가 얼마나 신속히 움직였는지 심슨이 체포되기도 전인 6월 17일에 이미 대배심 앞에서 이 사건에 대해 설명했을 정도였다.

대배심 절차는 시내에 있는 폴츠 형사법정에서 이루어졌다. 사건이 브렌트우드에서 일어났으므로 검찰은 그곳을 관할하는 샌타모니카 법정을 사용할 수도 있었다. 샌타모니카의 경우, 배심원 후보의 80퍼센트가 백인이고 흑인은 7퍼센트에 불과하다. 반면 폴츠 법정의 경우, 백인의 비율은 30퍼센트인 데 비해 흑인은 31퍼센트다. 그럼에도 검찰이 폴츠 법정에서 대배심 절차를 진행하기로 한 데는 여러 가지 요인이 작용했다.

우선 샌타모니카 법정은 건물이 작은 데다 재판 기일도 이미 꽉 잡혀 있었다. 그래서 오랜 시간에 걸쳐 재판이 진행되고 세간의 이목이 집중되는 대형 사건을 다루기엔 적합하지 않았다. 하지만 무엇보다 큰 이유는 6개월 전에 발생한 지진으로 건물이 큰 피해를 입었기 때문이다. 그에 비해 폴츠 법정은 늘 이슈가 되고 관심이 집중되는 사건을 담당해왔으며, 대형 사건에 대비해 100만 달러를 들여 9층 법정을 리모델링까지 했다.[109] 또 심슨 사건을 맡은 마셔 클라크 팀이 근무하는 검찰청 사무소가 폴츠 법정 가까이 있다는 사실도 한몫했다. 실제 심슨이 체포되었을 때 가르세티 검사는 기자들에게 심슨 사건은 폴츠 법정에서 열릴 거라고 말해왔다.[110]

그러나 전직 검사 버글리오시는 샌타모니카 법정 대신 흑인이 많이 사는 로스앤젤레스 도심의 폴츠 법정을 택한 것은 실수였다고 지적한다. 지진 때문에 어쩔 수 없었다는 가르세티의 주장과 달리, 버글리오시가 알아본 바에 의하면 샌타모니카 법정은 재판 당시 지진으로 훼손된 부분의 수리가 모두 끝난 상태였다고 한다. 버글리오시는 가르세티 검사가 폴츠 법정을 택한 데는 다른 이유가 있다고 추측한다. 미국에서는 고위직 검사를 선거로 선출한다. 가르세티 역시 재선을 생각하지 않으면 안 될 상황이었다. 그런데 시내에는 가르세티의 사무실이 있을 뿐 아니라 텔레비전과 라디오 방송국 등 언론 매체의 접근성도 월등하게 좋았다. 그렇다 보니 도심에서 재판하는 쪽이 재선에 유리하다고 판단한 가르세티가 재판을 폴츠 법정으로 옮겼다는 것이다.

폴츠 법정을 선택한 이유는 또 있었다. 2년 전 로드니 킹 사건 때,

백인이 다수인 배심원들이 로드니 킹을 구타한 백인 경찰관에 대해 무죄로 평결하면서 폭동이 일어났다. 이 사건으로 50명 이상이 사망했고, 수천 명이 부상을 입었으며, 10억 달러에 달하는 재산 피해가 발생했다. 재판이 끝나고 가정과 직장으로 돌아간 배심원들의 안전도 문제가 되었다. 실제로《로스앤젤레스 타임스》는 로드니 킹 사건 이후 67퍼센트의 배심원이 신변 안전을 걱정했다고 보도했다.[11] 만일 백인이 다수인 샌타모니카 법정에서 재판이 열리고, 백인 중심의 배심으로 심슨에게 유죄 평결이 난다면 흑인 사회에서 또다시 로드니 킹 때와 같은 폭동이 일어날 수도 있었다. 하지만 가르세티는 반대로 흑인이 다수인 배심원단에 의해 평결이 나면 재판의 공정성에 대한 시비도 사라지리라 보았다는 것이다.

재판이 끝난 뒤에 가르세티는 샌타모니카 법정 대신 폴츠 법정을 택한 것에 대해 많은 비난을 받았다. 하지만 로스앤젤레스 지방법원은 관할 지정이 검사가 아닌 법원의 소관이라고 밝혔다. 1994년 로스앤젤레스 지방법원의 로버트 말라노Robert M. Mallano 판사는 "가르세티가 질타를 많이 받고 있지만 이 일은 그의 소관이 아닙니다"라고 말하기도 했다. 《메트로폴리탄 뉴스 엔터프라이즈》는 가르세티의 1996년 재선이 힘들 것이라며, 많은 유권자들이 가르세티가 백인이 다수인 샌타모니카 법정 대신 흑인이 많이 사는 로스앤젤레스 시내에 있는 법정을 선택해서 비난했다고 적고 있다.[12] 그럼에도 가르세티는 재선에 성공하여, 2000년까지의 임기를 수행했다.

케이토 캘린을 소환하다

6월 17일 금요일, 심슨 사건을 다루는 대배심의 조사가 시작되었다. 그날 오전 6시, 경찰청 수사관은 케이토 캘린에게 8시까지 올 것과 시내에서 조사할 것임을 통보했다. 그리고 두 명의 경찰관이 그곳에 도착해 그날 오후 대배심에서 증언하게 된다는 사실을 알렸다. 마셔 클라크가 캘린을 먼저 부른 이유는 혹시라도 심슨의 변호인이 캘린에게 손쓸 것을 염려해서였다. 클라크는 캘린이 선서하고 증언하면 나중에 심슨에게 유리한 쪽으로 진술을 번복하지 못할 것이라고 기대했다.

캘린은 엑스트라나 단역을 주로 하는 배우였다. 1983년 신시아란 여자와 결혼하여 둘 사이에 딸을 두었으나 1989년에 헤어지고 1992년까지 파트타임으로 일했다. 캘린이 니콜을 만난 것은 1992년의 일이었다. 캘린은 니콜의 집에 비어 있던 방을 빌렸다. 그리고 니콜의 딸 시드니를 돌봐주는 대가로 임대료를 깎아주었다.[113] 하지만 니콜과 캘린이 얽히는 게 싫었던 심슨은 캘린을 자신의 게스트하우스에 공짜로 살게 해주었다.

캘린은 클라크 검사를 만나면서 형사 변호사를 선임했다. 그리고 범인에 대한 질문에 일체 대답을 거부했다. 이윽고 캘린의 변호사 빌 제네고[Bill Genego]가 검사실에 도착했다. 클라크가 빌에게 "의뢰인과 5분 정도만 얘기할 수 있습니다. 1시 정각에는 대배심에 가야 하니까요"라고 말했다. 빌은 놀라서 "지금 제정신입니까? 당일 증인을 신청해 당일 증언을 하게 하다니요?"라며 거세게 항의했다. 하지만 클라크는 협상은 없다며 말을 잘랐다. 빌은 월요일까지 증언을 연기 해달라고 거듭 요청했으나 클라크는 받아들이지 않았다. 결국 빌은 만일 강행한다면 캘린에게 묵비권을 행사하라고 하겠다고 말했다. 클라크는 캘린이 경찰에 이미 진술했다면서 캘린의 진술서를 내밀었다. 하지만 빌은 그와 상관없이 캘린에게 질문하지 말라고 했다. 그러자 클라크가 신경질적인 반응을 보였다.

"나는 내가 원하는 걸 묻겠습니다. 그런데도 자꾸 끼어들면 사법 방해죄로 다룰 겁니다."

빌은 경험 많은 변호사였지만 검사로부터 이런 협박을 받은 것은 처음이었다. 하는 수 없이 빌은 캘린에게 대배심에서 증언할 때 유의할 점에 대해 설명해주었다.

대배심이 열리고 캘린이 증언석에 섰다. 선서를 마친 클라크가 "캘린 씨, 니콜 심슨이란 이름을 알지요?"라고 묻자 캘린은 "변호사의 조언에 따라 헌법상의 묵비권을 행사합니다"라고 대답했다. 클라크가 이번에는 "1994년 6월 12일 저녁, 오린설 제임스 심슨과 같이 있었습니까?"라고 물었다. 캘린은 다시 묵비권을 행사했다.

그러자 클라크는 밖에서 기다리고 있는 변호인과 상의하라고 했다. 하지만 캘린은 나갔다 돌아와서도 여전히 묵비권을 행사했다. 클라크가 강한 어조로 "캘린 씨, 이 대배심은 헌법에 따라 합법적으로 구성되었고, 대배심 앞에서 진술을 거부하면 법정 모독이 될 수 있으므로, 주 법에 따라 처벌될 수도 있습니다"라고 말했다. 그럼에도 캘

단역 배우인 케이토 캘린은 니콜의 집에 세 들어 살다가 심슨의 게스트하우스로 옮겨 살고 있었다. 레이철 페라라와 통화하던 캘린은 게스트하우스 바깥벽 쪽에서 세 번 '쿵' 하는 소리를 들었다. 대배심에 증인으로 소환된 캘린은 묵비권을 행사했다.

린이 계속 묵비권을 행사하자, 대배심장은 대배심 모욕에 해당한다면서 이 문제를 판사 스테프 추레거Stephe Czuleger에게 넘겼다.

검사는 판사 앞에서 분통을 터뜨렸다. 캘린은 피의자가 아니라 증인일 뿐이며, 묵비권이 없다고 주장했다. 그러자 변호사 빌 제네고는 오늘 아침 캘린은 대배심의 증인이 아니라 죄인 취급을 받았다고 주장했다. 이러한 상황에서 캘린은 자신의 모든 권리를 행사할 수 있으며, 따라서 묵비권 역시 그의 권리라고 강조했다. 판사는 심사숙고한 뒤, 검사가 지나치게 밀고 갔음을 지적하며 심문 기일을 6월 20일 월요일로 연기했다.[114]

증인 질 샤이블리

검찰이 신청한 다음 증인은 질 샤이블리[Jill Shively]였다. 1994년, 서른 두 살의 샤이블리는 영화 쪽에서 비정규직으로 일하며 니콜 브라운의 번디 집과 1.6킬로미터가량 떨어진 곳에 살고 있었다. 6월 12일, 샤이블리는 하루 종일 독감과 싸우느라 아무것도 먹지 못했다. 저녁 10시 4분쯤 샤이블리는 샐러드 바에 가려고 동쪽으로 차를 몰았다. 번디 교차로에 이르러 교통신호에서 빠져나오려고 가속페달을 밟았을 때였다. 커다란 흰색 차량이 그녀 앞으로 지나가려 했고 샤이블리는 순간 브레이크를 밟았다. 흰색 차량도 그녀를 피해 중앙분리대 쪽으로 차를 돌리는 바람에 이번에는 옆 차선의 회색 닛산 차가 그 차를 피하려다 결국 세 대의 차량이 엉키고 말았다. 그러자 흰색 차량의 운전자가 "제기랄, 차 좀 치워요!"라고 외쳤다.

샤이블리의 눈에는 당시 흰색 차량의 운전자가 마커스 앨런[Marcus Allen](흑인 미식축구 선수로 심슨의 친구)으로 보였다. 운전자가 소리를 지르자, 그제야 샤이블리는 그가 심슨임을 알아차렸다. 놀란 닛산 운전자가 재빨리 움직여 심슨은 번디에서 벗어났다. 그사이 샤이블리는 흰색 차량의 번호 '3CZW788'를 기억했다. 다음 날 샤이블리는 모친으로부터 니콜 브라운이 살해당했다는 얘길 들었다. 샤이블리는 경찰에 전화했고, 다음 날 두 명의 경찰관이 조사하러 왔다.

증인이 잡지사로부터 돈을 받으면 증언의 신빙성에 의문이 제기된다. 이런 증인에 대해 변호인은 반대신문 때 탄핵할 수 있다. 그즈음, 앨런 카울링스는 100만 달러를 받고 〈래리 킹 라이브 쇼〉의 생방송에 출연하기로 했다. 샤이블리 역시 '하드카피Hard Copy'란 잡지사로부터 5,000달러를 받았다. 샤이블리는 인터뷰에서 그때 심슨이 "제정신이 아닌 것 같았다"라고 말했다. 그 말에 잡지사는 샤이블리에게 돈을 더 주었다. 그리고 슈퍼마켓 광고지 《스타Star》에 2,600달러를 받고 《하드카피》에 실린 인터뷰한 내용을 《스타》에도 게재하도록 허락했다.[115]

6월 23일, 샤이블리는 변호사를 대동하고 대배심에 나타났다. 클라크가 샤이블리에게 왜 대배심에서 조사하기 전에 잡지사와 인터뷰했는지를 물었다. 샤이블리는 "잡지사에서 운전자가 누구였는지에 대해서만 궁금해하는 것 같았습니다"라면서, 지금은 너무 긴장되는 데다, 일주일 내내 잠을 제대로 못 잤다며 자신의 처지를 호소했다. 샤이블리에 대한 조사를 마친 클라크는 배심원들에게, 검찰은 확실하게 신빙성 있는 증거만 제출할 의무가 있다면서 샤이블리의 증언은 고려하지 말아달라고 말했다.[116]

그런데 보재닉 검사에 의하면, 목격자 샤이블리는 사실 거짓말쟁이라고 한다. 샤이블리는 심슨의 차량이 번디 길과 산빈센트 대로를 빠르게 지나가는 것을 보았다고 주장했다. 그러나 샤이블리의 의붓오빠 주장에 따르면, 샤이블리는 거짓말쟁이에 사기꾼이며, 그는 샤이블리를 상대로 소송까지 해서 승소 판결을 받았다고 한다. 그의 주장에 따르면, 샤이블리는 브렌트우드로 가는 길도 모르는 데다 사기죄로 보호관찰을 받고 있다고 했다. 이후 클라크 검사가 샤이블리를 증인으로 신청하지 않은 이유는 샤이블리가 자기 얘기를 잡지사에 팔아넘겼기 때문이라고 했지만, 보재닉 검사에 따르면 사실은 샤이블리가 거짓말을 하고 사기죄의 전과가 있기 때문이라는 것이다.[117]

또 다른 증인 호세 카마초Jose Camacho 역시 1만 2,500달러를 받고 자기 이야기를 《내셔널 인콰이어러》에 팔았다.[118] 카마초는 칼을 파는 상인으로, 심슨에게 38센티미터가량의 독일제 칼을 판 사실이 있다고 증언했다. 카마초는 심슨이 칼을 산 시기는 살인 사건이 나기 3주 전이며, 살인 현장에 있던 칼과 비슷하다고 증언했다. 카마초 역시 그 이야기를 연예 일간지에 팔아넘겨 형사재판에서 증인으로 채택되지 않았다.

앨런 더쇼위츠를 영입하다

샤피로는 검시와 범죄 현장 분석에 도움을 받기 위해 헨리 리 박사와 마이클 베이든을 영입했고, DNA 증거에 대비해선 변호사 배리 셰크와 피터 뉴펠드를 영입했다. 그리고 오랜 친구인 리 베일리F. Lee Bailey 변호사를 불렀다. 이들은 미리 로스앤젤레스로 와서 범죄 현장과 법과학 증거, 검시 결과, 범죄 연구소 등 접근 가능한 모든 것을 정밀하게 조사하고 검토했다. 이러한 그들의 노력은 수사 초기에 경찰과 검찰이 무엇을 하려 하는지 알게 했고, 재판의 구심점을 잡도록 해주었다.

변호사이자 작가이며 정치평론가인 앨런 더쇼위츠는 헌법과 형법 분야에서 저명한 학자이다. 더쇼위츠는 『학대하는 이유*The Abuse Excuss*』에서 '매 맞는 여성 증후군*battered-woman syndrome*'을 다루었다. 6월 20일 심슨이 무죄 답변을 하던 날, 더쇼위츠는 TV 프로그램 〈찰리 로즈*Charlie Rose*〉에 나와서 심슨 사건과 매 맞는 여성 증후군의 관계에 대해 이야기했다. 그리고 심슨의 유명 변호사가 사건에 어떤 영향을 미칠지에 대해서도 말했다. 토크쇼에서 더쇼위츠는 "변호사의 자질은 10퍼센트 정도 영향이 있을 겁니다. 의사의 솜씨가 다른 것과 마찬가지죠. 의사의 자질보다는 암 자체가 더 큰 문제입니다. (……) 사건이 어떠하냐가 중요하지, 변호사의 자질 문제는 큰 비중을 차지하지 않습니다. 유명한 변호사가 무죄를 만든다는 믿음이 있지만 그런 경우는 아주 드뭅니다"라고 말했다. 이 인터뷰를 보고 샤피로는 더쇼위츠를 변호인단에 합류시키기로 마음먹었다.

앨런 더쇼위츠는 로버트 샤피로로부터 리 베일리와 제럴드 우얼먼*Gerald Uelman*과 함께 심슨의 변호인단에 참여하라는 제안을 받았다. 더쇼위츠는 자신이 심슨 사건에 대해 이미 언급한 게 있으므로 좀 더 생각해보겠다고 말했다. 그러면서 자신이 무죄 추정의 원칙을 강조하긴 했지만 심슨이 살인했을지도 모른다고 말한 사실을 언급했다. 그러자 샤피로는 "가르세티가 한 말을 들었군요. 가르세티는 그렇게 말하고 있지만 사실이 아닙니다. 심슨은 맹세코 살인을 안 했다고 했어요. 그래서 심슨이 무고하다는 사실을 변호하려는 겁니다"

라고 말했다. 더쇼위츠는 심슨의 변호인단에 참여할지를 놓고 깊이 고민했다. 당시 더쇼위츠는 교수로서 많은 강의를 하고 있었는데 문득 심슨 사건이 강의에 도움이 될 수 있겠다는 생각이 들었다. 더쇼위츠는 강의 스케줄을 확인하고, 자신의 학문적인 성과가 사건 해결에 도움이 될지에 대해서도 생각했다.[119] 그리고 심슨의 변호인단에 합류하기로 했다. 심슨 재판에서 더쇼위츠는 변호인단의 자문 역할을 맡았는데 나중에 이 경험을 바탕으로『합리적 의심*Reasonable doubts: The Criminal Justice System and the O. J. Simpson Case*』을 펴냈다.

검찰, 대배심을 철회하다

심슨의 변호인단은 딜레마에 빠졌다. 이제까지의 조사에서 심슨에게 유리한 몇 가지 사실을 발견했다. 특히 법과학자를 통해 검사가 증거를 제대로 갖추지 못했다는 사실을 알게 되었다. 혈흔 분석이 덜 되었고, 다른 법과학 증거도 미비했다. 그리고 중요한 몇몇 증인에 대한 면담도 이루어지지 않았다. 예비심문으로 갈 경우 검사 측 증인에 대해 반대신문을 함으로써 공판에서 증인신문을 못 하도록 할 수 있으며, 증언의 모순이나 증인의 실수를 기대할 수도 있었다. 이러한 측면은 변호인에게 유리해서 일반적으로 변호인은 대배심보다 예비심문을 선호한다.

그러나 이번에는 클라크 검사가 워낙 빠르게 대배심 절차에 들어

갔다. 만일 대배심으로 기소가 결정된다면 예비심문은 그대로 종결될 상황이었다. 물론 대배심 대신 예비심문으로 간다고 해도 변호인들 입장에서 문제가 없는 것은 아니었다. 재판을 주재하는 랜스 이토Lance Ito 판사가 예비심문을 포함한 재판의 모든 과정을 언론에 공개하기로 결정했기 때문이다. 대배심은 과도한 언론 보도가 재판의 중립성에 영향을 줄 수 있다는 이유로 언론 보도를 허락하지 않았다. 하지만 예비심문이 텔레비전으로 생중계된다면 검사의 증거가 피고인을 기소할 만큼 충분한지를 다루는 예비심문의 원래 취지에서 벗어날 수도 있고, 이는 변호인에게 손해일 수 있다. 공판에서는 검사와 변호사가 각각 제출한 증거를 보고 피고인의 유무죄를 판단하지만, 예비심문에서는 검사가 제출한 증거만 보고 피고인을 범인으로 볼 '상당한 이유'가 있는지를 가린다. 따라서 전 세계 사람들이 검사가 제시하는 일련의 증언을 듣게 되는 데 반해 변호인은 증거를 제출할 수 없다.[120] 다시 말해 텔레비전 중계를 통해 심슨이 유죄라는 인상을 줄 수도 있는 상황이었다.

심슨의 변호인단은 어느 쪽이 심슨에게 유리할지 다각도로 고민했다. 그리고 언론에 공개된다는 부담이 있어도 대배심보다는 예비심문 쪽이 유리하다는 결론을 내린 뒤 검찰의 대배심 신청을 다투기로 했다. 변호인은 재판 전 언론을 통해 공개된 내용이 대배심에서 선입견에 사로잡히게 하므로 대배심은 6월 30일에 잡혀 있는 예비심문으로 대체되어야 한다고 주장했다.

6월 22일 수요일, 로스앤젤레스 검찰청은 니콜 브라운이 10월 25

일에 911로 전화한 내용의 녹음테이프를 언론에 흘렸다. 이 사실을 알게 된 심슨의 변호인단은 쾌재를 불렀다. 6월 24일 심슨의 변호인단은 '무죄 추정의 원칙'이 위태롭게 되었고, '공정한 재판'이 어렵게 되었다며, '부적절한 재판 전 공개로부터 선입견을 막기 위한 예비심문에 대한 긴급 신청'이란 장문의 제목으로 된 신청서를 제출했다. 변호인단은 수많은 언론 보도나 심슨이 유죄라는 검사의 주장을 언급하며, 대배심이 더 이상 이러한 정보에 접해서는 안 되므로 배제해달라고 요청했다. 그리고 6월 24일, 세실 밀스^{Cecil Mills} 판사가 이러한 변호인의 신청을 받아들였다.[121]

실제로 녹음테이프가 대배심에 제출되지 않았음에도 배심원들은 니콜 브라운의 녹음테이프에 대해 얘기를 나누었다. 방송에서 녹음테이프를 내보냈기 때문에 확산은 걷잡을 수 없었다. 결국 판사가 개인적으로 배심원에게 묻거나 변호인으로 하여금 배심원과 면담하도록 했다. 이를 조사하는 데 며칠이 걸렸다. 그리고 로스앤젤레스 항소심 법원 판사는 몇몇 배심원들이 911 테이프를 들었다고 판단했다. 그러자 검찰은 대배심 절차를 철회하겠다고 발표했다.[122]

예비심문 조사

칼 전문점 '로스 커틀러리^{Ross Cuttlery}'의 커틀러리는 대배심 심문에 나와 심슨이 로스앤젤레스 다운타운에 있는 자기 가게에서 38센티미터가량의 칼을 80달러에 산 영수증을 제출했다. 영수증에 찍힌 날짜는 살인 사건이 나기 6주 전이었다. 검시관은 그 칼이 자상을 입힌 칼과 유사하다고 판단했다. 검사는 가게 종업원이 그 이야기를 《내셔널 인콰이어러》에 1만 2,500달러에 팔아넘긴 사실이 드러나자 이 증거를 제출하지 않았다. 언론에 공개된 경우, 공정한 재판을 받을 피고인의 권리가 침해된 것으로 볼 수 있기 때문이다. 검찰은 검시관을 통해 피해자들의 시신을 검시한 결과, 심슨이 최근에 구입한 칼이 살인 도구와 비슷하다는 결론에 이르렀다. 6월 28일 화요일, 클라크는 영장을 발부받아 심슨의 집을 다시 수색하게 했다. 경찰이 심슨의 집을 이 잡듯 뒤졌지만 별 소득은 없었다.[123]

다음 날, 로스앤젤레스 구치소에서 변호사 제럴드 우얼먼이 심슨에게 경찰의 수색 서류를 내밀며 "칼은 어디 있나요?"라고 물었다. 심슨으로부터 칼의 소재에 대한 얘기를 듣고 우얼먼은 로킹엄으로 가서 2층 침실 거울 문 뒤에 있는 선반 문을 열었다. 거기에는 박스가 하나 있었는데 그 안에는 심슨이 몇 주 전에 산 칼이 들어 있었다. 새로 산 칼에는 기름이 남아 있기 마련인데 이 칼에는 기름이 남아 있었다. 그것은 심슨이 칼을 한 번도 사용한 적이 없다는 의미였다. 칼이 새것이란 사실은 심슨에게 유리한 내용이었지만 이 칼을 증거로 제출하기 위해 우얼먼이 칼을 만진다면 변호인이 사건의 증인이 되어버리는 곤란한 처지에 놓인다. 그래서 변호인들은 이 문제를 어떻게 처리할지 상의했다.

6월 30일 목요일은 예비심문이 있는 첫째 날이었다. 우얼먼과 샤피로는 비밀리에 랜스 이토 판사실을 찾았다. 그들은 판사에게 중립적인 사람으로 하여금 심슨 집에 가서 칼의 상태를 확인하고 법원에 갖다 놓는 안을 제안했다. 이토 판사는 승낙했다. 그리고 그날 아침, 은퇴한 판사 델버트 웡Delbert Wong이 심슨 집으로 가서 칼을 조심스럽게 봉투에 담아 가지고 왔다. 이 일로 들뜬 샤피로와 우얼먼은 예비심문을 하는 법정으로 향했다.

판사 캐슬린 케네디 파월Kathleen Kennedy Powell이 예비심문을 주재했다. 살인 사건이 발생한 지 18일째로, 양측에선 긴장감이 흘렀고, 언론은 지나친 관심을 보였다. 그리고 예비심문은 TV로 생중계되었다. CNN과 법정 TV는 정규 방송을 중단하고 심슨의 예비심문 장면을 내보냈다.

케네디 파월 판사는 "안녕하십니까, 오늘은 일정상 몇 가지 문제를 다루게 됩니다. 하나는 금방 처리할 문제인데요…… 모발 건입니다"라고 사무적인 투로 말했다. 경찰은 범행 현장에서 발견된 털모자 안에서 흑인의 머리카락을 발견했다. 검사는 심슨의 머리카락을 채취하여 둘이 일치하는지 비교하려 했다. 하지만 판사가 피의자는 모발 채취에 응할 의무가 없다고 말했다. 그러자 검사가 이의를 제기했고, 판사는 머리카락이 얼마나 필요한지 물었다. 클라크는 최소한 다섯 가닥에서 열 가닥은 있어야 하지만, 100가닥 정도는 되어야 충분하다고 주장했다. 판사가 "그러면 100가닥을 요청하는 건가요?"라고 물었다. 클라크는 "충분한 머리카락이 있어야 전문가가 검사할 수 있습니다. 그리고 과거 법원이 이런 요청을 제한하는 걸 보지 못했습니다"라고 대답했다. 샤피로는 "헨리 리 박사의 말에 의하면, 세 가닥이면 충분하다고 합니다"라고 반박했다. 판사는 "열 가닥으로 합시다"라고 말했다.

클라크는 내심 열 가닥으로 충분하다고 판단했지만 이참에 변호인 측 기를 눌러야 한다고 생각해, 헨리 리 박사의 책을 꺼내 들고 모발 검사를 위해선 40가닥이 필요하다고 적힌 문구를 읽어내려갔다. 그러자 판사는 40가닥에서 100가닥을 채취하라고 결정했다.[124]

검사는 로스 커틀러리를 증인으로 신청했다. 그를 통해 심슨이 5월 3일에 살인 도구로 쓸 칼을 구입했음을 입증할 셈이었다. 그러자 신문에 대문짝만 하게 칼에 대한 기사가 실렸다. 그리고 로스 커틀러리의 증언과 관련해서 변호인단이 야심 차게 준비한, 칼이 든 봉투가 개봉됐다. 그때 이토 판사는 휴가를 떠나 세실 밀스 판사가 사건을 담당했다. 하지만 밀스 판사는 칼에 대해 아는 게 없었으므로 봉투를 개봉하라고만 했고, 언론에서는 '미스터리 봉투'라고 기사를 썼다. 그 바람에 변호인들이 기대했던 '대박'은 터지지 않았다. 하지만 법원은 봉투에 든 칼을 검사하게 했고, 검사 결과, 칼은 한 번도 쓰지 않은 새것이라는 사실이 밝혀졌다.[125]

검찰의 패를 보여주다

검사는 대배심과 예비심문에서 두 차례 증거를 제시했고, 이로써 변호인은 초기에 어느 정도 성과를 이끌어냈다. 검사가 제출한 증거는 다음과 같다.

심슨의 로킹엄 저택에서 발견된 피 묻은 장갑

검사는 장갑이 심슨 것과 사이즈가 같고, 심슨이 끼던 장갑이며, 범죄 현장에서 발견된 다른 쪽과 한 벌이라고 주장했다. 장갑에는 로널드 골드먼의 셔츠 섬유, 로널드 골드먼과 니콜의 머리카락, 흑인의 체모, 브롱코의 카펫에서 나온 섬유가 있었다.

심슨의 침실 바닥에서 발견된 혈흔 묻은 양말

검사는 혈흔이 심슨과 니콜 브라운의 것과 일치한다고 주장했다.

사건 현장 후문에서 발견된 피

바닥에 떨어져 있어 변질되지 않아 양호한 상태였고, 검사는 이 피가 중요하다고 주장했다. 그 피의 DNA는 심슨의 것과 일치했다.

심슨의 차 브롱코에 묻은 피

운전석 문과 바닥, 계기반에 있었다. 운전석 문에 묻은 피는 심슨의 DNA와 일치했다. 계기반에 묻은 피도 심슨, 니콜 브라운, 로널드 골드먼의 피로 드러났고, 바다의 피는 니콜의 것이었다.

사건 현장의 피해자 근처에서 발견된 혈흔

검사는 이 혈흔이 심슨의 DNA와 일치한다고 주장했다. 분석 결과, 한 방울의 피가 심슨의 것과 일치하는 것으로 밝혀졌다.

사건 현장에서 발견된 머리카락과 섬유

범행 현장에서 발견된 털모자에 묻은 머리카락과 로널드 골드먼의 셔츠에 묻은 머리카락의 특징이 일치하는 것으로 밝혀졌다. 현장에서는 심슨의 브롱코 카펫에서 나온 섬유가 발견되었다. 또한 검사 측은 로널드 골드먼의 셔츠에서 발견된 남색 섬유가 로킹엄에서 발견된 피 묻은 장갑과 심슨의 침실에서 발견된 양말 섬유와 일치한다고 주장했다.

범인의 발자국

범인의 발 사이즈는 12인치로 심슨과 같고, 브루노 말리 상표 구두를 신은 것으로 밝혀졌다. 심슨은 블루밍데일에서 160달러 하는 이 신발을 샀다.

로킹엄 여러 곳에서 발견된 혈흔

저택 내 찻길에서 발견되었다. 심슨의 침실에 있는 싱크대와 샤워 부스에서도 발견되었으며, 심슨의 피와 일치했다.

배우자 폭행의 전력

한 번의 폭행과 여러 번의 사고는 범행 동기와 관련이 있다.

시간대

검사의 주장에 따르면, 범행을 하고 집으로 돌아와 리무진 운전자를 만나기까지 충분한 시간이 있었다.

이러한 증거는 강력했고 심슨에게 유죄를 선고할 만했다. 그러나 변호사 배리 셰크와 피터 뉴펠드는 검사가 제출한 산더미 같은 증거에 틈이 보인다고 말했다. 그리고 경찰과 검찰이 다음과 같은 실수를 한 사실을 발견했다.

- 경찰은 니콜 브라운의 집에서 담요를 가져와 시신을 덮었다. 경찰이 나중에 발견했다는 머리카락이나 섬유 증거는 이 담요에서 옮겨 왔을 수도 있다.
- 피해자의 시신은 모발이나 섬유 샘플을 수집하기 전에 범행 현장에서 끌려다녔다.
- 경찰은 로스앤젤레스 경찰청 규정에 따른 기간 내에 검시관에게 통보하지 않았다.
- 경찰은 심슨의 저택에 들어갈 때 영장이 없었다. 대신 그럴듯한 얘기를 만들어냈지만 의문을 품게 했다.
- 경찰은 판사에게 수색영장을 청구할 때, 심슨의 딸 아넬과 얘기

를 나누면서 심증으로 심슨이 계획에도 없는 여행을 떠난 것 같다면서 사실에 대해 잘못 말했다.

- 검시관 사무소에서는 어윈 골든Irwin L. Golden 박사로 하여금 검사하게 했다. 그러나 검사는 검시관을 증인으로 신청하지 않았다.

- 로스앤젤레스 경찰청은 수습 경찰관 안드레아 마졸라를 범행 현장에 파견해 혈흔 샘플을 수집하게 했다. 마졸라는 과거에 혈흔 증거를 수집한 경험이 없다.

- 수사관 배내터는 심슨의 피를 밀봉하지 않은 상태에서 세 시간 동안 가지고 다니면서 커피도 마셨다. 이때 1.5밀리리터의 혈액이 사라진 것으로 추정된다.

- 범죄연구원은 초동수사 때 니콜의 집 후문과 심슨의 침실에서 발견된 양말에서 혈흔을 발견하지 못했다. 몇 주 뒤, 배내터가 이곳에서 심슨의 것으로 추정되는 혈액을 채취했다고 밝혔다.

- 범죄연구원은 혈액 샘플을 채취할 때뿐만 아니라 건조하기 위해 튜브에 넣을 때에도 계량하지 않았다. 튜브에서 꺼낼 때도 마찬가지였다. 6월 16일까지 샘플에 대해 기록하지 않았다.

예비심문의 여파는 컸다. 사람들은 텔레비전을 통해 검찰이 제출한 피 묻은 장갑, 양말, 혈흔과 같은 증거를 보면서 심슨이 범인이라고 생각했다. 그러나 변호인은 소송 전략을 밝히지 않고 기다리기로 했다.[126]

영장 없는 수색

예비심문 때 경찰이 영장 없이 심슨의 집을 수색한 것이 위법인지가 다루어졌다. 이에 대해서는 '긴급한 상황'이었으므로 영장 없이 수색할 수 있다는 견해도 있었다.

배내터는 예비심문 때 심슨이 살인 사건의 피해자로서 지극히 정상적이고 정중한 대접을 받았다는 이색적인 주장을 펼쳤다. 배내터는 자신이 사건 현장인 번디에서 로킹엄으로 간 것은 살인 사건의 피의자를 조사하기 위해서가 아니라 심슨에게 살인 사건을 알리고 자녀들을 돌보라고 말해주기 위해 갔을 뿐이라고 증언했다. 그리고 퍼먼이 담장을 넘게 한 것은 브롱코에 묻은 혈흔을 보고 심슨이 다쳤을 수도 있겠다는 생각이 들어서였다고 증언했다. 그러나 이러한 증언은 오히려 의구심만 키웠다.

불법 수색이라는 쟁점에 대해, 변호사 우얼먼은 "네 명의 경찰관이 심슨의 집에 모인 것은 오로지 심슨에게 번디에서 벌어진 살인 사건이라는 비극을 알리기 위해서였다고 주장하지만 이런 목적이라면 전화로도 충분합니다"라고 반박했다. 그리고 경찰의 목적은 심슨을 위해서가 아니라 전처를 살해한 범인으로 그를 옭아매기 위해서였다고 강조했다. 경찰의 수색이 불법인지에 대해선 케네디 파월 판사가 판단했다. 판사는 경찰의 영장 없는 수색에도 불구하고 이러한 증거를 배척하지 않았고, 변호인은 이 같은 결정에 대해 항소법원에 이의를 제기했다.[127] 케네디 파월 판사의 결정에는 의문이 생긴다.

당시 상황을 생각하면 영장을 발부받지 못할 긴급한 사정이 있었다고 볼 수 없다. 그리고 영장을 발부받을 '상당한 이유'도 갖추고 있었다. 따라서 영장 없이 가장 유력한 용의자의 집을 수색한 것은, 더구나 담을 넘어 들어가 가택을 수색한 것은 명백한 위법 수사였기 때문이다. 이 같은 사정과 별개로 일주일간 예비심문을 주재한 캘리포니아 지방법원 판사 캐슬린 케네디 파월은 7월 7일, 심슨을 살인죄로 재판에 회부하기에 충분한 증거가 있다고 판단했다.[128]

제7장

법정을 구성하다

"희망과 절망이 이렇게 동시에 찾아왔으니,

어떻게 조화시켜야 좋을는지요?"

셰익스피어의 『맥베스』에서

드림팀

로욜라 대학교 법학 교수인 조지 아나스타플로^{George Anastaplo}는 1994
년 6월 30일, 로마에서 강의를 했다. 이 자리에서 그는, 심슨 재판을
몇 달 앞둔 시점에서 무죄 추정의 원칙 등 소중한 가치가 존중되어
야 하겠지만, 다른 한편으로 진실을 외면한 채 다른 전제주의가 군
림해서도 안 된다고 역설했다.[129] 아나스토플로가 염려한 '전제주
의'란 과연 무엇일까?

심슨은 경력이 화려한 변호인단을 꾸렸다. 처음에는 로버트 샤피
로가 변호인단을 이끌었고, 그다음에는 조니 코크런^{Johnnie Cochran}이 이
끌었다. 이후 리 베일리, 앨런 더쇼위츠, 로버트 카다시안, 제럴드 우
얼먼, 로버트 블레이지어^{Robert Blasier}, 칼 더글러스^{Carl E. Douglas}가 합류했
다. 그리고 두 명의 DNA 전문 변호사인 배리 셰크와 피터 뉴펠드가
같이했다.[130]

1942년 뉴저지에서 태어난 로버트 샤피로는 어릴 때 조부모와 같이 살면서 이들의 사랑을 받았다. 그리고 로욜라 로스쿨^{Loyola Law School}을 나와 어렵기로 정평이 나 있는 캘리포니아 변호사 시험에 단박에 합격했다. 이후 검사보로 첫발을 뗀 샤피로는 3년간의 검사 생활 뒤에 인생의 전환점을 맞이하는 인물을 만났다. 당시 형사 변호사 해리 와이스^{Harry Weiss}는 탁월한 능력을 발휘하고 있었다. 1972년, 해리는 샤피로를 고용하고 싶어 했다. 그러나 샤피로는 "해리 와이스 같은 인물이 되고 싶지, 해리 와이스 밑에서 일하는 걸 원하진 않습니다"라고 거절했다. 그러나 해리는 포기하지 않고 샤피로에게 자기 밑에 들어와 일하기를 권했다. 결국 1972년부터 1987년까지 샤피로는 해리 와이스 밑에서 변호사로 일했다. 1990년대에 들어서면서 샤피로는 유명해졌다. 1970년대 샤피로가 해리 와이스의 구성원으로 일할 때 그들은 전성기를 구가했다. 두 사람은 선셋 대로에 있는 펜트하우스를 같이 소유했다. 샤피로는 협상 능력이 뛰어났는데, 특히 유명 인사의 사건을 많이 맡았다. 그는 검사와의 협상을 통해 그들이 감옥에 가는 것을 막았다. 그리고 샤피로가 맡은 사건들은 언론의 주목을 받았다.

언론은 계속해서 심슨이 변호인들과 함께 소송 전략을 짜고 방어 계획을 수립하는 것처럼 보도했다. 그러나 사실, 심슨은 샤피로가 어떤 전략을 짜고 있는지 잘 몰랐다. 심슨을 지지하는 쪽 사람들은 수사 초기에 제대로 대처하지 못한 와이츠먼을 사건에서 손 떼도록 만들었다. 그들은 샤피로가 '협상가'로는 잘 알려져 있지만 재판 경험이 풍부하지 않은 것을 염려했다. 심슨을 지지하는 이들의 수장인 웨인 휴스Wayne Hughes가 샤피로보다 더 상위급의 변호사를 영입할 것을 제의했고 샤피로는 마지못해 승낙했다. 이들은 변호사 게리 스펜스Gerry Spence를 추천했다. 6월 15일 금요일, 스펜스와 변호인단은 샤피로의 친구 집에서 비밀 회동을 가졌다. 그 자리에서 샤피로는 스펜스에게 사건의 개요와 전략을 설명했다. 하지만 스펜스는 경찰관 퍼먼을 상대로 막연한 추정에 근거해 인종주의 전략을 짠 것을 보고 변호인단의 리더로 나서길 주저하면서 샤피로가 사건의 적임자라고 말했다. 샤피로는 일찌감치 스펜스가 이런 전략으로 적극 나설 인물이 아니란 사실을 간파하고 있었다.[131]

코크런은 처음부터 심슨 변호인단의 일원은 아니었다. 코크런이 합류하기 전까지 심슨의 변호인단은 로버트 카다시안과 태프트를 비롯해 백인 일색이었다. 태프트는 하워드 와이츠먼과 접촉했고, 와이츠먼은 다시 로버트 샤피로에게 공을 넘겼다. 태프트는 오랫동안 심슨의 사업 자문 변호사로 일했지만, 형사사건 전문이 아니었다. 그래서 이때까지 형사 변호사는 아무도 없었다. 로버트 샤피로는 이른바 명석한 두뇌로 변호인단을 구성하려 했는데, 결국 백인 변호사만의 조합이 되었다. 앨런 더쇼위츠나 리 베일리는 전국적으로 유명하지만, 로스앤젤레스의 현지 사정에 정통한 사람은 없었다. 더쇼위츠는 대학교수로서, 보스턴에 연고를 두고 항소심 사건을 주로 맡았다. 리 베일리는 유명한 형사 변호사로, TV 토크쇼에서도 자주 모습을 비쳤다. 그러나 실제 형사소송에서 활동하는 모습은 드물었다.

변호인단 중심에서 이들을 지휘할 리더가 필요했다. 변호인단 중에서도 특히 리 베일리는 독단적인 경향이 있었다. 그는 협력을 구하는 지도자형이 아니었고, 의뢰인이 필요로 하는 정보를 제공할 만한 인물도 아니었다. 결국 리 베일리의 독단적인 성격 때문에 로버트 샤피로와 충돌이 발생하자, 리 베일리는 리더 변호사로 코크런을 추천했다. 코크런 역시 샤피로처럼 로스앤젤레스 현지 사정에 정통했다. 게다가 그곳에서 살았고, 소송 경력도 로스앤젤레스에서 쌓았다. 코크런이 민사와 형사 분야에서 뛰어난 변호사로 노련하다는 사실에는 의문의 여지가 없었다. 샤피로가 코크런의 경력에 걸맞은 보수를 제시하고 타협점을 찾으면서 두 사람은 좋은 관계를 맺게 되었다.[132]

코크런과 샤피로 둘 다 로스앤젤레스에서 유명한 변호사다. 샤피로는 유명 인사의 변호를 해왔고, 코크런은 법정 기술이 뛰어났다. 처음에는 샤피로가 리더 역할을 했다. 인터뷰, 변호사 관리, 신청서의 사인도 그가 다 했다. '세 명의 테너'라 불리는 존경받는 법학자 제럴드 우얼먼, 유명한 리 베일리, 법학 교수 앨런 더쇼위츠를 영입한 것도 샤피로였다.

샤피로는 변호사들 사이에 '기름을 잘 친 기계'처럼 부드러운 협력이 이루어지는 것을 중시했지만, 소송 전략을 두고 코크런과 다툼이 잦았다. 심지어 고함을 지르며 싸우기도 했다. 샤피로는 부부 사이에도 다툼이 있기 마련이라고 애써 태연한 척했지만, 결국 코크런이 샤피로에게서 변호인단의 리더 역할을 이어받았다.[133] 심슨은 코크런을 편하게 여겼을 뿐만 아니라 재판 경험이 많은 코크런이 재판을 주도하는 게 좋다고 생각했다. 결국 코크런이 주도하는 가운데 베일리가 뒤에서 지원하고, 샤피로도 중심 역할을 이어가기로 했다. 코크런은 모두진술과 최후 변론 그리고 증인에 대한 반대신문을 맡기로 하고, 베일리는 몇몇 증인에 대한 반대신문과 DNA 증거 문제에 관여하기로 했으며, 샤피로는 몇몇 증인에 대한 주신문을 맡았다.[134]

언론에서는 심슨의 변호인단을 '드림팀'으로 불렀다. 그러나 전직 로스앤젤레스 지방검찰청 검사 버글리오시는 이 '드림팀'이라는 말에 강한 거부감을 드러낸다. 그의 주장에 따르면, 샤피로는 살인 사건을 변호한 경험이 없다. 코크런은 주로 민사사건을 다루었고, 배심원 앞에서 살인 사건을 변론한 경험이 없다. 버글리오시는 '드림팀'은 1992년 올림픽 때 마이클 조던, 래리 버드, 매직 존슨이 팀을 이룬 미국 농구팀이나 1995년 데이비스컵 테니스 대회 때 피트 샘프러스와 앤드리 애거시가 한 조를 이룬 미국팀에 어울릴 말이라고 냉소했다. 버글리오시는 DNA 전문 변호사를 제외하면 다른 변호사들은 평범하다고 보았다. 굳이 점수를 매기라면 너그럽게 봐줘도 B 정도이고, 깐깐하게 평가하면 C나 D라고 했다. 특히 길거리에서나 볼 법한 인종주의 카드를 꺼내 든 것은 아주 수준 낮은 수법이라고 비판했다.[135]

그럼에도 불구하고 심슨은 변호사 비용으로 300만 달러에서 600만 달러를 썼다.

조니 코크런

조니 코크런(1937~2005)은 저명한 형사 변호사였다. 코크런은 오 제이 심슨 말고도 마이클 잭슨을 비롯해 래퍼 숀 콤스^{Sean Combs}, 스눕 독^{Snoop Dogg}, 투팍 샤커^{Tupac Shakur}, 배우 토드 브리지스^{Todd Bridges}, 미식축구 선수 짐 브라운^{Jim Brown}, 전 레슬링 선수 리딕 보^{Riddick Bowe} 같은 이들을 변론했다.

조니 코크런은 법정에서의 현란한 변론과 경찰의 공권력 남용으로 피해 입은 사람들을 변론하여 유명해졌다. 코크런이 소송에 뛰어들기로 결심한 것은 서굿 마셜 대법관과 학교에서의 인종차별을 위헌으로 결정한 브라운 판결[136]의 영향을 받아서였다. 코크런은 변호사란 직업을 소명이라 생각했고, 이것이 정의를 위해 싸우고, 잘못을 시정할 기회가 된다고 생각했다. 『변호사의 삶^{A Lawyer's Life}』에서 코크런은 다음과 같이 적고 있다.

> 서굿 대법관에 대한 글을 모두 읽었습니다. 그리고 사회를 바꾸기 위해 법이 유용하게 쓰이도록 헌신하겠다고 다짐했습니다.

1963년 캘리포니아 변호사 시험에 합격한 코크런은 로스앤젤레스에서 검사보로 경력을 시작했다. 2년 후 개인 변호사 사무소에서 일하던 코크런은 일리노이에서 '코크런, 앳킨스, 에번스 사무소^{Lochran, Atkins & Evans}'란 법률 사무소를 개업했다. 처음 맡은 사건에서 코크런은 경찰관의 총에 맞아 사망한 미망인을 대리했다. 비록 소송에선 졌지만, 이 사건은 코크런에게 인생의 전환점이 되었다. 코크런은 이 사건을 통해 소송 실무를 다시 바라보게 되었고, 이 재판은 흑인 사회를 각성시켰다. 1970년대 코크런은 흑인 사회에서 명성을 쌓으며, 여러 형사사건을 통해 경찰의 권한 남용에 맞서 싸웠다. 1978년 코크런은 로스앤젤레스 지방검사로 돌아왔다. 그는 최초의 흑인 검사였다. 비록 급여는 줄었지만 코크런은 정치계와의 유대를 강화하면서, 자신의 이미지를 쇄신하려고 노력했으며, 검찰 체제를 개선하기 위해 애썼다.

5년 후, 코크런은 다시 변호사로 전직했다. 그리고 '코크런'이란 개인 사무소를 열었다. 코크런은 경찰에게 살해당했다고 주장하는 론 세틀스Ron Settles라는 대학 미식축구 선수 가족을 대리하며 보수로 76만 달러를 받았다. 1990년에는 '코크런, 미첼과 제나Cochran, Mitchell & Jenna'란 로펌에 합류했고, 이후 1997년에 '코크런, 체리, 기븐스와 스미스Cochran, Cherry, Givens & Smith'란 로펌에 합류했는데 이 로펌은 15개 주에 26개의 사무소를 둘 정도로 성장했다.

많은 사건에서 코크런은 불법행위 피해자를 대리했다. 코크런의 변론은 수사학적 표현과 현란함 때문에 '극장식 표현'으로 불린다.

심슨 사건 이전에도 코크런은 민사·형사를 통틀어 부자나 성공한 사람들이 찾는 변호사로 알려져 있었다. 그러나 심슨 사건으로 코크런의 명성은 더 널리 퍼졌고 결국 성공한 변호사의 대명사가 되었다. 코크런이 많은 유명인들을 대리한 것은 사실이지만 코크런 자신은 부자뿐 아니라 가난한 사람이나 사회적 약자를 위해 일한다고 이야기했다. 심슨 사건으로 전국적인 명성을 얻기 전부터 이미 코크런은 사회적 약자의 대변자로 알려져 있었다. 실제로 배우 덴절 워싱턴Denzel Washington은 영화 〈필라델피아Philadephia〉에서 동성애자란 이유로 부당하게 해고당한 에이즈 환자를 돕는 변호사 역을 맡았을 때 역할 연구를 위해 코크런을 인터뷰했을 정도다. 심슨 사건 이후에도 코크런은 흑인 인권운동가 제로니모 프랫Geronimo Pratt의 무죄 방면을 위해 노력했고, 1997년 그가 석방되었을 때는 '가장 행복한 날'이라고 말하기도 했다.

또한 코크런은 텔레비전 법률 코너의 해설자로 자주 등장했으며, 〈조니 코크런 투나잇Johnnie Cochran Tonight〉이란 프로그램도 진행했다. 코크런의 유명세가 얼마나 대단했는지 심지어 그가 법정에서 했던 변론이 여러 언론의 풍자 대상이 될 정도였다.[137]

그리고 명성에 걸맞게 많은 부를 일구었다. 코크런의 회계사는 그의 2000년 이전 5년간 수입이 2,500만 달러에서 5,000만 달러에 이를 것으로 추산했다.

2004년 4월, 코크런은 뇌종양 수술을 받았다. 수술 경과가 좋다고 알려졌지만 2005년 3월 29일, 로스앤젤레스의 자택에서 뇌종양으로 사망했다.

후일,《흑인 저널The Journal of Blacks》은 미국의 영웅 3분의 2 이상이 흑인이라면서 마틴 루서 킹Martin Luther King 목사, 콜린 파월Colin Powell 전 합참의장, 최초의 흑인 판사 윌리엄 해스티William Hastie, 브라운 판결을 이끌어낸 서굿 마셜^{Thurgood Marshall} 대법관 등과 함께 조니 코크런의 이름을 올렸다.[138]

랜스 이토 판사

7월 22일 금요일에 열린 예비심문에서 심슨이 자신의 결백을 주장하자 판사 세실 밀스는 랜스 이토 판사에게 사건을 넘긴다고 선언했다. 이토 판사의 부인 마거릿 요크^{Margaret York}는 로스앤젤레스 경찰청 간부였다. 그래서 세실 판사는 심슨 측에 이토 판사를 기피할 기회를 주었지만 코크런과 샤피로는 그대로 진행하겠다고 말했다. 이토 판사는 다음 주 월요일, 양 당사자를 법정에 소환했다.

당시 마흔네 살의 이토 판사는 이민 3세로 태어나 검사 생활을 하다가 판사로 임명된 인물이었다. 온화하고 넉넉해 보이는 인상이지만 실은 매우 정열적일 뿐만 아니라 예리하고 의지가 강하며 추진력 있는 베테랑 판사였다. 또한 일중독자이기도 해서 시보로 일하는 지역 로스쿨 학생이 있어도 자신이 모든 서류를 직접 처리했다. 이토 판사는 당사자, 특히 피고인 측 얘기를 잘 경청하는 인물로 정평이 나 있었는데 재판에서는 양측 모두 적극적으로 주장과 입증을 펼치도록 하면서, 자신은 중립적으로 재판을 진행했다. 사실 이토 판사는 코크런과 샤피로 둘 다 나름의 친분이 있었다. 검사 재직 시절 코크런은 이토 판사의 상관이었고, 1994년 샤피로가 '올해의 변호인'

랜스 이토 판사는 캘리포니아 대학교를 졸업하고, 캘리포니아 대학교 버클리 로스쿨을 수료했다. 그리고 로스앤젤레스 경찰 간부인 마거릿 앤 요크와 결혼했다. 심슨 사건 이후 캘리포니아 판사로 재직하다 은퇴했다.

에 선정되었을 때 이토 판사는 축전을 보내기도 했다

검찰의 주장은 다음과 같다. 심슨이 피해자를 살해할 때 손을 다쳐 번디에서 브롱코와 로킹엄에 피의 흔적을 남겼다. 심슨에게 튄 피해자들의 피가 브롱코에 묻어 장갑을 적셨다. 니콜 브라운의 피가 튀어 심슨의 양말에 묻었거나, 니콜이 피 묻은 손으로 심슨의 발목을 잡았을 것이다.[139] 예비심문 후에도 검찰의 전략은 변함이 없었다. 검찰은 심슨이 배우자를 폭행한 전력이 있는 사람으로, 질투심에 눈이 멀어 전 부인을 살해했다고 추정했다.[140] 백인들에게 흑인 남자의 백인 여성 폭행은 최악의 악몽이다. 미국 사회에는 부지불식

간에 '야만스럽고 짐승 같은 흑인'이란 고정관념이 뿌리내리고 있다. 백인들 스스로도 종종 이런 고정관념을 악용하고 있다는 사실을 인정한다. 검찰 역시 소송에서 이런 전형적인 폭력 성향의 흑인을 부각시키려 했다.[141] 검찰은 이 같은 가정 폭력이 범죄의 동기이며, 케이토 캘린과 앨런 박을 증인으로 신청하여 범행 시각에 심슨의 알리바이가 없다는 사실을 입증하려 했다. 캘린은 심슨이 6월 12일 저녁 9시 40분에 혼자 있었고, 박은 심슨이 10시 35분인가 10시 55분이 되어서야 로킹엄에 나타났다는 사실을 증언할 예정이었다. 무엇보다 검찰의 핵심 증거는 머리카락, 섬유, 발자국, 혈흔 같은 물적 증거였다.

배심원을 선정하기 전 여름 몇 달 동안, 양측은 예비심문에서 드러난 논제를 좀 더 정교하게 다듬었다. 예비심문 때 심슨 변호인단은 심슨 외에 진범이 따로 있다는 사실과 관련된 증거를 제출하지 않았다. 이에 따라 변호인단은 검찰의 증거에 집중하기로 했다.[142]

첫째, 심슨에겐 범행할 시간이 없었다고 주장함으로써 검찰의 시간대를 다툰다.

둘째, 경찰은 혈흔 등 물적 증거를 부당하게, 또 위법하게 수집했으므로 증거 가치가 적다고 다툰다.

셋째, 경찰관이 인종주의와 탐욕, 대형 사건에서 패소할 것을 우려한 나머지 심슨을 옭아매기 위해 피와 섬유 등을 심은 뒤 조작했다고 주장한다.

변호인단은 심슨이 니콜 브라운과의 관계를 끝내고 모델 폴라 바비에리와 새로운 출발을 시작했다는 것을 보여주려고 했다. 이러한 전략을 취한 것은 심슨이 여전히 니콜과 모종의 관계가 있다는 인식을 불식시키기 위해서였다. 그리고 경찰에 대해선 인종주의와 부패라는 카드를 꺼내 들었다. 인종주의는 미국 흑인 사회에서 엄연한 현실이다.

대개 공소가 제기된 후 몇 주 내에 양 당사자는 법률상 주장과 사실상 주장을 밝힌다. 그리고 변호인 측은 경찰이 위법하게 심슨의 집을 수색하고 증거를 수집했으므로 증거에서 배제하라는 신청을 했다. 나아가 검찰이 부당하게 피고인 측 법과학자와 함께 혈흔 샘플을 나누어 검사하지 않았다고 주장했다. 캘리포니아 법률이나 법실무에선 이 같은 증거배제에 인색하지만 변호인은 심슨 사건의 경우는 다르다고 주장했다. 그러나 이토 판사는 위법하게 수집한 증거를 배제하지 않았다. 다만 배내터가 영장을 미리 구비하지 못한 것은 부주의했다고 판시했을 뿐이다. DNA 샘플을 공유해야 한다는 변호인의 신청에 대해 판사는 신중했다. 이를 위해 이토 판사는 심문 기일을 열고 전문가의 증언을 들어본 후, 10퍼센트의 샘플을 피고인 측에 주라고 결정했다.[143]

배심원을 선정하다

미국의 배심재판 제도에서 배심원은 일반 시민 가운데 선출된다. 선거인 명부를 바탕으로 무작위 추첨을 통해 실제로 필요한 배심원 수의 몇 배에 달하는 후보를 뽑는다. 이 중에서 몸이 아프다거나, 영어를 잘하지 못한다는 등 특별한 이유가 있어 배심원 임무를 수행할수 없는 사람, 피해자, 피고인 혹은 증인과 개인적으로 관련이 있어공정한 판결이 불가능한 사람을 제외한다. 그렇게 남은 배심원 후보 중에서 검사와 변호사는 자기편에 불리하다고 생각되는 배심원을 뺄 수 있는데 이를 가리켜 '배심원을 배제한다'고 한다. 배심원을배제하는 방법은 두 가지가 있다. 그중 하나가 '이유 있는 기피 신청 challenges for cause'이다. 예를 들어 배심원 후보자가 이미 피고인이 유죄라는 생각을 갖고 있다거나, 자신의 생각을 바꿀 수 없다고 하는 경우 등이다. 다른 하나는 '이유 없는 기피 신청 peremptory challenges'이다. 말 그대로 아무 이유 없이 배심원으로 선정하고 싶지 않다는 것이다. 이유 없는 기피 신청으로 배제할 수 있는 배심원 후보 수는 법으로 정해져 있다.[144] 배심원을 선정하는 주된 목적은 공평한 배심원단을 구성하는 데 있다. 소송 당사자에게 편향이나 편견을 가질 것으로 의심되는 배심원을 가려내자는 것이다.

심슨이 신속한 재판을 원했기 때문에 검사는 사건을 준비하느라몇 달 동안 야근을 해야 했다. 여름이 되자 양측은 소송의 기본 전략을 짰다. 그리고 배심원 선정에 공을 들였다. 샤피로는 전문가인 조엘란 디미트리어스$^{Jo\ Ellan\ Dimitrius}$에게 배심원을 조사하고, 배심원을 선정하기 전까지 조언해줄 것을 당부했다. 검찰 역시 배심원 선정에 많은 공을 들였다. 검찰은 고도의 윤리 기준을 세우고 배심원 선정 작업에 들어갔는데, 특히 인종에 따른 선입견이 있는지를 살폈다. 일반 형사사건에서 검찰은 배심원 선정에 크게 신경 쓰지 않는다. 그리고 배심원 선정을 위한 전문가도 고용하지 않는다. 클라크 검사는 자신이 배심원, 특히 흑인 여성 배심원으로부터 동정을 사고, 긍정적인 답변을 얻어내는 특별한 기법을 개발했다고 자부하고 있었다. 실제로 클라크는 흑인 배심원으로부터 재판을 잘했다는 칭찬을 받아 팬클럽까지 생길 정도였다. 클라크는 흑인 여성들이 가정 폭력에 대해 엄격하다고 예상했다.

대형 사건을 앞두고 배심원들의 반응을 예측하기 위해 모의 배심 재판을 열기도 한다. 모의 배심원은 폭풍 속에서 착륙하려는 비행기의 레이더 같은 존재로 불린다. 모의 배심원을 통해 양측의 증거와 주장, 설명에 대하여 실제 배심원들이 어떻게 반응할지 예상할 수 있기 때문이다. 그리고 가끔은 전혀 예상하지 못했던 문제를 발견하기도 한다.[145] 검찰은 7월 23일, 배심원을 선정하기 전에 배심원 선정 전문가인 빈슨^{Vinson} 교수를 영입하여 모의 배심재판을 열었다. 모의재판에는 열 명의 모의 배심원이 참여했는데, 다섯 명이 남자, 다섯 명은 여자였다. 또 백인 여섯 명, 흑인 네 명으로 구성되어 있었다. 모의 배심원에게는 비디오테이프를 틀어주었는데 검찰 측에서는 클라크 검사가 20분짜리 모두진술을 했고, 심슨의 변호인 역할은 검사 빌 하지먼이 맡았다. 클라크, 하지먼 그리고 가르세티는 거울 너머로 배심원의 태도를 관찰했다. 모의재판에서는 놀라운 결과가 나왔다. 흑인은 무죄로, 백인은 유죄로 평결했기 때문이다.

배심원 선정을 위한 기간에서 몇 주가 훌쩍 지나갔다. 검찰은 전화로 여론조사를 했다. 조사 결과, 심슨이 유죄라고 생각하는 흑인 여성은 흑인 남성에 비해서도 3분의 1에 불과했다. 대부분의 흑인 여성은 만약 심슨이 실제로 가정 폭력을 저질렀다면 살인에 이르렀을 것이라고 판단했지만, 동시에 흑인 여성의 40퍼센트가량은 가정 폭력을 결혼 생활에서 감내해야 할 몫이라고 생각했다. 결국 흑인 여성은 클라크로서는 반드시 피해야 할 대상이 된 셈이다.

9월 26일 월요일, 배심원 선정을 위한 기일이었다. 이토 판사가 배심원 선정을 위해 900명의 배심원 후보를 소환했다. 배심원으로 선정되면 세상과 격리되고 사건에 대해 의견을 나누는 것도 모니터링된다. 그리고 로스앤젤레스 카운티가 배심원에게 지급하는 돈은 하루 5달러에 불과해서 배심원이 되려는 사람은 은퇴자나, 배심원이 되어 휴직해도 업무에 지장을 주지 않는 큰 규모의 기관에서 적은 급여를 받는 사람뿐이었다. 하지만 심슨 사건은 달랐다. 배심원 후보들은 중대한 과제를 앞에 놓고 열정적으로 참여하길 원했다. 이토 판사는 배심원 후보들에게 "제 평생 이런 사건은 처음 접합니다. 여러분의 삶에서 가장 중요한 결정이 될 것입니다"라고 말했다.

최초 배심원 후보의 남녀 비율은 비슷했다. 인종을 보면 28.1퍼센트가 흑인이었고, 37.9퍼센트가 백인이었으며, 나머지는 히스패닉계, 아시아인 등이었다. 그리고 대다수가 교육 수준이 높았으며, 4분의 3 정도가 대학생이거나 대학을 졸업한 사람이었다. 900명의 배심원 후보가 설문지를 받아 자신에 대한 정보와 왜 이런 힘든 사건의 배심원이 되려는지 등의 질문에 답을 적어내려갔다. 그리고 설문지를 통해 배심원으로 부적합한 사람을 가렸다. 이 과정을 통해 219명의 후보가 떨어졌다.

일반인들은 배심원 선정을 위한 조사에 상당한 날이 걸릴 것이라고 예상했지만 실제로 조사하는 데 걸린 시간은 단 나흘에 불과했다. 9월 29일, 이토 판사가 12명의 배심원과 12명의 예비 배심원이 될 304명의 배심원 후보를 소집했다. 이들은 이미 이토 판사에게서 받은 좀 더 상세한 질문에 모두 대답한 상태였다. 이토 판사가 그들에게 나누어준 질문지에는 무려 294개의 질문이 담겨 있었고 90쪽에 이르렀다. 검사 측과 변호사 측 모두 열흘 동안 이들의 답변을 상세히 조사했다. 검찰은 검찰에 우호적인 백인과 지식인, 남성을 가려냈다. 처음에는 3분의 1가량이던 흑인의 비율이 질문 과정을 거치면서 두 배로 올랐다.

10월 12일, 예상 배심원에 대한 직접 면담이 이토 판사의 법정에서 이루어졌다. 이 절차의 진행은 판사가 주재한다. 로버트 샤피로와 조니 코크런의 질문에선 그들의 주제가 인종 문제임이 여실히 드러났다. 코크런은 "당신은 아프리카계 미국인에 대해 유무죄를 다투는 사건이 심각하다고 느끼십니까?" 등의 질문을 던졌다.

이렇듯 배심원 선정이 진행되고 있는 중에 니콜의 절친한 친구 페이 레즈닉이 『비밀 일기*Private Diary*』를 출간했다. 배심원이 언론의 영향을 받는 것에 신경을 곤두세우고 있던 이토 판사는 10월 18일, 배심원 선정 절차를 48시간 연기했다. 레즈닉이 책을 내자 샤피로는 이를 적극 활용하기로 마음먹었다. 10월 19일 수요일 아침, 샤피로는 부랴부랴 이토 판사에게 여러 가지 신청을 했다. 심슨에 대한 모든 기소를 기각할 것, 피고인이 유죄라고 단정하는 책자를 발간하는 것은 정의를 훼손하는 일이며, 검찰에 이런 책의 발간을 막지 못한 책임을 물어 제재를 가할 것, 재판을 1년간 연기하고 피고인에 대한 보석을 허락할 것 등이었다. 사실 이 같은 샤피로의 신청은 터무니없는 것이었고 실제로 검토할 가치가 있는 것은 심슨의 보석 단 하나뿐이었다. 하지만 이토 판사는 참을성 있게 샤피로의 변론을 모두 들어주었다. 그러자 클라크가 발끈했다.

레즈닉의 책 출간 소동의 여파가 한풀 꺾인 뒤에 이토 판사는 배심원 선정을 위한 기일을 잡았다. 하지만 심슨에 대한 보석 신청은 받아주지 않았다. 마침내 양 당사자에게 '이유 없는 기피' 기회가 오자, 양측은 배심원 기피 작업에 들어갔다. 양측에 스무 번의 기회가 주어졌다. 변호인 측 배심원 전문가인 조 디미트리어스는 배심원 선정 절차 내내 후보들을 모니터링했다. 변호인 측은 흑인 여성이 백인 여성에 비해 피해자에게 덜 동정적이라고 보았다. 검찰 측은 빈슨 교수의 조언에 따라 흑인 배심원을 최대한 기피하기로 했다. 그러나 아무리 이유 없는 기피일지라도 인종에 기인한 기피 신청은 헌법에 위배된다. 하지만 검사가 기피 신청한 열 명 중 여덟 명이 흑인이었다. 결국 검사는 심슨에게 우호적으로 보이는 몇 명의 흑인을 기피시켰다. 양측 모두 배심원의 성비가 맞지 않은 것을 수용했다. 마침내 열두 명의 배심원이 선정됐다. 원래 배심원 후보의 남녀 비율은 거의 같았고, 백인 40퍼센트, 흑인 28퍼센트, 히스패닉계 17퍼센트, 아시아인 15퍼센트였다. 그러나 선정된 배심원 중 여성 열 명에 남성은 두 명이었고, 흑인이 아홉 명, 백인이 두 명, 한 명이 히스패닉이었다. 정치적으로는 열두 명 모두 민주당원이고, 대학을 졸업한 사람은 두 명뿐이었다. 아무도 신문을 정기구독하지 않았고, 아홉은 임대주택에 살고 세 명은 자가 주택에 거주했다. 열두 명 중 두 명만 관리, 감독직에 있었다. 여덟 명은 정기적으로 〈하드 카피〉[146] 같은 TV 뉴스쇼를 시청했다.

배심원이 선정되자 《로스앤젤레스 타임스》는 다음과 같은 기사를 내보냈다.[147]

열 명의 여자, 두 명의 남자로 이루어진 배심원단은 로스앤젤레스에서 선발되었다. 그들은 화요일에 선서했다. 이 열두 명의 배심원이 심슨의 운명을 결정할 것이다. 그리고 예비 배심원은 다음 주에 선발된다. 배심원이 병에 걸렸거나 대중에 노출되면 예비 배심원이 배심원을 대신하게 된다.

배심원 프리즘

남성 두 명	여성 열 명

흑인 아홉 명	백인 두 명	기타 한 명

민주당 열두 명

대졸 두 명	기타 열 명

증거를 신청하다

재판을 시작하면서 이토 판사는 심슨의 배우자 폭행에 대한 증거를 허용할지 고민했다. 그러한 증거를 허용할 경우, 재판의 성격이 달라질 수 있고, 배심원단에도 큰 영향을 미치기 때문이었다. 이토 판사는 아침 일찍 형사법정 건물 9층에 있는 판사실로 출근해 이 문제를 어떻게 처리할지 고민했다.

검찰의 주장에 따르면, 심슨은 총 59건의 가정 폭력을 저질렀다. 그중에는 1989년에 심슨이 니콜을 폭행한 혐의로 재판을 받은 사건과 1993년에 니콜이 911에 전화한 일도 있었다. 이토 판사는 양측에 각 사건의 도표를 만들어 왜 이러한 증거가 허용되어야 하고 배제되어야 하는지를 설명하라고 요구했다. 그리고 양측에 사건에 대한 파일을 컴퓨터 디스크에 담아달라고 하면서 파일을 보고 좀 더 생각해보겠노라 말했다. 이토 판사는 양측이 제출한 파일을 여러 차례 읽은 뒤 1995년 1월 18일, 마침내 결정을 내렸다.

미국에서는 판사들이 자신들의 법정을 갖고 있다. 이토 판사도 판사실로 곧장 연결되는 자신의 법정을 갖고 있지만 너무 작아서 테니스 코트만 했고 방청석도 네 줄밖에 없었다. 그 때문에 검사와 변호인은 재판이 시작할 때부터 자리를 선점하기 위해 경쟁했다. 피해자 가족들은 검사석 뒤 배심원석 근처에 비좁게 자리 잡았다. 로널드 골드먼의 누이 킴은 재판이 열릴 때마다 거의 매번 참석했다. 골드먼의 계모 패티Patti도 마찬가지였고, 골드먼의 부친 프레드는 일주일에 서너 번 참석했다. 반면에 니콜 브라운의 가족은 산발적으로 참석했다. 니콜의 모친 주디사는 대부분 참석했지만 자매인 데니스Denise, 도미니크Dominique, 타냐Tanya는 거의 참석하지 않았다. 피해자 가족 뒤로 기자들과 법정 비디오카메라를 다루는 기사들이 서 있었다.

피고인 측은 거의 일관된 모습을 보여주었다. 심슨의 두 누이 카멜리타 두리오Carmelita Durio, 셜리 베이커Shirely Baker와 셜리의 남편 벤Ben은 매일 참석했다. 이들은 심슨의 무죄를 확신하는 듯한 태도를 취했다. 이토 판사는 피고인석으로 네 석을 할애했고, 그들 뒤로 매일 추첨을 통해 뽑힌 행운의 주인공 여섯 명이 재판을 관람했다.

피고인 측은 가정 폭력에 대한 증거를 허용하면 살인 사건이 아닌 심슨의 17년간 삶에 대해 방어해야 하기 때문에 부당하다고 주장했다. 이 주장은 '성격 증거character evidence'를 언급한 것으로, 타당한 주장이라 볼 수 있다. 결국 성격 증거를 허용할지는 '관련성relevance'에 의해 결정된다.

가정 폭력에 대한 변론은 교수 출신 변호사 제럴드 우얼먼이 맡았다. 우얼먼은 느릿느릿한 말투로 검사가 주장하는 59건의 가정 폭력에 대해 하나하나 반박했다. 검찰 쪽에서는 행크 골드버그[Hank Goldberg]가 나와서 가정 폭력에 대한 증거를 제출해야 할 필요성을 주장했다. 1995년 1월 18일, 10쪽에 달하는 검찰 의견서가 제출되었다. 이토 판사는 1989년 폭행, 1993년 911에 전화한 사실 등만 허락하고 나머지는 받아주지 않았다.[148]

성격 증거를 허용하다

심슨 사건에서 문제가 된 성격 증거는 두 가지였다. 하나는 심슨의 배우자 폭행 전력이고, 다른 하나는 뒤에 이야기할 인종차별적인 마크 퍼먼의 말과 행동이다.

배심원 선정이 끝나고 모두진술을 하기 전, 양측은 어떤 증거를 허용하고 어떤 증거를 허용하지 말아야 할지에 관해 다투었다. 변호인단은 배우자 폭행에 대한 증거를 허용하지 말라는 신청을 했다.

덴버 대학교 법학 교수 낸시 에런라이크[Nancy S. Ehrenreich]에 따르면, 심슨 사건은 인종과 성별에 대한 도덕성이 시험대에 오른 사건이다. 여성은 주로 친한 사람에게 살해당한다. 연방 범죄수사국 통계에 따르면, 미국에서는 1992년 한 해 동안 1,432명의 여성이 살해당했다.

그리고 3,400만 명의 여성이 가정 폭력을 당한다. 15초마다 한 명의 여성이 구타당하고, 매일 열 명의 여성이 남편이나 남자 친구로부터 살해당한다. 페미니즘의 관점에서 심슨 사건을 바라보면 심슨이 니콜을 살해한 것은 이상하지도 않고, 충분히 예견할 수 있는 일이라고 여긴다. 변호인의 전략은, 니콜을 마약을 하고 파티를 즐기며, '맞아도 싼' 나쁜 여자로 매도하는 것이었다.[149]

변호인은 배우자 폭행에 대한 증거는 성격 증거라고 주장했다. 캘리포니아 증거법 제404조(b)에는 "기소되지 않은 비행은 이례적이고 특이한 성격을 드러내지 않는 한 증거로 허용되어선 안 된다"라고 규정하고 있다. 변호인은 이에 따라 이전의 가정 폭력은 살인과는 형태가 전혀 다르므로 허용되어선 안 되고, 이런 증거를 허용하면 소송이 너무 지연된다고 주장했다. 하지만 검찰은 가정 폭력에 대한 증거는 '독자성sui generis'이 있어 성격 증거와 무관하게 관련성을 인정받을 뿐만 아니라 범행 동기를 밝힐 수 있다고 주장했다. 나아가 심슨이 가정 폭력을 일삼으며 니콜에게 모욕을 주고, 결국 살인에 이른 것이므로 이는 범행의 계획에 대한 증거라고 주장했다.

그리고 양측은 통계자료도 제시했다. 검찰은 니콜에게 '매 맞는 여성 증후군(지속적인 학대로 피해자인 여성이 무기력해져서 폭력에 순응하는 증상)'이 있다고 주장하며 이와 관련된 문헌과 이론을 제시했다. 그리고 통계자료를 제시하면서 여성의 3분의 1에서 2분의 1이 남편이나 남자 친구에게 살해당한다고 주장했다. 그러자 변호인은 가정 폭력은 살인에 대한 아무런 전조가 되지 않는다고 주장했다. 10분의 1

또는 단지 1퍼센트의 매 맞는 여성이 배우자로부터 살해당하고 폭행이 살인으로 나아간다는 주장은 마리화나를 피우면 헤로인을 복용하게 된다는 것과 마찬가지라고 주장했다. 미국의 많은 주에서 마리화나(대마초)를 피우는 것은 불법이 아니지만, 헤로인(마약)을 복용하는 것은 금지하고 있다.

변호인단의 앨런 더쇼위츠 교수는 〈투데이〉와의 인터뷰에서 다음과 같이 말했다.

"저는 근 30년간 이 분야를 연구하고 가르쳐왔습니다. 우리가 배우자 폭행에 대해 알게 된 것은 최근 20~30년 동안의 일로, 그전에는 몰랐습니다. 배우자 폭행은 우리가 알고 있는 것보다 더 많이 일어납니다. 글로리아 알레드Gloria Allred[150]에 따르면, 해마다 200만 명 이상 혹은 500만 건 이상의 배우자 폭행 사건이 발생합니다. 이것은 배우자 폭행을 하는 사람이 살인으로 나아가지 않을 확률이 99.9퍼센트라는 뜻입니다. 저는 어제 유명한 과학자 스티븐 제이 굴드Stephen J. Gould[151]에게 달려가서 물었습니다. 그는 사회과학 조사에서 가장 많이 범하는 오류가 살인범이 폭행과 관련 있으며, 폭행범이 살인을 할 거라고 추정하는 것이라고 말했습니다. 마리화나로 시작하면 모두 헤로인을 복용한다는 말과 같습니다. 그러나 마리화나를 복용하는 사람들 모두가 헤로인을 복용하지는 않습니다."

전문증거傳聞證據는 영어로 'hearsay evidence'라고 한다. 법정에서 판사나 배심원들이 직접 보고 들은 것이 아닌, 법정 밖의 진술이나 증거는 원칙적으로 허용되지 않는다. 이를 가리켜 '전문법칙'이라고 한다. 이토 판사는 이 같은 전문법칙에 따라 검찰이 신청한 배우자 폭행에 대한 증거의 허용성 여부를 결정했는데 1989년에 니콜을 폭행한 사진, 1982년과 1989년의 폭행, 니콜이 직접 911에 걸었던 전화 등과 관련된 증거는 허용했다. 그러나 이와 관련된 전문증거인 일기장 등은 허용하지 않았다. 이러한 결정은 살인 사건에서 과거의 폭행에 관련된 증거를 허용한다는 캘리포니아 항소법원의 판례와도 일치된다.[152]

검사의 오류

'검사의 오류prosecutor's fallacy'는 형사재판에서 검사가 피고인이 유죄라고 주장하며 근거로 대는 통계 수치에 나타난 오류를 말한다. 무작위로 추출한 '사전 확률prior probability'이 피고인이 무죄라는 확률과 같다고 주장하는 것이다. 예를 들어 범인이 피고인과 같은 혈액형이고 통계상으로 10퍼센트가 이런 혈액형을 갖고 있는 경우를 생각해보자. 이때 검사는 범인과 피고인이 같은 혈액형일 가능성은 10퍼센트밖에 되지 않으므로, 역으로 피고인이 범인일 가능성은 90퍼센트가 된다고 주장할 수 있다. 이때 검사는 '검사의 오류'를 범하는 것이다. 하지만 때로는 피고인의 변호인이 무죄를 주장하며 이와 비슷한 주장을 편다. 이를 '변호사의 오류defense attorney fallacy'라고 부른다.

'검사의 오류'와 '변호사의 오류'란 용어는 윌리엄 톰슨William C. Thompson과 에드워드 슈만Edward Schumann이 1987년에 발표했다. 이러한 오류는 '다중 검사multiple testing', 예를 들어 증거를 다량의 데이터베이스와 비교할 때 생긴다. 데이터베이스의 양이 많을수록 그와 일치되는 수가 나타날 가능성은 커진다. 가령 DNA 증거의 경우 이런 데이터베이스와 단 한 개의 샘플을 비교했을 때 일치할 확률은 매우 커지게 된다.[153] 하버드 대학교 교수인 앨런 더쇼위츠는 검사의 오류를 이용해 심슨을 변호했다. 검사는 심슨이 배우자를 폭행한 것에 초점을 맞추어 재판을 시작했다. 검사는 2주 동안 심슨이 니콜을 학대했다는 증거를 제시하며 "폭행은 살인 사건의 서막이다"라고 표현했다. 그러나 심슨의 변호인은 검사가 배심원들에게 편견과 선입견을 심으려고 2주의 시간을 끌었다면서 심슨이 배우자를 폭행한 것과 살인 사건은 아무 관련이 없다고 주장했다. 더쇼위츠의 주장은 이랬다. 미국에서는 매년 400만 명의 여성이 남자 친구나 남편으로부터 매를 맞는다. 그런데 연방 범죄수사국의 범죄 보고서에 따르면, 1992년엔 그중 1,432명이, 다시 말해 2,500명 중 1명꼴로 남자 친구나 남편으로부터 살해됐다. 심슨의 변호인은 배우자를 구타하는 남편 중에 배우자를 살해하는 경우는 거의 없다고 주장하면서, 니콜 브라운이 가정 폭력의 피해자라면 해마다 100만 명의 가정 폭력 피해자가 있다고 할 때 그중 한 명에 불과하고, 또 매 맞는 여성 중 살인 피해자가 되는 것은 4,000명이 채 안 된다고 주장했다. 그렇다면 매 맞는 여성 중 몇 명이 살해되는지가 관건이 된다. 따라서 변호인은 이러한 증거는 성격 증거이고, 관련성이 없다고 주장했다.[154]

이에 대해 캘리포니아 공과대학 교수 레오나르드 플로디노프Leonard Mlodinow는 이러한 논리가 사실이긴 하지만 적절하지 않다고 지적한다. 이 사건에서 필요한 수는 아내를 때리는 남자가 아내를 살해한 확률(2,500분의 1)이 아니라 매 맞는 아내가 살해되었을 때 폭력을 행사하던 남편이 범인일 확률이다. 미국의 통합 범죄 보고서에 따르면, 1993년 미국에서 살해된 매 맞는 여성 중 90퍼센트가 폭력을 행사하던 남편에 의해 살해되었다.[155]

변호인의 오류

검사의 오류와는 반대로, 피고인의 변호인이 몇몇 사건에서 발생률이 낮음에도 불구하고 피고인과 범인이 수천 명씩이나 같은 특징을 갖고 있다고 지적하는 경우가 있다. 예를 들어 피고인과 범인이 같은 혈액형을 갖고 있고 이런 혈액형을 갖고 있는 사람의 비율이 1퍼센트라면, 피고 측 전문가는 100만 명이 사는 도시에서 1만 명이 이런 희귀한 혈액형을 갖고 있다고 진술한다. 이 같은 진술은 검사의 오류를 줄이지만 반대로 '변호인의 오류'를 낳는다.

예를 들어 DNA 증거 등을 통해 100만분의 1의 확률로 피고인과 범인의 DNA가 일치했다고 가정하자. 검사는 이를 두고 피고인이 무죄일 가능성이 100만분의 1이라고 주장한다. 그러나 100만분의 1이라는 확률은 1,000만 명이 검사를 받았을 때 10명은 일치한다는 뜻이다. 변호인은 이를 근거로 피고인이 일치된 다른 사람보다 더 유죄일 수는 없다고 주장한다. 그러나 이러한 증거는 여전히 관련성이 매우 높다. 왜냐하면 피의자일 가능성이 있는 사람들의 폭을 크게 제한하기 때문이다. 오 제이 심슨 사건에서 심슨 측 변호인이 이 같은 '변호인의 오류'를 일으켰다고 이야기하는 사람들이 많다. 범죄 현장의 피는 400명 중 1명꼴로 심슨 피의 특징과 일치하는 것으로 나타났다. 변호인은 이런 식으로 일치하는 사람을 모으면 축구 경기장을 채우고도 남기 때문에 400분의 1은 아무 쓸모가 없다고 주장했다.

오 제이 심슨 사건에서 검사가 심슨이 과거에 니콜을 폭행했다는 증거를 제출하자 변호인은 배우자에게 폭행당한 여자 2,500명 중 1명만이 살해당할 뿐이라고 반박했다. 따라서 심슨의 배우자 폭행에 대한 증거는 관련성이 없다는 것이다. 하지만 변호인의 계산에는 다른 오류가 있다. 독일의 심리학자 게르트 기거렌처Gerd Gigerenzer는 가정 폭력과 살인의 상관관계가 이처럼 단순하게 계산되는 것이 아니라고 주장한다. 기거렌처에 의하면, 가정 폭력이 있었고 이후 실제 살인 사건이 발생했다면, 시간 간격 등 여러 상관관계에 따라 가정 폭력이 살인으로 이어졌을 가능성은 낮게는 8~9퍼센트에서 높게는 90퍼센트에 이른다는 것이다.

'검사의 오류'와 '변호인의 오류'에 이어 '수사관의 오류interrogator's fallacy'도 거론된다. '수사관의 오류'는 로버트 매튜스Robert A. J. Mattews가 만든 말이다. '수사관의 오류'란 자백 증거는 유죄가 될 가능성을 절대 줄일 수 없다는 것을 말한다. 사실, 자백이 있으면 유죄 가능성을 높인다. 그러나 매튜스에 따르면, 고문이나 폭행, 협박에 의해 허위로 자백한 경우처럼 어떤 특정한 상황에 있어서는 자백이 반대로 유죄 가능성을 낮춘다고 주장한다.

검사의 오류는 실수에 의해 일어나지만 소송에서 양 대리인은 통계 증거를 자유롭게 제출할 수 있다. 전문가 증인의 증언으로 '검사의 오류'가 났을 때는 재심으로 이어지는 경우가 많다. 그리고 '변호인의 오류'에 대해선 검사가 다른 증거와 함께 이 오류를 지적하면 된다.[156]

제8장

세기의 재판이 시작되다

"여러분은 내가 왜 이런 말을 하는지 잘 생각해보십시오.

내가 어떻게 해서 처음에 모함받게 되었는지

여러분에게 설명하려는 것입니다."

플라톤의 『소크라테스의 변론』에서

재판 공개와 언론 보도

이토 판사는 예비심문은 물론이고 재판 전 과정을 언론에 공개했다. 덕분에 전 세계 사람들이 텔레비전이나 라디오로 재판 장면을 생생하게 시청하고 토론할 수 있었다. 그래서 '세기의 재판The Trial of the Centry'이라 불리던 심슨 재판은 동시에 '모든 재판의 언론 대모Media Mother of All Trials'가 되었다.[157] 하지만 이 같은 재판 공개는 예기치 못한 부작용을 낳았다. 영미법에서 유래한 재판의 기본 원칙 중 하나로 '당사자주의'가 있다. 검사와 피고인이 소송의 주도권을 갖고 적극적으로 공격과 방어를 하며 재판을 진행하고, 판사는 중립적인 위치에서 양 당사자의 주장을 판단하는 것을 당사자주의라고 한다. 이당사자주의는 견제와 균형을 통해 무고한 사람을 보호하고, 범인을 처벌하는 것을 목표로 삼는다. 전 델라웨어주 대법원 판사이자 세인트루이스 대학교 로스쿨 방문 교수인 앤드루 무어 2세Andrew G. T. Moor II

는 심슨 사건의 경우 이 같은 당사자주의가 제대로 작동하지 않았다고 지적한다. 심슨 사건은 미국 역사상 유례없는 관심을 끌면서 피고인의 명성과 유혈이 낭자한 범행 현장으로 대중을 푹 빠뜨렸다. 카메라가 연일 법정을 비추면서 이토 판사는 사실상 재판에 대한 통제권을 상실했다. 무어 2세는 이로써 공정한 재판은 불가능하다고 보았다.[158]

원래 미국 법원은 재판 공개를 강조해왔다. 같은 영미법 계통의 영국에서는 재판에 대한 언론 보도를 제한하여 법정 안에서의 공정한 재판을 강조하지만, 미국은 재판을 언론에 공개하는 것이 공정하다고 생각한다. 미국은 권리장전에 따라 재판의 언론 공개가 수정헌법 제1조의 언론 자유를 보호하는 것이라고 보기 때문이다. 재판에 관여하는 법률가들이 법정 밖에서 언론과 접촉하는 것을 제한하는 주[州]도 많지만 캘리포니아는 그렇지 않았다. 이토 판사가 직접 법정 밖으로 나가 기자회견을 하기도 했다. 법원은 증인이나 증인이 될 사람이 텔레비전 토크쇼에 나가는 것도 금하지 않았다.[159]

미국에서 소송에 대한 '보도의 권리Right to Report'는 다음 세 가지로 발달해왔다.

첫째, 소송 절차의 참여와 소송 기록에 대한 권리다.
둘째, 소송을 보도하고, 비평하는 것을 제한하는 것과 관련된 문제다.
셋째, 재판에 대한 보도나 사진 촬영에 대한 문제다.

미 연방대법원은 판례를 통해 언론기관은 재판에 참석할 수 있으며, 이러한 권리는 형사소송뿐만 아니라 민사소송까지 인정된다고 밝혔다. 여기서 말하는 참석할 수 있는 재판에는 예비심문도 포함된다. 다만 피해자가 어린이인 성폭행 사건처럼 일부 특수한 경우에 한해서는 이러한 권리가 예외적으로 제한될 뿐이다. 또한 소송 기록은 시민 누구나 열람할 수 있다고 밝혔다. 이에 따라 하급심 법원은 이러한 보도의 권리를 형사 절차와 재판 기록, 예비심문에서부터 선고 때까지 광범위하게 인정해왔다.[160] 그러나 이 같은 판례에도 불구하고 지나친 취재 열기가 공정한 재판에 방해된다는 의견이 제기되었다. 1995년 2월 2일, 톨레도 대학교에서 열린 '언론 자유와 공정한 재판에 대한 회의'에서 뉴욕 대학교 로스쿨의 나딘 스트로센 Nadine Strossen 교수는 여론조사 결과, 대다수의 법조인이 심슨 사건에 대한 지나친 보도가 피고인의 공정한 재판을 받을 권리를 위협하는 것으로 보고 있다고 지적했다. 심슨의 변호인 역시 처음에는 이러한 견해에 동조하는 듯했다. 그러나 이후 태도를 바꾸어 보도의 자유를 보장하고, 모든 시민들이 재판을 본다면 재판의 공정성이 제고될뿐더러 재판이 공정하다고 생각하는 시민들이 늘어날 것이라고 주장했다.[161]

사실 재판은 검사와 변호인 사이에 벌어지는 진실 공방이다. 그러나 언론에서는 누구의 말이 맞는지를 두고 싸우기보다 피해자나 피해자의 가족들이 대거 등장하여 얘기를 하고 흐느끼며 감정에 호소하는 일이 잦다. 원래 언론은 피해자 친화적이기 때문이다. 이번 사건에서는 특히 골드먼의 가족들이 수시로 언론에 얼굴을 비쳤다. 수백만 명이 거의 매일 밤 피해자 관점에서 들려주는 얘기를 들었다. 검찰 역시 재판 전부터 언론에 증거 자료를 넘겨 잠재적 배심원에게 선입견을 심어주었다. 그리고 사건에 대한 논평을 통해 허위 정보를 퍼뜨렸다. 원래 검찰은 언론에 민감하게 대처한다. 검찰은 언론에 대처하는 공보처에 정규 인력을 두고, 중요한 사건에서는 자문을 고용하기도 하며, 언론에 수시로 정보를 흘린다. 이 사건에서는 비록 검찰이 언론 플레이를 통해 잠재적 배심원에게 선입견을 심어주긴 했지만 여전히 검찰 내부에는 흑인이 다수인 배심원이 과연 공정하게 판단할 것인가에 대한 염려가 남아 있었다.

검찰이 언론을 상대하는 데 프로라면 변호인은 아마추어다. 심지어 의뢰인에게 도움이 되는데도 불구하고 언론 취재를 거부하는 변호인까지 있다. 하지만 심슨의 변호인단은 검찰과 마찬가지로 언론을 적극 이용했다. 언론 조작을 통해 심슨에 대한 연민을 끌어내고, 인종주의 카드를 꺼내 들어 대중의 분노를 이끌어냈다.

언론의 관심을 즐긴 것은 이토 판사 역시 마찬가지였다. 이토 판사도 처음엔 열정을 가지고 엄격한 잣대를 들이대며 재판을 진행했다. 하지만 재판이 오래 진행되면서 유명 인사에 열광하는 시민처럼 점차 들뜨기 시작했고, 진지함은 줄어들었다. 그러다 결국 '래리 킹 쇼'까지 출연하기에 이른다. 이토 판사는 법정과 같은 분위기의 스튜디오에서 환호하는 관객으로부터 꽃다발을 받았지만, 이는 캘리포니아 사법 지침을 위반한 행동이었다. 지침에 따르면, 판사는 어떤 선물도 받으면 안 되기 때문이다.

언론의 취재 경쟁은 가관이었다. 심슨 사건에서는 나쁜 언론이 좋은 언론을 밀어낸다는 좋은 예를 보여주었다. 앞서 보았듯이 《타임》은 포토샵을 이용해 심슨의 얼굴을 더 검게 만들어 표지에 실었다. 이러한 보도는 은연중에 심슨이 범인임을 드러내려는 의도를 담고 있다. 재판을 둘러싼 언론의 취재 열기가 어찌나 뜨거웠던지 평범한 사람들에게도 '이 기회에 한번 뜨고 싶다'는 유혹을 불러일으켰다. 사건 당일, 번디 교차로에서 심슨과 그의 흰 차를 봤다며 돈을 받고 잡지사와 인터뷰했던 샤이블리를 비롯해, 어떤 목격자는 자신이 살인 사건이 나던 날 저녁 10시 반쯤 살인 현장인 번디 길과 심슨의 집 중간쯤 되는 교차로에 서 있었다고 주장했다. 그는 흰색 브롱코가 사고 직전 급브레이크를 밟아 사고를 피하는 것을 보았는데 그때 맞은편 커브 길에서 어떤 사람이 "이봐, 오 제이!"라며 외쳤다고 말했다. 그는 차 번호를 적어두었다고 했지만 차량 추격전이 생중계될 때 브롱코의 번호판 역시 텔레비전을 통해 방송되었기 때문에 모든 사람이 심슨의 차 번호를 알고 있었다.[162] 물론 그가 법정에 증인으로 서는 일은 일어나지 않았다.

심슨 사건은 텔레비전에서 '오 제이 심슨'이라는 새로운 장르를 개척한 것처럼 보였고, 재판은 쇼 같은 분위기를 자아냈다. 이렇듯 재판의 전 과정이 언론에 보도되자, 시골의 트럭에서도 잡지, 비디

심슨 사건은 대중의 지대한 관심을 끌었다. 심슨 사건은 TV에서 '오 제이 심슨'이라는 새로운 장르를 개척한 것처럼 보였다. TV가 만든 드라마는 현실과 가상 사이의 구분을 모호하게 했다. TV에선 이토 판사, 클라크 검사, 다든 검사, 코크런 변호사, 리 베일리 변호사로 분장한 배우들이 나와서 재판을 풍자했다.

오테이프, CD에 이르기까지 심슨 재판과 관련된 모든 것을 팔았다. 이처럼 지나친 언론 보도는 배심원을 선입견에 빠뜨리는 것이 아니라 오히려 회의에 빠지게 했다.

코크런의 모두진술

1월 24일 아침, 법정에는 스물여섯 개의 비디오카메라가 돌아가고, 수십 대의 헬리콥터가 상공을 선회하고 있었다. 코크런은 모두진술을 하기에 앞서, 배심원들의 얼굴을 살폈다. 그리고 모두진술을 시작했다. 코크런은 검사의 주장에 또박또박 반박하지 않았고, 또 그 날 무슨 일이 있었는지에 대해서도 언급하지 않았다. 대신 마틴 루 서 킹^{Martin Luther King} 목사와 맬컴 엑스^{Malcom X}를 상기시키며, 법정에서 진실을 찾아야 한다고 강조했다. 그리고 검찰이 제출한 증거는 거짓 이며, 쓰레기 더미일 뿐이라고 주장했다.

"마틴 루서 킹 목사가, 어떤 불의든 모든 정의에 대한 위협이 된다 고 말한 것은 매우 타당한 지적이라고 생각합니다. 그래서 우리는 정의를 갈구합니다. 이제 우리는 진실을 발견하고, 사실을 조사하 려고 합니다."

그리고 잠시 배심원들을 바라본 뒤 다시 말을 이었다.

"우리는 여러분이 귀중한 시간을 쪼개 배심원이 되는 데 동의하 고, 여러분 자신의 삶에서 벗어나 격리된 것을 매우 기쁘게 생각 합니다. 이것은 대단한 희생입니다. 에이브러햄 링컨도 시민이 배 심원의 의무를 하는 것은 최고의 덕목이라고 말했습니다."

그리고 검찰 주장을 반박하기 위해 로킹엄 옆에 사는 로사 로페즈 ^{Rosa Lopez} 얘기를 꺼냈다. 코크런에 따르면, 사건이 발생한 날 저녁에 로페즈는 이상한 소리를 들었다. 누군가 살금살금 돌아다니는 듯한 소리였다. 로페즈는 밤 10시 15분에 개를 데리고 산책했는데 그 시각은 바로 살인이 벌어진 시간이다. 그리고 로페즈는 그날 이른 저녁에 보았던 그곳에 브롱코가 주차되어 있는 것을 보았다.

코크런은 이어 메리 앤 거채스Mary Anne Gerchas에 대해 언급했다. 살인 사건이 나던 날 밤, 10시 30분이 조금 지나 거채스는 번디 길을 걷고 있었다. 그때 거채스는 3미터가량 떨어진 곳에서 네 명의 남자가 다가오는 걸 보았다. 두 명은 백인 또는 스페인 사람으로 보였고 나머지는 남미계로 보였는데, 그중 몇이 손에 털모자를 든 것을 보았다. 그리고 뒤에서 걸어오던 두 명도 손에 뭔가를 들고 있었다.

코크런은 경찰과 검찰이 이런 증거를 무시했다고 주장했다. 당시 마크 퍼먼이 로페즈를 조사했다.

"조사관 마크 퍼먼은 몇 가지 근거에 비춰볼 때 이 사건에서 핵심 역할을 합니다. (……) 이 사건은 너무 성급하게 결론을 내렸습니다. 수단과 방법을 가리지 않고 어떻게든 재판에서 이기겠다는 강박관념에 사로잡힌 겁니다."

코크런은 이어 니콜의 과거를 언급했다. 니콜이 아이들이 있는 가운데 소파에서 남자 친구와 성관계를 가진 사실은 물론이고, 심슨의 절친한 친구와도 성관계한 사실을 나열했다.

그리고 페이 레즈닉에 대해서도 말했다. "친구 사이인 두 사람은 한밤중에 어울려 다녔습니다. 증거에 의하면 그녀들은 일주일에 둘씩, 셋씩, 넷씩 어울려 새벽 5시까지 놀았습니다. 아무도 그녀들을 말릴 수 없었습니다. (……) 춤추고, 자기들 하고 싶은 대로 했습니다. 그리고 페이는 그 시절, 마약도 복용했습니다."

코크런의 이런 모두진술은 대담한 것이었다. 대부분의 형사 변호인은 배심원들에게 '무죄 추정의 원칙'을 설명하면서 열린 마음으로 증거를 봐달라고 호소한다. 그리고 모두진술에서는 증거에 대해 거의 언급하지 않는다. 그래서 코크런의 모두진술은 놀라웠다. 사실 이것은 배심원 앞에서 사건에 대한 자신감을 드러내려는 코크런의 전략이었다.[163]

다든의 모두진술

크리스토퍼 다든 검사가 배심원석 앞으로 나갔다. 다든은 1977년 새너제이 주립대학교와, 1980년 캘리포니아 대학교 헤이스팅스 법과대학을 졸업했다. 그리고 검사로 임용되어 특별수사팀에서 많은 살인 사건을 처리해왔다.[164] 그럼에도 불구하고 다든의 목소리에는 긴장감이 실려 있었다.

모두진술에서 크리스토퍼 다든 검사는 심슨이 어떻게 니콜을 구타하고, 미행하고, 지배하려 했는지 묘사했다. 결국 매 맞는 여성으로서 니콜이 심슨의 손에 좌지우지되었고, 결국 죽음에 이르렀다고 주장했다.[165]

"존경하는 이토 판사님, 코크런, 샤피로, 딘 우얼먼 변호사님, 오늘 이 자리에 참석하신 동료 검사님 그리고 이 사건의 주인인 브라운, 골드먼 가족분, 배심원 여러분, 안녕하십니까?

오늘 저는 이곳에서 가장 힘든 사건을 맡았다는 사실을 말씀드리고자 합니다. 물론 배심원 여러분보다는 조금 덜 힘들겠지만요. 배심원 여러분은 저와 마찬가지로 오로지 객관적인 정의에만 중심을 두고 있습니다.

우리는 오늘 하나의 문제를 풀려고 합니다. 그 문제는 바로 지난 7개월 동안 우리 국민의 마음속에 남아 있는 의문에 대한 것입니다. 이 의문은 캘리포니아 리치먼드에 사는 나의 사람들, 조지아와 페이엣빌[166]에 있는 친구들, 그리고 온 나라 사람들의 마음속에 남아 있습니다. 모든 사람들이 알기를 원하고, 저를 아는 모든 사람들이 질문을 던집니다. 정말 오 제이 심슨이 니콜 브라운과 로널드 골드먼을 죽였을까요?"

다든이 쓴 "리치먼드에 사는 나의 사람들my people up in Richmond"이란 표현은 다분히 의도적인 것이다. 사실 백인들은 '나의 사람'이란 표현을 거의 쓰지 않는다. 다든은 흑인 밀집 구역에 살고 있었고, 그래서 흑인과 정서적인 연결고리를 찾으려고 이 문구를 들고 나온 것이다.

"신사 숙녀 여러분! 오늘 아침 저는 이 질문에 대답하기 위해 이 자리에 섰습니다. 저희는 증인과 증거물로 대답할 것입니다. 여러분이 증거를 보고 증인의 말을 듣고 종합하여, 전체 상황을 고려

한다면 여러분에게 분명한 답이 제시될 것입니다.

그 질문에 대한 답은 이렇습니다. 예, 오 제이 심슨이 니콜 브라운과 로널드 골드먼을 죽였습니다. 그런데 왜 이리 재판을 질질 끌며 곧바로 결론 내리지 않는지 궁금해하실 겁니다. 여러분은 오 제이 심슨에 대해 아십니까? (……) 왜일까요? 왜 심슨은 살인을 저질렀을까요? 이건 우리가 아는 오 제이 심슨이 아닐 겁니다. 우리가 오랫동안 봐온 오 제이 심슨이 아닐 겁니다. 우리는 오 제이 심슨이 서던캘리포니아 대학교 미식축구 선수로 뛰고, 캘리포니아 대학팀을 상대로 싸우는 것을 보았습니다. 그가 로즈볼^{Rose} ^{Bowl}**167**에서 달리고, 하이즈먼 상을 받는 것도 봤는데, 그는 미식축구연맹 역사상 가장 뛰어난 러닝백입니다. 우리는 그가 헤르츠 광고에서 회전문과 의자를 뛰어넘어 공항으로 달려가는 모습을 봤습니다. (……) 또 우리는 〈총알 탄 사나이$^{Naked Gun}$〉에서 긴 곱슬머리를 한 그의 모습을 봤습니다. 우리는 계속 그를 보아왔고, 그래서 그를 잘 알고 있다고 생각했습니다.

신사 숙녀 여러분! 우리가 봐왔던 것은 대중에게 알려진 심슨의 얼굴입니다. 운동선수이자 배우로서 알려진 얼굴입니다. 신사 숙녀 여러분! 오늘 이 자리에서 재판받는 사람은 그 배우가 아닙니다. 대중에게 알려진 바로 그 사람이 아닙니다. 그는 다른 얼굴의 사람입니다. 다른 스타들처럼 그 또한 (밖으로 보이는) 이미지가 있습니다. 대중에게 보여주는 공적인 삶이지요. 그러나 (이와는 다른) 사적인 오 제이 심슨의 모습도 있습니다. 우리는 이 재판에서 그의 다른 모습을 보여줄 것입니다. 다른 모습이란 니콜 브라운이 거의 매일 만났던 모습입니다. 그녀가 마지막 순간에 보았던 모습입니다. 그리고 로널드 골드먼이 생애 마지막 순간에 보았던 모습입니다. (……)

여러분은 이제 다른 얼굴을 보게 될 겁니다. 그리고 증거가 진짜 얼굴을 말해줄 것이고, 자기 부인을 상습적으로 때리고 학대하고, 자기 마음대로 하려고 한 얼굴을 보게 될 겁니다. (……) 그리고 론과 니콜의 살인범의 얼굴이 드러날 겁니다. 자기 부인을 학대하고 가정 폭력을 일삼고, 스토킹하고 협박하고, 구타하고, 창피를 주었습니다. 그리고 이렇게 여러 가지 방법으로 학대를 일삼은 것은 니콜을 자기 마음대로 하기 위한 것이란 점을 기억해주십시오."[168]

다든의 시적인 표현은 사실 충분한 증거 없이 다분히 추정에 의한 것이었다. 이처럼 검찰은 기선을 제압함으로써 배심원으로 하여금 선입견에 사로잡히게 만들려고 했다. 심슨은 사건 당일, 니콜과 함께 딸의 댄스 공연에 참석했다. 이런 심슨을 '살인마'로 몰기 위해 검찰은 심슨이 평소 가정 폭력을 일삼아온 사람이란 이미지를 부각시키는 것이 필요하다고 판단한 듯하다. 이를 뒤집어보면 심슨의 살인 동기에 대한 검찰의 설명이 그만큼 빈약했다는 얘기가 된다.

마셔 클라크의 모두진술

심슨 사건에서는 여느 사건과 달리 다든과 클라크가 모두진술을 했다. 다든에 이어 클라크가 모두진술을 하기 위해 앞으로 나왔다. 마셔 클라크 검사는 사진과 슬라이드, 차트를 만들어 세 시간 반 동안 번디에서 심슨의 집 현관에 이르는 혈흔 등 증거에 대해 상세히 설명했다. 그리고 심슨이 니콜을 조종하고 소유하려 했으며, 종종 폭력적인 모습을 보였다는 사실을 나열하면서 이를 범행 동기와 연결시키려 했다. 클라크는 산더미처럼 많은 증거들을 나열하면서도 증거들이 서로 어떤 관계에 있으며 무엇을 말하는지 쉽게 설명하려고 애썼다.

이날 클라크의 변론을 발췌해보면 다음과 같다.[169]

"먼저 피고인의 훈련 장면을 찍은 비디오테이프에 대해 말씀드리겠습니다. 코크런 변호사는 피고인이 관절염을 앓고 있다고 주장했습니다. 변호인에 의하면, 6월 12일 저녁 10시, 피고인은 그날 골프를 쳐서 관절염이 심했다고 합니다.

코크런 변호사는 관절염 때문에 피고인의 육체적 능력이 제한적이었다고 주장합니다. 그러나 그와 반대되는 증거를 보여드리겠습니다. 이 비디오테이프는 살인 사건이 나기 불과 2주 전에 피고인이 훈련하는 모습을 담고 있습니다. 이 테이프는 1994년 6월 12일 저녁, 피고인의 신체 조건이 어땠는지를 입증할 것입니다.

이 테이프에 의하면, 사건이 나기 불과 2주 전, 피고인의 몸무게는 95킬로그램이었는데 15년 전과 똑같습니다. 이 테이프에서 피고인은 자신의 건강을 자랑하고 있습니다. 피고인은 윗몸일으키기를 하고, 팔을 머리 위로 들어 올려 스트레칭을 하고, 주먹을 날리고 들어 올려치기를 하고 있습니다. 몇 분 동안 이런 동작을 하고 있습니다. 그리고 몸통을 돌리는 동작을 하고 있습니다. 이 테이프는 몇 시간짜리인데, 다음 날 똑같은 동작을 몇 시간씩 반복했습니다. 여러분은 재판에서 이 테이프를 보시게 될 것입니다.

두 번째로, 변호인은 사임한 변호사 하워드 와이츠먼이 6월 13일 경찰관에게 조사받을 때 입회하는 것을 거절당했다고 주장합니다. 변호인이 입회를 요구했음에도 거절당했다고 합니다. 하지만 그것은 완전히 거짓입니다. 증거에 의하면, 수사관은 와이츠먼에게 입회할 것을 요청했지만 와이츠먼은 입회하지 않았습니다. 그는 점심을 먹으러 가야 한다고 말했습니다. 그는 조사하기 전 30분 동안 피고인과 대화를 나누었습니다. 그리고 조사하라고 말한 뒤, 점심을 먹으러 갔습니다. 그 증거를 보여드리겠습니다. 식사 후 그는 다시 돌아와서 피고인이 조사받을 때 입회했습니다.

지난주, 여러분은 코크런 변호사가 증인 메리 앤 거채스에 대해 언급하는 걸 들으셨습니다. 그리고 지금 다시 이 증인을 얘기하고 있습니다. 변호인은 이 증인이 매우 중요하다고 말합니다. 변호인은, 그녀가 살인 사건이 나던 날 저녁에 네 명의 남자를 보았는데, 두 명은 남미계이고, 한두 명은 털모자를 썼으며, 그들이 니콜 브라운의 집에서 달려 나오는 것을 보았다고 합니다. 그리고 여러분은 이 재판에서 거채스에 대한 얘기를 많이 듣게 될 것입니다. 그러나 저는 이 자리에서 코크런 변호사가 언급한 사실에 대해 몇 가지만 말씀드리겠습니다. 예를 들어 그녀는 론과 니콜이 사망한 다음 날, 친구 실라 카터Sheila Carter에게 말했습니다. 앞으로 실라 부인이 여러분께 말하겠지만, 그날 밤 거채스 부인은 브렌트우드에 가지 않았다고 합니다. 실라 부인이 거채스 부인이 한 증언의 신빙성과 관련된 중요한 사실을 말할 겁니다. 실라 부인은 그녀가 종종 유명한 사건에 불쑥 나타나곤 했다는 사실을 말할 겁니다.

카터 부인은 이렇게 말합니다. 거채스 부인은 이 사건에 푹 빠져서 그녀가 피고인과 개인적으로 잘 아는 것처럼 말했습니다. 카터 부인의 말에 의하면, 거채스 부인은 심슨 사건이 실린《내셔널 인콰이어러》,《스타》등 모든 잡지를 사러 가게에 갔다고 합니다. 그녀는 관련 기사를 빠짐없이 읽고 머릿속에 담아두었다가 끊임없이 얘기했다고 합니다. 하지만 그날 밤 그녀가 번디에 있었다는 얘기는, 로버트 샤피로 변호사가 (제보를 받기 위해) 직통전화를 개설해 정보를 입수하려 하기 전까지 어느 누구에게도 말한 사실이 없다고 합니다. 샤피로 변호사가 핫라인을 개설하자마자 메리 거채스는 "그쪽으로 운전하고 있었던 것 같고요, 뭔가를 봤습니다"라고 말했답니다.

코크런 변호사는 거채스가 누군지 말하지 않고 있습니다. 그래서 우리는 그녀가 누구인지 모릅니다. (……) 변호인들은 그녀에게 아무에게도 말하지 말라고 하면서 증언을 시키지 않겠다고 약속했답니다. 변호인들은 1994년 7월 10일과 7월 12일에 몇 시간씩 그녀와 얘기를 나누었다고 합니다.

신사 숙녀 여러분! 증거에 의하면, 메리 앤 거채스는 거짓말쟁이에 심슨 사건의 열혈 팬입니다.

열린 마음으로 이 모든 이야기를 들어주셔서 감사합니다."

ORENTHAL
JAMES
SIM
PSON

제9장
증인을 세우다

"그러니 너의 말이 거짓이다."

셰익스피어의 『햄릿』에서

증인의 기억은 정확할까?

심슨 사건에서 범행 현장을 본 목격자는 한 사람도 없다. 다만 심슨이 니콜을 폭행했다는 증거, 심슨을 번디 근처에서 보았다는 증인, 피, 털모자, 발자국 같은 여러 정황증거만 있다. 검찰은 범행 동기와 관련하여 심슨이 평소 니콜을 폭행했으며, 그것이 살인으로 이어졌다고 주장했다. 그리고 이와 관련된 증인들을 신청했다. 이러한 정황증거의 핵심은 증인의 기억에서 나온 말이다. 그런데 증인의 기억은 과연 정확할까?

　캘리포니아 대학교 심리학과 교수 마이클 가자니가[Michael S. Gazzaniga]는 증인의 증언이 부정확하다고 지적한다. 가자니가에 의하면, 인간의 뇌는 과거에 대해 틀린 기억을 갖고 있어도 이를 확실한 것으로 만든다. 뿐만 아니라 우리는 머릿속에 들어오는 정보를 자신에게 유리한 쪽으로 해석한다. 그리고 어떤 사건의 핵심을 파악하고 이를 범주화하여 꼬리표를 붙인다.[170] 심리학에서는 사람들이 지금 머릿속에 떠오르는 것을 가장 중요하게 생각하는 경향이 있다고 한다. 사람들은 자신이 현재 가지고 있는 정보만을 토대로 결정을 내리려 한다. 그리고 혹시라도 있을 다른 정보는 모두 무시한다. 좌뇌와 우뇌는 서로 연결되어 있어 착오를 줄이는 데 도움이 되지만 종종 착각을 일으킨다. 말과 관련된 일은 모두 좌뇌가 한다. 뇌의 일부는 마치 외부인처럼 자신을 관찰하면서 끊임없이 사건의 이유를 설명하고, 답을 모를 때는 자신도 모르는 사이에 이야기를 만들어낸다. 특히 과거를 회상할 때는 즉석에서 이야기를 지어내기도 한다. 그 때문에 심리학에서는 진정한 객관성이란 것이 거의 불가능하다고 본다. 경험한 사실을 기억할 때 감정이나 조건 등의 요소가 간섭하기 때문이다. 그리고 '기대'는 진실이라고 믿는 과정에서 강한 영향력을 행사한다. 또 사람들은 자신의 믿음을 뒷받침해주는 정보를 기억하고, 믿음에 어긋나는 정보는 잊어버린다.

나아가 사람의 기억은 불완전하면서 끊임없이 변한다. 사람의 기억은 잠재의식 속으로 쉽게 스며들고 적응하며 늘 진화한다. 그리고 기억이 바뀔수록 기억에 대한 확신은 점점 더 강해진다. 따라서 이러한 사실을 고려할 때 증인의 기억은 늘 '의심의 눈'으로 바라봐야 한다. 확실하다고 말했던 이야기가 사실은 덧붙인 이야기이거나 심지어 전혀 사실이 아닐 수 있다.[171]

어바인 대학교 심리학 교수인 엘리자베스 로프터스Elizabeth Loftus는 『목격자 증언Eyewitness Testimony』에서 '억압된 기억'을 다음과 같이 설명한다. 사람의 기억은 유동적이고 부정확하다. 성폭행이나 폭력 등 의식적으로 받아들이기에 너무 고통스러운 기억이 수년 또는 수십 년간 무의식 속에 묻혀 있다가 어느 순간 의식 위로 떠오를 수 있다. 이를 '억압된 기억'이라고 한다. 심리치료사 등 임상 전문가들은 환자가 떠올린 기억을 진실이라고 주장한다. 그러나 기억을 연구하는 과학자는 그 기억이 최면과 암시 등으로 만들어진 거짓 기억일 수도 있다고 주장한다. 로프터스는 책에서 실제의 성폭행 등 사건을 통해 '거짓 기억 증후군'이란 현상이 있음을 밝혔다. 심지어 딸이 거짓 기억으로 아버지를 고소한 사례도 있다.[172] 로프터스는 인간의 기억은 비디오 녹화기나 영화와 달리 암시와 유도신문에 따라 왜곡될 수 있음을 설명했다. 예를 들어 사람들에게 자동차 충돌 영상을 보여주고 나서, 질문자가 '부딪쳤는지', '충돌했는지', '격돌했는지'라는 용어를 사용함에 따라 추정 속도가 달라졌다. 1989년 조지 프랭클린[George Franklin]의 딸이 20년 전 실종된 자신의 친구를 성폭행하고 살인한 범인이 바로 자기 아버지라고 신고했다. 프랭클린은 결백을 주장했지만 종신형을 선고받았다. 그러나 이후 재수사를 통해 드러난 증거들은 프랭클린의 결백을 증명했고 결국 무죄로 석방되었다. 로프터스는 이 사건에서 최면 중의 암시, 기존의 무서운 기억, 분노와 슬픔이 조합되어 완전히 거짓인 억압된 기억이 생겨났음을 입증했다. 로프터스에 의하면, 목격자의 증언이 불확실하다고 해도 배심원들은 대체로 다른 증거보다 목격자의 증언을 중시한다.[173]

하버드 대학교 심리학과 교수 대니얼 샥터[Daniel Schacter]는 『기억의

일곱 가지 죄악*The Seven Sins of Memory*』에서 기억이 정보의 혼동을 일으
켜 왜곡된 회상을 낳는 일곱 가지 원인을 든다. 샥터에 의하면, 우리
가 때때로 중요한 사항을 잊는 것은 기억의 소멸, 정신없음, 막힘 때
문이다. 우리 기억이 혼란스러워지는 것은 오귀인誤歸因, 피암시성, 편
향 때문이다. 우리가 잊고 싶은 일을 기억하는 것은 지속성 때문이
다. 이 중에서 '오귀인'이란 정보는 정확히 기억나지만 틀린 출처를
떠올리는 경우를 말한다. '피암시성'은 유도신문에 답할 때처럼 기
억이 회상 방식에서 영향을 받는 것을 말한다. '편향'은 회상 시점의
생각과 감정이 회상에 영향을 끼치는 경우다. 이처럼 사람의 기억은
컴퓨터에서 저장된 내용을 그대로 인출하는 경우와 달리, 저장과 인
출 과정에서 오류가 생긴다.[174]

인간의 기억은 정보의 습득, 저장, 인출에서 여러 요인의 영향을
받는다. 그래서 미 연방대법원은 목격자 진술의 정확성과 신뢰성을
가늠하는 다음의 기준을 제시했다. ① 범죄가 발생하는 동안 범인을
관찰할 기회가 있었는지 여부, ② 범죄 발생과 목격자 진술 사이의
시간 차이, ③ 목격자의 확신감, ④ 목격자가 과거에 범인을 파악할
때 보여준 정확성, ⑤ 범행 발생 동안에 기울인 주의력의 정도.[175]

그렇다면 왜 이처럼 기억이 불완전한 증인에게 질문을 던지는가?
그것은 질문을 통해 사실을 밝히기 위해서다. 질문은 현재의 단계에
서 다음 단계로 넘어가게 된다. 그리고 질문은 우리를 미지의 세계
로 안내한다. 질문은 지금까지 알고 있는 세계에서 진실을 찾기 위
해 통과해야 하는 문인 것이다.[176]

911 전화 녹음테이프

1996년 1월 31일 10시 5분, 검찰 측 다든 검사는 911로 걸려온 두 건의 통화 내용을 공개했다. 그 전화의 주인공은 다름 아닌 니콜 브라운이었다. 첫 번째 전화에서는 여자의 비명이 들렸고, 이어 때리는 듯한 소리가 들렸다. 3분 후 전화는 끊어졌다. 전화를 받은 911 응답원의 컴퓨터에는 로킹엄 360번지에서 걸려온 것으로 기록되어 있었다. 두 번째 전화의 내용은 다음과 같다.[177]

911 교환원 911 응급 전화입니다.

니콜 심슨 지금 그레트나 그린 365번지로 사람을 보내주세요. 그가 왔어요. 제발!

911 교환원 예, 누구입니까?

니콜 심슨 오 제이 심슨입니다. 그 사람 기록도 기억하실 거예요. 지금 이곳으로 사람을 보내주세요.

911 교환원 예, 그곳에서 그 사람이 어떻게 하고 있나요?

니콜 심슨 방금 차를 몰고 이곳으로 왔어요.

911 교환원 잠깐만요, 이름이 어떻게 되시죠?

니콜 심슨 니콜 심슨.

911 교환원 그 사람이 스포츠 해설가인가요?

니콜 심슨 예.

911 교환원 좋습니다. 잠깐 기다리세요. 경찰을 보내겠습니다. 그

사람이 뭘 하고 있지요? 협박하고 있나요?

니콜 심슨 그 사람은 미쳤어요.

911 교환원 그 사람이 협박했습니까, 아니면 괴롭혔나요?

(심슨이 소리 지르는 것이 배경음으로 들림)

니콜 브라운의 911 전화 녹음테이프를 제출한 것은 '좋은 사람'으로 여겨지던 심슨을 살인이라도 저지를 수 있는 무시무시한 인물로 비치게 하려는 데 있었다. 그리고 1994년 6월 22일, 911 테이프가 방송으로 나가자 심슨의 좋은 이미지는 확 바뀌었다. 심슨은 "전혀 개의치 않겠어. (……) 떠나지 않을 거야. (……) 아이 두 놈과 여길 뜰 때나 갈 거야"라며 마구 고함을 지르고 있었다. 이 테이프를 들은 사람들은 심슨이 결백하다고 생각하지 않았다. 누군가를 나쁜 사람으로 바라보기 시작하면 그가 한 다른 행동까지 옳지 않다고 보게 된다. 이것이 바로 '나쁜 사람 이론bad man theory'이다. 피고인을 나쁜 사람으로 비치게 만드는 증거는 배심원들로 하여금 유죄라는 증거를 믿도록 하고, 결백하다는 증거를 믿지 않게 한다.[178]

가정 폭력의 증인들

변호인단 중에서 가정 폭력에 비중을 둔 전문가는 없었다. 검사는 이 틈을 비집고 들어 심슨과 니콜의 18년간 관계를 입증하는 여러 증인을 세웠다. 검찰 측은 무려 59명의 증인을 신청했는데 결국 18명의 증인은 철회했다. 검사는 열흘에 걸쳐 심슨의 전처 폭행 사실에 대한 증거를 제출하면서 배우자 폭행이 살인의 동기가 된다고 주장했다. 그리고 "폭행은 살인의 전조"라고 주장했다.

앨런 더쇼위츠는 설령 가정 폭력이 사실이라 해도 이러한 증거는 관련성이 없으므로 허용되어선 안 된다고 주장했다. 그는 "설령 관련성이 있다고 보더라도 가능성이 매우 희박하다는 걸 입증할 수 있습니다. 가정 폭력의 가해자가 살인으로 나아가는 경우는 2,500명 중 1명꼴도 되지 않습니다"라고 주장했다.[179] 앨런 더쇼위츠에 의하면, 12초에서 15초마다 한 명의 여자가 가정 폭력을 당하고, 1년에 대략 262만 8,000명의 여자가 가정 폭력을 당한다. 그리고 1년에 대략 400만 명의 여자가 남자 친구나 남편에게 폭행당한다. 연방 범죄 수사국의 범죄 보고서에 따르면, 1992년 이 중 913명의 여성이 살해당했다. 심슨과 니콜은 이혼한 지 2년이 지났다. 심슨이 과거에 니콜을 폭행했더라도 이런 사실은 살인과의 관련성이 떨어진다. 앨런 더쇼위츠는 이 점을 강조하기 위해 가해자로 남자 친구를 넣은 것이다.

녹음테이프의 효과가 강력해서인지 다른 증인의 증언은 시시해 보였다. 칼 콜비Garl Colby와 캐서린 보Catherine Boe 부부는 니콜의 옆집에 살았다. 이들 부부는 가끔 심슨이 와서 니콜의 집을 쳐다봤다고 증언했다. 그러나 심슨의 자녀들이 니콜의 집에 살고 있으며, 심슨과 니콜이 자주 왕래했다는 사실을 감안하면 이들 부부의 증언은 크게 의미 있어 보이지 않는다. 니콜의 언니 데니스 브라운의 증언을 끝으로 검찰은 가정 폭력에 대한 증언을 마쳤다.[180]

그러나 검사는 뒤늦게야 이러한 증거들이 배심원에게 강한 인상을 주지 못한다는 사실을 깨달았다. 그런데 검사가 제출한 증거 외에도 심슨의 가정 폭력에 대한 많은 사실이 언론에 보도되기 시작했다. 심슨이 해변가에서 니콜을 때리거나 주차장에서 서행하는 차량 밖으로 니콜을 밀쳐냈고, 니콜은 심슨이 스토킹하는 것을 무서워해 살해되기 며칠 전에도 '매 맞는 여성 센터'에 연락을 했다는 등의 내용이었다. 《내셔널 인콰이어러》는 니콜이 심슨과 이혼한 후 쓴 일기장 내용을 보도했는데, 거기에는 결혼 기간 중에 있었던 심슨의 폭행 사실이 자세히 기록되어 있었다. 일기장에서 니콜은, 심지어 임신 중일 때에도 심한 폭행을 당했다고 적고 있다. 그래서 대중들은 심슨이 상습적으로 부인을 폭행했다고 보았다.

한편으로는 유명한 미식축구 선수이자 심슨의 친구인 마커스 앨런이 니콜 브라운과 사귀었다는 주장이 제기됐다. 변호인은 심슨이 질투심에 눈이 멀어 니콜을 살해했다는 검찰의 그림을 찢어버리려고 애썼다. 변호인의 주장에 따르면, 앨런이 심슨에게 과거에 니콜과 사귄 사실을 털어놓았지만, 심슨은 니콜을 용서했다고 주장했다. 그러나 앨런은 이런 사실을 부인했으며, 증인으로 서지 않았다.[181]

가정 폭력이 살인으로 이어지는 경우는 드물다. 하지만 가정 폭력이 있었다는 사실은 범행 동기나 폭력이 일어나는 과정에서 범행이 우발적으로 일어났다는 사실을 입증하게 된다. 변호인단은 검찰의 가정 폭력 증거를 무시하기로 했다. 그 사실이 중요하다는 인상을 배심원에게 심어주지 않으려 한 것이다. 검찰은 가정 폭력을 통해 배심원들로 하여금 법과학 증거와 알리바이에 대한 증거를 바라보게 한다는 전략을 세웠는데, 변호인들은 배심 전문가를 통해 이 전략이 잘못되었음을 알았다.

재판이 시작된 지 며칠 동안, 법정의 폐쇄 회로 카메라에 잡힌 법률가와 법원 관계자들은 일정한 양상을 보여주었다. 양 당사자는 계속 무분별한 이의를 남발했다. 그 바람에 재판장, 검사와 변호인은 '의견 조율'[182]을 계속했다. 니콜의 언니 데니스는 눈물을 쏟아내며, 1980년대에 심슨이 부부 싸움을 하면서 니콜을 때리고 벽 쪽으로 밀어 다치게 하고, 집 밖으로 내동댕이친 것을 많이 목격했다고 증언했다. 그녀의 증언에 심슨의 변호인이 이의를 제기하며 끼어들었고, 이번에도 판사와 대리인은 의견 조율을 했다.

경찰관의 증언

다음으로 소환된 증인은 경찰관 로버트 리스키였다. 리스키는 6월 13일 새벽 0시 13분에 번디에 도착했는데, 사건 현장에 맨 처음 도착한 경찰관이었다. 리스키의 증언에 따르면, 검은 옷을 입은 니콜은 맨발인 채 인도에 흥건하게 고인 피 웅덩이에 엎드려 있는 상태였다. 그리고 현관 쪽으로 피가 흘러 있었다. 골드먼은 인도에서 조금 벗어난 나무 옆에 비스듬히 누워 있었다. 리스키는 니콜과 골드먼의 시체를 발견했으나 도둑으로 몰렸던 수크루 보즈테페와 그의 부인 베티나 라스무센의 몸을 곧바로 수색했고, 니콜의 집으로 들어가 두 자녀 저스틴과 시드니를 데리고 나왔다. 그리고 보강 인력을 요청했다.

코크런은 리스키를 반대신문하면서 몇 가지 질문을 던졌다. 먼저 뒷문 계단에서 발견한 아이스크림의 상태를 물었다. 리스키는 꽁꽁 얼어 있거나 다 녹지는 않았던 것 같다고 대답했다. 그렇다면 코크런의 추론에 따라 범행 시각은 밤 11시나 그 이후가 되어야 한다. 그렇지 않다면 아이스크림은 이미 다 녹았을 것이기 때문이다.[183]

다음으로는 사건을 조사한 경찰관을 소환했다. 코크런은 나흘에 걸쳐 랭과 배내터를 반대신문했다. 코크런은 랭에게 범행 현장에 언제 도착했는지를 물으면서 자연스럽게 랭이 시미밸리Simi Valley에 있는 집에서 현장까지 차를 운전해 갔다는 사실을 밝혔다. 시미밸리는 브렌트우드에서 약 15분 정도 떨어진 지역으로, 네 명의 경찰관이 흑인 로드니 킹을 폭행한 곳이다. 이곳은 주민 대다수가 백인이고, 보수적인 곳으로 유명하다.[184]

또한 코크런은 랭에게 니콜이 마약 딜러에게 살해됐을 가능성에 대해서도 추궁했다. 니콜의 친구 페이 레즈닉은 마약 문제로 재활 시설에 입소했는데, 살인 사건이 벌어지기 전 나흘 동안 니콜의 집에 머물렀다.

"증인은 '콜롬비아 목걸이'란 말을 들어본 적이 있지요?"

코크런이 랭에게 질문했다. 콜롬비아 목걸이란 마약상이 피해자의 목을 베는 행위를 일컫는 은어다.

"들은 적이 있습니다."

"만약 페이 레즈닉이 번디 집에서 매일 마약을 복용했고, 그녀가 1994년 6월 8일까지 마약에 연루되었다면, 증인은 피해자들이 마약과 관련되어 살해되었을 가능성도 생각해보았겠지요?"

사실 코크런에게는 이런 가설을 뒷받침해줄 만한 증거가 없었다.

"예. 마약과 관련되었다면 당연히 조사했을 겁니다. 하지만 그렇게 볼 만한 증거는 없었습니다."

"증인은 심슨이 무고할 가능성에 대해서는 눈을 감고 있었지요?"

"정반대입니다. 모든 증거를 샅샅이 살펴본 결과, 심슨이 범인이라고 판단되었습니다."[185]

랭은 이렇게 답변했지만 심슨의 변호인은 TV와 라디오를 통해 니콜 브라운을 살해한 것은 마약상이 고용한 암살범이라고 주장했다. 암살범이 니콜을 그녀의 친구 페이 레즈닉으로 착각해 죽였다는 것이다. 레즈닉은 과거 마약에 손댄 사실이 있음을 시인했지만 변호인의 이런 주장은 터무니없다고 말했다. 심슨의 변호인은 니콜 브라운과 골드먼이 마약상이 고용한 살인 청부업자에게 살해되었음을 입증하려고 애썼다. 당시 니콜의 친구인 레즈닉은 마약 대금을 치르지 못하고 있었다. 그러나 이토 판사는 레즈닉이 마약을 복용했다는 사실과 관련된 증언을 허락하지 않았다. 이토 판사는 심슨의 변호인이 자신들의 가설을 입증할 충분한 증거를 제출하지 못하고 있다면서,

"범행 동기에 대한 이런 증거 제출은 어디까지나 추측에 의한 것"이라고 지적했다. 이에 따라 레즈닉의 과거 남자 친구인 크리스천 라이하르트Christian Reichardt가 마약 문제에 대해 증언하는 것도 허락하지 않았다.[186]

검시관의 증언

그다음 증인으로 소환된 인물은 로스앤젤레스 검찰청 수석 검시관 락슈마난 사티아바기스와란Lakshmanan Sathyavagiswaran이었다. 범행 현장으로 출동해 시체를 이송한 것은 부검시관 어윈 골든이었는데, 락슈마난 박사는 검시에 참여하지 않았음에도 골든 박사를 대신해 법정에서 증언했다. 골든 박사는 사건이 일어난 다음 날 오전 9시 10분이 되어서야 현장에 도착했다. 코크런은 배심원들에게 만약 검시관이 제때 현장에 도착했다면 정확한 사망 시각을 추정할 수 있었을 거라고 주장했다.

헨리 존슨Henry S. Johnson 박사는 심슨 사건을 독자적으로 조사해 1996년 『혈흔의 이중 교차Double Crossed for Blood』를 펴냈는데, 책에서 검시에서 드러난 문제점을 짚고 있다. 존슨 박사는 오른손잡이 범인이 과연 니콜의 왼쪽 목에 난 네 개의 깊은 외날 자상을 낼 수 있는지 의문스럽다고 주장했다. 로스앤젤레스 검찰청 소속 부검시관 어윈 골든 박사는 예비심문 때 제출한 의견서를 통해 다음과 같이 진술했다.

검시관 락슈마난 사티아바기스와란은 법정에서 검사 브라이언 켈버그의 뒤에 서서, 범인이 오른손에 칼을 들고 니콜의 목을 긋는 장면을 재현했다. 헨리 존슨 박사는 니콜의 목에 난 자상의 방향, 부위 등을 볼 때 왼손잡이 범인에 의해 범행이 이루어졌을 가능성이 크다고 주장했다. 그러나 심슨은 오른손잡이다.

예리한 외날 칼에 의한 자상은 니콜의 왼쪽 목에 있으며, 네 개의 깊이 파인 자상은 검시관 차트에 표시했다.

헨리 존슨에 따르면, 골든의 이런 진술은 5,000여 차례 검시를 하고 수많은 살인 사건에서 증언한 그의 경력에도 불구하고 신빙성이 떨어진다는 것이다.

법정에서 검시관 락슈마난은 범인이 오른손에 칼을 들고 니콜의 뒤에서 목을 긋는 장면을 재현하기도 했다. 하지만 니콜의 몸에서 발견된 자상에 대해서는 제대로 설명하지 못했다. 락슈마난은 오른손잡이 범인이 어떻게 니콜의 몸을 네 번이나 찔러 왼쪽 목에 자상을 냈는지, 그리고 같은 오른손으로 범인이 어떻게 골드먼의 등 뒤에서 골드먼을 찔렀는지 설명하려고 애썼다. 락슈마난은 오른손잡이 범인이 니콜의 몸 뒤에서 칼을 들이대다가 돌아서서 칼로 니콜의 목을 찔러 관통시켰다고 주장했다. 헨리 존슨 박사는 범인이 왼손잡이일 경우 한 번의 동작으로 가능하다고 주장했다. 그러나 락슈마난의 주장대로라면 범인이 칼을 몸에 들이대는 첫 번째 동작과 돌아서서 칼로 목을 찌르는 두 번째 동작이 필요하다.

1994년 7월, 골든 박사는 의견서에 외날 칼과 양날 칼, 두 자루의 예리한 칼이 범행 도구로 쓰였다고 진술했다. 하지만 락슈마난 박사는 골든의 진술과 달리 범행에 사용된 것은 외날 칼 한 자루이고, 범인은 오른손잡이라고 증언했다. 심슨은 오른손잡이다.

락슈마난의 이러한 증언에 대해 헨리 존슨 박사는 커다란 의문을 제기한다. 존슨이 보기에 오른손잡이는 니콜의 왼쪽 목에 난 상처를 낼 수 없다. 존슨은 니콜의 목에 난 자상 및 관통상과 관련하여 왼손잡이가 아닌 오른손잡이가 범인이라고 추정하는 이유를 도무지 모르겠다고 말했다. 심슨이 오른손잡이란 점 외에는 달리 이유가 없어 보인다는 것이었다.

언론은 왼손잡이 범인이 니콜의 목에 자상과 관통상을 냈을 것이라고 보도했다. 언론은 니콜의 왼쪽 목에 있는 네 곳의 자상을 보면 범인은 오른쪽에서 왼쪽으로 칼을 휘둘렀는데 범인이 왼손잡이라면 네 곳의 자상을 쉽게 낼 수 있지만 오른손잡이라면 2단계 행동으로 나누어 해야 하기 때문에 매우 부자연스럽다고 지적했다. 그렇게 보앉을 때 니콜을 공격한 범인이 왼손잡이여야 가장 그럴듯한 시나리오를 제시할 수 있다.

어윈 골든 박사의 보고서에는 골드먼의 오른쪽 얼굴에 난 20여 개의 찔린 상처가 오른손잡이에 의해 양날의 칼이나 단검으로 생긴 것으로 보고 있다. 골든이 '단검'이라고 표현한 것은 심슨이 살인 사건 전에 커틀러리 단검을 샀기 때문으로 보인다. 그래서인지 검시관 락슈마난도 범인이 단검으로 범행했을 거라 추정했다. 단검에는 식칼과 달리 칼날과 칼자루 사이에 악(鍔)이라 불리는 돌기가 있다. 그러나 이런 주장에 대해 언론에서는 오른손잡이인 심슨을 의식해 다른 가능성을 일축해버렸다고 비판했다. 헨리 존슨 박사는 골든 박사의 검시 보고서를 철저히 분석했다. 그 내용이 원 보고서의 작성자인 골든 박사의 동의를 얻어 법정에 제출되었다. 존슨 박사는 상처의 모양, 칼날의 방향, 잘린 부위의 형태, 칼날이 빠져나간 방향을 볼 때 범인은 오른손잡이와 왼손잡이 두 명이며, 오른손잡이 범인이 양날 칼로 뒤에서 공격할 때, 왼손잡이 범인이 골드먼의 오른쪽에서 외날 칼로 공격한 것으로 추정했다. 골드먼의 오른쪽 광대뼈 아래 있는 한 개의 찔린 상처와 오른쪽 눈 아래 눈 쪽으로 예리하게 베인 상처는 왼손잡이 범인에 의해 생긴 것으로 보인다.

골드먼의 손은 범인과 맞서 싸우는 과정에서 타박상을 입었고, 특히 손가락 관절 부위에 상처가 많았다. 그러나 심슨이 1994년 6월 13일 로스앤젤레스로 다시 돌아왔을 때 그의 몸은 상처 하나 없이 온전했다. 그렇다면 로널드 골드먼은 누구와 싸웠을까? 존슨 박사에 의하면, 골드먼의 주먹에 난 많은 상처는 그가 격렬하게 싸웠으며, 그리고 여러 명의 범인과 싸우다가 결국 패했음을 보여주고 있다는 것이다.[187]

증인 로페즈

이토 판사는 로킹엄에 사는 로사 로페즈를 증인으로 소환했다. 변호인의 질문에 로페즈는 사건 당일 저녁 10시쯤 개를 데리고 산책하면서 자신의 집 밖에 오 제이 심슨의 브롱코가 주차되어 있는 걸 봤다고 증언했다. 로페즈의 증언은 심슨의 알리바이를 입증하는 데 매우 중요하다. 왜냐하면 검사는 살인이 10시 15분쯤 발생했을 거라 추정했기 때문이다. 검사 마셔 클라크가 집요하게 반대신문하자, 로페즈는 흰색 브롱코가 집 밖에 있는 것을 보긴 했는데, 저녁 10시였는지 아니면 그로부터 1시간 15분 후인지 잘 기억하지 못한다고 얼버무렸다. 로페즈는 처음에 저녁 10시 15분쯤 브롱코를 봤다고 말했다가 이후 10시에서 1시간 15분이 지난 11시 15분인지 잘 모르겠다고 번복한 것이다. 결국 로페즈의 증언은 배심원 앞에 제시되지 못했다.

그러자 코크런이 로페즈의 이전 진술이 담긴 녹음테이프를 제출했고 이토 판사는 로페즈를 재소환했다. 하지만 로페즈는 "너무 피곤해서 쉬고 싶어요. 그만 질문하셨으면 합니다"라고 말한 뒤 법정 밖으로 나가버렸다. 로페즈는 금요일에 다시 법정으로 돌아왔지만 무얼 물어도 노래를 부르듯 "기억나지 않습니다"만 되풀이했다. 로페즈의 실망스러운 대답으로 가장 큰 타격을 입은 것은 이토 판사였다. 이토 판사가 재판을 제대로 주재하지 못하는 바람에 배심원들은 별 소득이 없는 증언을 오랫동안 듣느라 지쳐버렸다.[188]

마크 퍼먼을 증인으로 세우다

앨런 더쇼위츠는, 증인은 법정에서 "오로지 진실만을 말하겠다"라고 선서하지만 변호인과 검사는 그렇지 않다고 지적한다. 오히려 미국의 재판 제도는 진실 전체를 말하지 않는다는 원칙 위에 세워졌다고 해도 과언이 아니다. 변호인의 역할은 모든 합법적인 수단을 동원해 '진실 전체'가 드러나지 않도록 막는 데 있다. 검사는 변호인보다 진실을 더 밝힐 의무가 있지만, 현실은 그렇지 않다. 검사 역시가끔 진실을 은폐하며, 모든 것을 다 드러내지 않는다. 심지어 경우에 따라 정직하지 않다는 사실을 뻔뻔하게 드러내기도 한다는 것이다.[189]

과거에 더쇼위츠가 한 경찰관에게 "당신들은 왜 압수, 수색에 대해 거짓말을 합니까?"라고 물은 적이 있다. 그러자 경찰관은 "왜 개가 공을 핥지요?"라며 반문했다고 한다. 경찰관도 일반인들이 하는 거짓말 정도는 다 한다는 얘기다. 경찰의 위증 문제를 객관적으로 조사한 연구에 따르면, 경찰은 광범위하게 위증하며, 대부분 문제 되지 않고 넘어간다. 그리고 이러한 관행은 전국적으로 퍼져 있다고 한다. 실제로 한 연방 범죄수사국 요원은 1984년부터 1992년까지 나중에 채취한 피의자의 지문을 범죄 현장에서 발견했다고 주장한 사실을 밝혔다. 많은 경찰관들이 증거를 조작하거나 은폐한다는 사실을 발견해 보고한 특별검사도 있었다. 이러한 일들은 시골에서 대도시에 이르기까지 널리 퍼져 있다. 그들은 이런 일을 저지르고도 상관이 시켜서 어쩔 수 없이 그랬다고 주장한다는 것이다.

그렇다면 과연 다음의 경찰 증인들은 진실을 말하고 있을까? 배내터와 다른 세 명의 조사관 그리고 이들을 파견한 상관은 단지 사망한 여인의 전남편에게 소식을 알리고 어린 두 자녀 문제도 이야기할 겸 갔을 뿐, 범행과 관련된 증거를 수집하러 간 것은 아니라고 증언했다.[190] 특히 마크 퍼먼은 심슨의 집에서 결정적인 증거 중 하나인 피 묻은 장갑을 발견한 인물이었다. 그런데 퍼먼에게는 몇 가지 문제가 있었다. 그는 1981년 9월에 장애연금을 신청한 적이 있었다. 연금 신청 절차를 밟을 때 퍼먼은 의사에게 자신의 증상을 말하면서 '깜둥이'란 말을 썼고, 멕시코 사람과 깜둥이를 대하느라 지쳤고, 그놈들을 모두 감방에 처넣어야 한다는 이야기를 했다. 그리고 자신에게 폭력 성향이 있고 분노 조절 장애가 있으며, 수형자나 다른 사람에게 난폭해지고, 정복되지 않은 사람에 대해서는 살인 욕구도 느낀다고 말했다. 어떤 사람이 싫어지면 분노를 느끼고, 말할 때 그에게 침을 뱉고 싶어진다고도 말했다. 심지어 자신을 바라보지 않고 혼자 묵묵히 일하는 사람의 머리에 총을 겨누고 싶고, 피의자를 대할 때 폭력을 자랑하고, 필요하면 피의자의 팔이나 얼굴, 다리를 꺾고 싶은 충동도 느낀다고 했다. 그러나 의사가 퍼먼의 말에 신빙성이 없고, 연금을 받기 위해 거짓말을 꾸며낸 것으로 판단했기 때문에 그의 장애 신청은 받아들여지지 않았다.

이 문제가 다시 불거져 나온 것은 심슨의 변호인이 재판에서 이 사실을 지적했기 때문이다. 그러나 이토 판사는 이러한 사실이 퍼먼의 증언을 의심할 이유는 될 수 없다고 보았다. 영미법에서는 법정 밖에서 한 진술 또는 반대신문을 거치지 않은 진술이나 진술서는 원칙적으로 증거가 될 수 없다. 이토 판사는 퍼먼이 연금 신청 절차를 밟으면서 한 이야기가 바로 여기에 해당한다고 보았다. 퍼먼이 이제 와서 자신은 인종주의자가 아니라고 말하기 때문에 이와 같은 진술 증거를 채택하면 법정에서 증인이 직접 반박할 권리가 침해된다는 것이다.

더쇼위츠는 마셔 클라크가 영리해서 퍼먼을 증인으로 불렀을 때 변호인 손에 놀아나는 꼴이 된다는 것 정도는 알고 있으리라 짐작했다. 퍼먼은 검찰 측에 너무 많은 부담을 줬다. 더쇼위츠는 사건 후 두 시간씩이나 퍼먼이 범죄 현장에 나타나지 않은 것도 퍼먼에게 문제가 너무 많아서 누군가 말렸기 때문일 거라고 짐작했다. 당연히 클라크 검사는 이미 퍼먼에 대한 심리 보고서를 읽었으므로 퍼먼이 여러 차례 '깜둥이'란 말을 한 사실을 알고 있었다. 물론 퍼먼이 법정에서 그런 말을 한 적이 없다고 증언하리란 것도 짐작했다. 법률가들은 이런 경우 아주 중요한 증인이 아니라면 위험을 무릅쓰고 증인으로 세우지 않는다. 하지만 퍼먼은 경찰이었고, 경찰이 위증을 저지를 경우 검찰은 대부분 묵인하고 기소하는 일이 드물다. 판사 역시 위증한 경찰관이 처벌받지 않고 그냥 넘어간다는 사실을 알고 있다. 클라크 검사는 만일 퍼먼이 법정에서 거짓말을 조금 하더라도 웬만해선 기소되지 않을 거라고 생각했다. 그래서 위험을 무릅쓰고 퍼먼을 증인으로 세우기로 했다. 퍼먼을 증인으로 신청하지 않는다면 피 묻은 장갑역시 증거로 채택되기가 어렵기 때문이다. 법에는 '독毒나무의 과실이론'이란 것이 있다. 독나무에서 열매가 열리면 그 열매에도 독이있듯이, 위법한 방법으로 증거를 수집했다면 그 증거 역시 위법한 증거가 된다. 이에 따라 검사가 장갑을 증거로 제출하면, 변호인은위법한 증거라고 이의를 제기할 것이다. 반면 검찰이 퍼먼을 증인으로 신청해서 그가 정직하게 장갑을 발견한 것으로 인정받는다면 피묻은 장갑 역시 정당한 증거로 제출할 수 있게 된다.

퍼먼의 증언

마크 퍼먼은 자신이 과거에 '깜둥이'란 말을 한 적이 없다고 주장했다. 재판에서는 과연 마크 퍼먼이 인종주의 발언을 했는지, 그런 성향을 갖고 있는지에 대한 성격 증거를 어느 정도로 허용할지가 논의되었다. 편견과 증인의 신빙성 관계를 규율하기 위해 '연방증거법'은 성격 증거에 대한 규정을 두고 있다(제403조, 제404조). 연방증거법 제403조는 편견이나 쟁점의 혼란, 부적절한 재판의 지연을 불러오는 증거는 제한할 수 있다고 규정한다. 이토 판사는 이 규정에 따라 인종주의에 편중되어 지나치게 공격적인 발언은 제한하기로 결정했다. 이에 따라 증인에 대한 반대신문 때 조롱, 편견, 쟁점의 혼란, 증인의 안전, 신문 반복 등의 경우 신문은 제한되었다.[191]

리 베일리가 퍼먼에게 물었다.

"증인은 사람을 표현할 때 깜둥이란 말을 씁니까?"

"아니요."

"증인은 지난 10년 동안 이런 말을 쓴 적이 있습니까?"

"제 기억으론 없습니다."

"과거에 누군가에게 깜둥이란 말을 쓴 적이 있지만 기억이 나지 않는다는 말인가요?"

"질문을 이렇게 하시니 정확히 대답할 수 없다는 말입니다."

"그렇다면 퍼먼 수사관님, 증인은 지난 10년 동안 깜둥이란 말을 쓴 적이 전혀 없습니까?"

"예, 그렇다니까요."

"증인은 선서한 뒤, 지난 10년간 흑인에게 깜둥이라고 말하거나 흑인들을 향해 깜둥이 놈들이라고 말한 사실이 없다는 거지요, 퍼먼 수사관님?"

"예, 그렇습니다."

"그렇다면 누가 이 법정에서 증인이 아프리카계 미국인을 가리켜 이런 말을 했다고 한다면 그 사람이 거짓말쟁이고, 증인은 그렇지 않다는 거지요, 퍼먼 수사관님?"

"예, 그 사람이 거짓말하는 겁니다."

"그런 사람들 모두가 거짓말쟁이란 거지요?"

"예, 모두가 거짓말쟁이입니다."

"좋습니다. 수고하셨습니다."

그러나 마셔 클라크는 퍼먼이 과거에 깜둥이란 말을 했다는 사실을 알고 있었다. 클라크는 퍼먼에게 반대신문을 했다.

"증인이 처음 노스로킹엄 360번지 남쪽 인도로 걸어 나올 때 로널드 골드먼과 니콜 브라운이 사망한 시각을 알고 있었나요?"

"아니요."

"증인은 살해 시각에 대해 심슨에게 알리바이가 있는지 알고 있었나요?"

"아니요."

"살해 장면을 본 증인이 있는지 알고 있었나요?"

"아니요."

"범행 시각에 범행 현장에서 어떤 목소리나 음성, 말하는 것을 들은 사람이 있는지 아는가요?"

"아니요."

"증인이 남쪽 인도로 가기 전에 카토(니콜이 기르던 개)가 벌써 그 자리를 떴는지 아는가요?"

"아니요."

"증인이 로킹엄에서 장갑을 발견했을 때, 브롱코의 카펫에서 나온 섬유가 장갑에 묻어 있었는지 알았나요?"

"아니요."

"사망 원인을 아는가요?"

"아니요."

마셔 클라크는 반대신문을 통해, 퍼먼이 문제 있는 수사관이긴 해도 변호인의 주장처럼 증거를 조작할 만큼 용의주도한 인물이 아니란 것을 보여주려고 애썼다.[192]

클라크는 퍼먼이 과거에 했던 인종주의 발언에 대한 문제를 잘 안고 갈 것이며, 재판이 끝날 때까지 배심원들이 이 사실을 모를 것이라 기대했다. 하지만 그것은 착각이었다. 노스캐롤라이나에서 온 시나리오 작가 로라 매키니Laura Mackenney는 여성 경찰관의 경험을 소설이나 영화 대본으로 쓰는 데 흥미가 있었다. 그리고 로스앤젤레스 경찰관 마크 퍼먼이 여성이 경찰관으로 근무해야 한다는 강한 신념이 있다는 얘길 들었다. 매키니는 영화 대본을 쓰면서 기술적인 부분에 대해 퍼먼의 조언을 얻기로 했다. 1986년, 매키니는 퍼먼을 만

시나리오 작가 로라 매키니는 1994년부터 1995년까지 수사관 마크 퍼먼(그림)과 만나 대화하면서 그 내용을 녹음했다. 대화 중 퍼먼은 41번이나 '깜둥이'란 말을 했지만, 변호인이 질문할 때 과거 10년 동안 이런 말을 한 사실이 없다고 부인했다. 9월 1일, 변호인이 질문하자 퍼먼은 묵비권을 행사했다.

나 대화한 내용을 녹음했다. 그리고 그 기간 동안 퍼먼은 41번이나 '깜둥이nigger'란 말을 했다. 두 사람이 인터뷰한 대화를 담은 녹음테이프에 의하면, 퍼먼은 동료 경찰관이 거짓말하기 싫다고 하자 그를 진짜 경찰관이 아니라고 몰아세우기까지 했다.

퍼먼 이 친구는 진짜 경찰관이 뭔지 모르는 것 같아. "거짓말할
수 없어." 이러더군요. 진짜 속이 다 뒤틀려버리겠어. 이런
놈들을 어떻게 감옥에 처넣어야 하는지 알고 있는데. 제기

랄, 다 빠져나가도록 하자는 거야. 이 친구는 순진한 애 같

아. 이러고도 범인을 잡으려 하겠지. 할 일을 해야지.

매키니 그래서 어떻게 하자고 했나요?

퍼먼 거짓말은 못한대요.

매키니 ······거짓말은 못한다고 했군요.

퍼먼 그래요, 진짜 경찰은 아니지. 착한 애나 되라고 해.

매키니는 처음에 심슨이 유죄라고 생각하여 증언하기를 주저했다. 마셔 클라크는 퍼먼이 증언하기 전, 매키니의 녹음테이프가 나오리란 사실을 어느 정도 알고 있었던 듯싶다. 그럼에도 퍼먼을 증인으로 세우기로 한 것이다.[193] 다만 그 테이프에 깜둥이란 말이 담겨 있었는지는 몰랐던 것 같다.

코크런은 여기서 만족하지 않고 더 많은 증인을 세워 퍼먼이 거짓말쟁이라는 걸 입증하려 했다. 배내터 경찰관이 로킹엄에서 "목숨을 구하려고 그곳에 가는 게 아니야. 심슨이 범인이야!"라고 말하는 것을 들었다는 증인까지 나왔지만 로스앤젤레스 서부 지역 수사팀장 키스 부시는 증언대에 서서 로킹엄에 간 진짜 이유가 전처의 죽음을 알리기 위해서였다고 주장했다. 심슨의 변호인은 이런 경찰의 위증이 심슨 집 울타리 옆에서 발견한 피 묻은 장갑과 관련 있다고 주장했다. 결국 이들 수사관이 다르게 증언했더라면 핵심 증거의 신빙성이 인정받았을 수도 있었을 것이다.[194]

9월 1일, 피고인의 변호인이 퍼먼을 증인으로 신청했고, 살인 사

건이 발생한 지 몇 시간 후 발견한 혈흔과 심슨의 집에서 발견한 장갑에 대해 물었다. 우얼먼 변호사가 질문하자, 퍼먼은 옆에 서 있던 자기 변호인과 함께 묵비권을 행사하겠다고 말함으로써 결국 그의 진정성은 의심받기에 이른다. 검사는 최후 변론 때 배심원에게 퍼먼은 진짜 인종주의자이지만 그것은 심슨이 유죄인 사실과 무관하다고 변론했다. 퍼먼은 위증죄로 기소되었고, 기소인부 절차에서 흔히 하는 유죄 답변이나 무죄 답변 대신 불항쟁 답변을 했다.[195] 불항쟁 답변은 공소사실을 다투지는 않지만 어떤 범죄도 저지르지 않았음을 주장하는 것으로, 유죄 답변과 거의 다르지 않다. 다수의 평론가들은 퍼먼의 위증 문제에 대하여 이 사태를 미리 막을 수 있었는데도 퍼먼이 위증하도록 내버려둔 것은 검사의 치명적인 실수라고 평가했다.[196]

퍼먼은 어떤 인물인가

마크 퍼먼은 1952년 2월 5일 태어났다. 워싱턴주에서 자랐고, 그의 형은 퍼먼이 태어나기 전에 백혈병으로 죽었다. 아버지는 트럭 운전사이자 목수였는데, 퍼먼이 일곱 살 때 부모는 이혼했다. 1970년, 퍼먼은 해군에 입대하여 베트남전에 참전했다. 군인들 중에는 당연히 멕시코인이나 흑인도 있었고, 군인들의 무기력한 모습을 보고 1975년 퍼먼은 해군 복무를 그만두었다. 그리고 곧바로 로스앤젤레스 경찰학교에 입학하여 차석으로 졸업한 뒤, 경찰관으로 임용되었다. 임용 초기까지만 해도 퍼먼은 업무를 잘 처리했고, 적응도 빨랐다. 그런데 1977년 이스트로스앤젤레스로 배치된 후부터 평가가 바뀌었다. 정열적으로 일하고 피의자를 잘 체포하지만, 균형감이 없고 큰 사건에만 집중한다는 단점이 드러났다. 그리고 하류층을 상대하기 싫어하고, 일하기를 싫어했다. 폭력 성향이 나타났고, 필요하다면 주먹으로 갈기고 싶다는 말을 내뱉기도 했다.

1977년 거리의 폭력배를 단속하면서 어긋나기 시작했다고 털어놓곤 했다. 그리고 정신적으로도 혼란이 왔다. 퍼먼은 1980년대 초 업무상 스트레스로 정신장애가 생겼다며 장애연금을 신청했고, 신청이 거부되자 소송을 제기했다. 그래서 자신의 정신장애 상태를 소상히 밝혀야 했다. 퍼먼의 주장에 따르면, 그는 매우 불안정한 상태였다. 하지만 주위 사람들은 퍼먼이 정상이며, 연금을 타기 위해 꾀병을 부린 것이라고 말했다. 퍼먼의 주장에 과장된 부분이 있어도 퍼먼에게 정신적으로 문제가 있었던 것은 분명해 보인다.

로스앤젤레스 경찰청의 루시엔 콜먼Lucienne Coleman에 따르면, 퍼먼은 유대인과 결혼한 경찰관의 서랍에 나치의 상징인 만자卍字를 그려 넣는가 하면, 주말에 나치 표장을 착용하고 관내 구역을 확보하기도 했다. 콜먼은 1994년 텔레비전에서 경찰관이 증거를 조작했다는 뉴스 보도를 처음 보았을 때 경찰관이 그럴 리 없다고 생각했지만 퍼먼이라면 그럴 수 있겠다는 생각이 들었다고 한다.[197]

심슨의 변호인이 퍼먼에게 이런 문제가 있다는 것을 알게 된 데는 언론인 제프리 투빈Jeffrey Toobin의 역할이 컸다. 퍼먼이 과거에 연금 소송을 했다는 사실을 안 투빈이 심슨의 변호인 샤피로에게 이 사실을 알려주었던 것이다. 샤피로는 투빈으로부터 퍼먼의 얘기를 듣고 무척 기뻐했다.

"아침 일찍 범죄 현장에 퍼먼이 왔다고 상상해봅시다. 일생일대의 큰 사건을 맡은 겁니다. 그리고 한 시간 뒤 사건에서 손을 떼라는 얘길 들었습니다. 퍼먼의 심정이 어땠겠습니까? 그리고 네 명의 경찰관과 함께 심슨의 집에 갔습니다. 살인 현장에 두 개의 장갑을 발견했다고 칩시다. 그러면 장갑 하나를 슬쩍 집어 들어 아무도 안 보는 곳에 숨겨놓는 겁니다. 그리고 심슨의 집에서 장갑을 발견했다고 말하고, 영웅이 되는 겁니다."

투빈은 『그의 삶의 여정 : 심슨 사건The Run of his Life: The People v. O. J. Simpson』에서 샤피로가 막연한 추정으로 퍼먼을 증거를 조작한 나쁜 경찰관으로 몰아가는 것을 보며 어쩔 줄 몰라 안절부절못했던 심경을 밝히기도 했다.[198]

제10장

DNA가 말하다

"만약 자네가 이 이야기를 듣는다면 놀라서 아무 말도 못 할걸."

세익스피어의 『햄릿』에서

배리 셰크의 반박

법과학자 데니스 펑의 증언을 시작으로 법과학 증거가 법정에 제출되었다. 서른세 살의 데니스 펑은 번디에서 로킹엄에 이르는 일련의 증거를 수집했다.

행크 골드버그 검사가 데니스 펑에 대해 주신문을 했다. 펑은 여러 미세한 혈흔, 모발을 어떻게 비닐봉지에 담아 경찰서로 옮겼는지 자세히 설명했다. 다음으로 변호인 측의 배리 셰크가 반대신문을 했다. 셰크는 먼저 펑의 조수인 안드레아 마졸라를 신문했다. 마졸라가 사건 현장에서 증거를 수집한 것은 심슨 사건이 세 번째였다. 곧 마졸라의 미숙함이 드러났다. 다음으로 펑을 반대신문했다. 펑은 자신의 화려한 경력을 내세웠지만 결국 셰크에게 패했다.

"그럼 증인은 대배심 때 수습직인 안드레아 마졸라가 브롱코에서 혈흔을 채취했다는 사실을 말하지 않았다는 거지요?"

"당시는……" 하고 펑은 얼버무렸다.

"대배심에서 얘기했나요?"

"아니요."

"대배심 때는 증인이 직접 했다고 말했지요?"

"예."

"(로킹엄에 있는) 네 개의 혈흔에 대해서도 마찬가지로 말했지요?"

"예."

"혈흔이 다섯 개 아닌가요?"

"예."

"여섯인가요?"

"기억나지 않습니다."

셰크는 데니스 펑 증언의 신빙성에 의문을 제기하며, 펑의 자질에 대해서도 지적했다. 경찰과 언론에서 보도한 사진을 보면 마땅히 증거를 철저하게 수집해야 할 범죄연구원이 골드먼의 발 근처에 있던 종이도 챙기지 않았기 때문이다. 범죄 현장에 출동한 경찰관은 집 안에 있던 담요로 니콜의 시신을 덮었다. 셰크는 그럴 경우 집 안에 있던 섬유 성분이 범행 현장의 증거와 섞일 수 있음을 지적했다. 그리고 로널드 골드먼의 시신을 이동 장치에 곧바로 옮겨 싣지 않고 바닥에 질질 끌고 다니다가 장갑과 주디사 브라운의 선글라스가 담긴 봉투를 수집한 것도 잘못이라고 지적했다. 이 같은 반대신문을 하는

데 나흘이 걸렸다. 그러자 펑은 자신의 잘못이 드러나 직장을 잃을 수도 있다는 생각이 들었는지 어깨를 수그리고 양손을 무릎 위에 포갠 채 다소곳이 앉았다. 눈 밑에는 다크서클도 확연하게 보였다.

셰크는 펑이 잘못했을 뿐만 아니라 정직하지 않다는 사실도 밝혔다. 펑은 자신이 절대 맨손으로 증거를 수집하지 않았다고 말했지만, 곧 이 말을 번복했다. 초동수사 때 경찰이 증거 수집에 엉성했던 사실이 드러났다. 그러자 펑은 이런 경찰과 자신이 다르다는 사실을 보이려 했는지 검시관이 돌아간 뒤에야 증거를 수집했다고 말했다. 하지만 셰크가 펑이 증거를 수집하는 장면이 찍힌 비디오테이프[199]를 틀어주자 이 말도 번복했다. 그리고 로킹엄 저택에 있는 심슨의 침실에서 양말을 수집했을 때 혈흔을 보지 못했다고 증언했다. 이런 증언은 검찰이 야심 차게 준비한 과학 증거의 토대를 일거에 무너뜨렸다.[200]

오랜 증언을 마친 데니스 펑은 그제야 안도의 한숨을 쉬고 좀처럼 보이지 않던 엷은 미소를 띠었다. 그리고 배심원들이 보든 말든 전 미식축구의 영웅 심슨과 열렬히 악수를 나누었다. 심슨 역시 온화한 미소를 보이며, 펑의 악수를 받아주었다.[201]

경찰은 번디 집 뒷문에서 혈흔을 발견했다. 경찰은 이 혈흔이 침입자가 왼손으로 뒷문을 열 때 남긴 것으로, 니콜의 집을 따라 좁은 길로 도주할 때 생겼다고 추정했다. 셰크는 이 점을 면밀히 조사하여 펑이 1994년 7월 3일까지 뒷문에 있는 혈흔을 채취하지 않은 사실을 알게 되었다. 이 시점은 사건이 일어난 지 3주나 지난 때다. 펑은 검사가 주신문할 때, 범행 다음 날 아침에 증거를 수집할 때 실수로 누락한 것이라고 증언했다.

또한 셰크는 DNA 검사에도 문제가 많다는 사실을 발견했다. 펑이 니콜의 집 인도에서 수집한 많은 혈흔은 변질되어 검사하기에는 상태가 좋지 않았다. 이런 혈흔은 PCR(중합 효소 연쇄반응) 검사법[202]에 의존할 수밖에 없는데, RFLP(제한 효소 절편 다형성) 검사법[203]에 비해 정확도가 떨어진다.

셰크는 나아가 증거를 조작했을 가능성도 있다고 생각했다. 만약 누군가 혈흔을 뒷문에 묻혔다면? 그리고 심슨이 혈흔 샘플 채취에 동의했으므로 그 피를 묻혔다면? 왜 뒷문 근처에서 발견된 혈흔에서 DNA가 유독 많이 나왔을까? 셰크는 범행 현장을 찍은 사진을 분석했다. 사건 다음 날 아침 찍은 사진 중에서 니콜의 집 뒷문 쪽으로 찍은 사진은 비록 선명하지 않지만, 혈흔은 보이지 않았다. 뒷문 사진을 확대해보니 흐릿했지만 혈흔이 보였다. 셰크는 사건 다음 날 아침 뒷문에는 혈흔이 없었다고 주장했다. 펑의 반대신문 때, 셰크는 혈흔이 선명하게 보이는 7월 3일에 찍은 사진과 혈흔이 보이지 않은 이전의 사진을 보여주었다.

"증인, (혈흔이) 어디에 있습니까?"

펑은 대답하지 못했다.

셰크는 여기서 그치지 않았다. 셰크는 경찰 간호사로 6월 13일 파커센터에서 심슨의 혈흔을 채취한 사노 페라티스의 예비신문 때 증언을 주목했다. 페라티스는 심슨에게서 8밀리리터의 혈액을 채취했다고 증언했다. 그러나 정작 검사 때 쓰인 혈액은 6.5밀리리터였다. 1.5밀리리터의 혈액이 사라진 것이다. 셰크는 나아가 뒷문에 묻힌 혈흔에 혈액응고 방지제^{EDTA}가 섞인 사실도 밝혀냈다. EDTA는 채취한 혈액을 보존하는 데 쓰인다. 그렇다면 뒷문에서 채취된 혈액은 범행 중에 묻은 것이 아니라 검사를 위해 채취한 혈액이란 뜻이다. 셰크의 추정대로라면 6월 13일부터 7월 3일 사이에 누군가 심슨의 혈흔을 뒷문에 묻혀놓은 것이다![204]

의심스러운 증거들

사노 페라티스는 1994년 6월 13일 심슨의 혈액 샘플을 추출했다. 그는 대배심과 예비심문 때 심슨의 팔에서 7.9에서 8.9밀리리터의 피를 추출했다고 증언했다. 예비심문 때 그는 "8밀리리터가량……글쎄요, 7.9나 8.1 정도일 겁니다. 주사기를 보았고요. 8밀리리터였을 겁니다"라고 증언했다. 그러나 조사에 사용된 혈액은 6.5밀리리터로 드러났다. 결국 1.5밀리리터의 혈액이 사라진 셈인데, 살인 사건 후 경찰이 초동수사 때 혈액에 대해 전혀 기록하지 않은 사실도 드러났다. 심슨의 피 1.5밀리리터가 사라진 것으로 드러나자 변호인은 경찰이 심슨을 옭아매기 위해 피를 여기저기 묻혔다고 주장했다. 그러자 검사는 부랴부랴 페라티스가 자신의 증언을 번복하는 비디오테이프를 제출했다. 이 테이프에서 검사가 질문했을 때, 페라티스는 8밀리리터의 피를 채취했다는 증언은 잘못된 것이고, 정확히 6밀리터에서 6.5밀리리터를 채취했다고 자신의 증언을 번복했다.[205]

변호인단은 살인 사건 다음 날 아침, 심슨의 침실에서 발견된 양말도 의심의 눈초리로 바라보았다. 양말에서 니콜의 것으로 보이는 혈흔이 발견되었는데 변호인단은 그 피 역시 나중에 묻힌 것이라고 주장했다. 살인 사건 다음 날 검사와 변호인 측 전문가가 육안으로 관찰할 때까지 아무도 이 양말에서 피를 보지 못했다. 경찰의 압수 물건 보고서에도 양말에 묻은 피에 대해 아무 언급이 없었고, '특이 사항 없음'이라고 적혀 있었다. 그런데 그로부터 몇 주 후, 경찰이 양말에서 혈흔을 봤다는 이야기가 들리기 시작했다. 양말의 혈흔을 처음에 발견하지 못했을 수도 있고, 아니면 애초에 혈흔이 없었을 수도 있다. 이 문제에 대해 검사는 연방 범죄수사국 검사소에 보내 양말의 피가 처음부터 있었는지 조사하게 했는데 검사 결과, 놀랍게도 양말에서 발견된 혈흔에서 혈액응고 방지제가 발견되었다. 만일 혈액응고 방지제 성분이 혈액과 상관없이 양말에 묻은 거라면 혈흔 주위에도 혈액응고 방지제 성분이 검출되었어야 한다. 그러나 혈액응고 방지제 성분은 양말에 묻은 혈액에서만 검출되었다. 이 같은 결과는 혈흔이 인체에서 곧바로 떨어진 것이 아니라 어디선가 채취된 혈액이란 사실을 추정케 한다. 그러자 검사는 새로운 전략을 세웠다. 연방 범죄수사국 전문가 로저 마츠Roger Martz는 심슨의 변호인 로버트 블레이지어가 질문하자, 혈액응고 방지제가 있다는 사실을 인정하면서 그 정도의 양은 인체에서도 충분히 나올 수 있다고 증언했다. 그러나 변호인 측 전문가는 어떤 사람이든 피에 그 정도의 양이 있으면 치사량 수준이라고 증언했다. 이런 상반된 증언은 양말의 혈흔이 인체에서 나올 수도 있고, 아니면 검사용 튜브에서 나온 것일 수도 있다는 사실을 보여준다.[206]

그다음으로 의심 가는 것은 양말에 묻은 혈흔의 형태다. '혈흔 증거 연구소'를 세운 허버트 맥도넬Herbert MacDonnell 박사는 양말에 묻은 혈흔에 대해 다음과 같이 언급했다.

> "40년간 이 분야에 몸담았던 본인의 경험으로 볼 때 양말목 부위에 있는 혈흔은 심슨의 몸에서 나와 퍼졌거나 편편한 표면에 떨어진 것이 아니라 누군가 피를 문지른 것으로 보입니다."

게다가 그 양말에는 범행 현장에 있던 물질의 흔적(섬유, 모발, 먼지, 베리 주스 등)이 발견되지 않았다. 양말에 피가 떨어질 정도라면 왜 근처에 있는 다른 물질들은 발견되지 않았을까? 이에 대해 코네티컷주 범죄연구소장이며 전 세계적으로 저명한 법과학자인 헨리 리 박사는 범행 현장엔 섬유, 모발, 먼지, 베리 주스 등이 있었는데 심슨이 이 양말을 신고 범행 현장을 누볐다면 섬유나 먼지 등의 미세 증거가 양말에서도 발견되어야 한다고 했다. 즉 심슨이 범행 현장에서 움직였다면 신발에 베리 주스 등이 묻었을 것이란 얘기다.

그러나 더 놀라운 것은 압수 물건을 녹화한 비디오테이프다. 이는 말 그대로 심슨의 집에서 압수한 물건이 원래 그 자리에 있었다는 사실을 입증하는 것으로, 테이프를 보면 경찰이 발견했다고 주장하는 흰색 러그엔 양말이 보이지 않는다. 로킹엄 저택에서 비디오를 촬영한 윌리 포드Willie Ford는 심슨의 침실에서 양말을 보지 못했다고 증언했다. 코크런은 최후 변론 때, 배심원에게 비디오 영상을 보여주면서 당시 심슨의 침실에는 양말이 없었다고 설명한다. 이어 러그에 양말이 놓여 있었다는 경찰 사진과 비디오 캡처 사진을 비교해가며 설명했다.[207]

니콜 브라운의 집에서 발견된 증거에도 몇 가지 의문이 있다. 최초 수색 때, 문에 혈흔이 있다는 내용은 작성되지 않았다. 그곳에 있다는 심슨의 피는 3주 후에 발견되었다. 이 피에도 혈액응고 방지제가 발견되었으며, 이 문은 통제구역에 포함되지 않았다. 그리고 그곳에서는 범행 직후 혈흔이 발견된 곳보다 더 많은 DNA 증거가 있었다. 이 점은 전문가가 볼 때 의문이 있다. 왜냐하면 피는 며칠간 노출되어 있었고, 그 정도면 기후의 영향으로 DNA가 분해되기 마련이다. 특히 DNA는 햇빛과 습기에 매우 약하다. 피 묻은 장갑 역시 의문점이 많다. 우선 발견된 장소가 그럴듯하지 않다. 처음에 검사는 심슨이 이웃집과 접해 있는 담을 넘다가 우연히 장갑을 떨어뜨렸을 것이라고 주장했다. 하지만 그 주변을 살펴본 분석가가 검사의 이런 주장은 성립될 수 없다고 지적하자 검사는 주장을 바꾸어 심슨이 집에 증거를 남기지 않으려고 그곳에 고의로 떨어뜨렸다고 했다. 그러나 살인 도구를 숨겨야 할 범인이 사람들의 눈에 쉽게 띄는 곳에 장갑을 떨어뜨렸다는 주장은 말이 되지 않는다. 그러자 검사는 마지막으로 '멍청한 범인dumb defendant 이론'을 늘어놓았다. 즉 심슨이 집으로 돌아가 칼과 옷 그리고 장갑 등 모든 증거를 뒷마당에 숨기려 했는데 에어컨에 머리를 부딪히면서 장갑만 떨어뜨렸고, 생각도 바뀌었다는 가설이다. 그러나 이 또한 상식 밖의 주장인 데다 당시의 상황과도 맞지 않는다. 심슨의 머리에는 타박상이 없었고, 장갑이 발견되었을 때 여전히 피로 흥건했다. 특히 장갑이 피로 젖어 있었다는 부분은 설명하기 힘들다. 당시엔 비나 이슬 등이 전혀 없었으므로 사건 다음 날 발견된 장갑의 혈흔은 바짝 말라 있어야 하기 때문이다.

그래서 더쇼위츠는 다음과 같이 추정한다. 존 로저스John Rogers로부터 사건에 관여하지 말라는 얘기를 들은 퍼먼은 일생일대의 가장 큰 사건에 참여할 기회를 놓치게 된 데 격분하여 새벽에 범행 현장을 어슬렁거리다가 두 번째 장갑을 발견했다. 그리고 이 장갑이 자신이 사건에 참여하게 될 중요한 계기가 될 것으로 여겨 심슨의 집 뒤 오솔길에 몰래 갖다 놓았다는 것이다. 그리고 흰색 브롱코가 심슨의 차라는 것을 확인하고, 고의적으로 장갑에 있던 피를 브롱코 안쪽에 슬쩍 묻힌 뒤, 브롱코에서 혈흔을 발견했다고 보고한다.

모자에서 발견된 모발과 섬유 역시 결정적이지 않다. 변호인은 모발과 섬유는 미세한 증거일 뿐이며, 범인을 특정할 수 있는 구체적 증거가 아니라고 주장했다. 게다가 모발이나 섬유가 심슨의 것으로 밝혀져도 달라질 게 별로 없다. 심슨은 번디의 니콜 집을 뻔질나게 드나들었다. 실제 니콜의 집에는 심슨의 모발과 섬유가 널려 있었다.

발자국 문제만 하더라도 미국에 심슨과 같은 사이즈의 신발을 신는 남자가 수백만 명이다. 번디 집의 빛바랜 심슨의 피는 심슨이 과거 그 집에서 아이들이나 개와 어울려 놀다가 생긴, 상당히 오래된 시간의 흔적일 수 있다. 나아가 변호인은, 데니스 펑이 범행 현장에서 실수로 다쳐서 자신의 피를 흘렸다가 재빨리 DNA 흔적을 지워버린 사실을 발견했다. 펑의 피가 섞인 샘플이 검사소로 갔을 때 경찰청 범죄연구원인 야마우치는 수집한 샘플을 적법한 절차와 규정에 따라 분류하지 않고, 펑의 피가 섞인 샘플과 다른 샘플을 같이 두었다.

브롱코 차 바닥에 묻은 피해자 피의 경우, 범행 현장에서 퍼먼의 신발에 피가 묻었고, 퍼먼이 브롱코에 있는 피를 조사하느라 브롱코에 앉았을 때 묻은 것으로 보였다. 브롱코 계기반에 묻은 피 역시 퍼먼이 장갑에서 묻힌 것으로 보였다.[208]

또 변호인단이 조사한 바에 따르면 니콜 브라운의 손톱 밑에서 나온 피는 니콜 브라운, 로널드 골드먼, 심슨의 피가 아니었다. 이러한 사실은 니콜이 심슨이 아닌 다른 사람과 싸웠다는 사실을 추정하게 한다.[209]

DNA를 조사하다

사체와 니콜의 집 뒷문에서 발견된 피 묻은 발자국에 대한 DNA 검사가 이루어졌다. 처음 '중합 효소 연쇄반응 검사'를 했을 때는 심슨이 혐의자가 아닌 것으로 나타났다. 하지만 좀 더 정밀한 '제한 효소 절편 다형성 검사'로 분석한 결과, 일치했다.

경찰 범죄연구원 데니스 펑은 범행 시각부터 증거가 수집된 시각까지 시간의 경과를 감안하여 DNA 분석을 했다고 증언했다. 그러나 배리 셰크가 반대신문할 때 펑은 DNA 샘플이 8일이나 지났고, 그럴 경우 DNA 증거는 부정확하다고 대답했다.

혈흔 증거는 두 개의 분리된 검사소에서 각기 다른 방법으로 검사가 이루어졌다. 이러한 안전책을 강구했음에도 경찰 소속 수습 과학자 안드레아 마졸라[210]는 심슨으로부터 채취한 혈액이 든 병을 연구소 코트 주머니에 넣어 하루 정도 돌아다니다가 꺼내 검사했다.

1988년과 1989년에 경찰 검사소에서 실시한 DNA 분석에 두 가지 오류가 있었다는 사실이 드러났다. 품질관리 시험에서 오류가 발견되었으나 그 이후에는 나타나지 않았다. 심슨 변호인의 요청으로 DNA 분석을 한 다른 곳에서도 1988년에 같은 실수를 저질렀음이 드러났다. 검사의 강점이 될 수도 있는 이런 증거는 경찰의 서투른 기술자 때문에 혈액 샘플이 부적절하게 처리되면서 오히려 약점이 되었고, DNA 분석의 신빙성을 잃게 되었다. 검사 측에서는 DNA 검사의 경우, 피고인의 변호인이 검사 측의 검사 방법에 동의하지 않는다면 같은 샘플로 변호인이 독자적으로 검사할 수 있었다고 주장했다. 그러나 피고인의 변호인은 검사의 제의를 거절했다. 한편 재판이 진행 중이던 1995년 5월 16일, 캘리포니아주 법무부 범죄연구원이자 연구소 설립자인 게리 심스Gary Sims가 심슨의 집에서 발견

한 장갑을 검사했는데, 장갑에서 발견된 피는 골드먼의 피와 일치하는 것으로 드러났다.[211]

DNA 증거

1995년 5월 8일 월요일, 검사는 DNA 전문가를 증인으로 불러 배심원에게 DNA에 대해 설명했다. 로빈 코튼 박사는 메릴랜드에 있는 셀마크 연구소 소장으로, 심슨 사건의 44번째 증인이었다. 6일 동안 심슨 사건에서 발견된 혈흔 증거의 DNA를 검사한 그녀는 DNA가 유전 청사진과 같다고 설명했다. 사람의 유전자는 일란성 쌍둥이를 제외하곤 모두 다르다. 코튼 박사는 '제한 효소 절편 다형성 검사'가 가장 정확한 검사법이라고 설명했다. 클라크 검사가 "변호인의 주장에 따라 경찰의 피 샘플이 오염되었더라도 DNA가 다른 사람으로 보이게 할 수 있나요?"라고 묻자 코튼은 "아니요"라고 단호하게 대답했다.[212]

　1995년 5월 15일, 변호인은 계속해서 DNA 검사 결과에 문제를 제기하며 혈흔은 오염됐고, 연구소의 검사도 부적절했다고 지적했다. 셀마크 연구소의 로빈 코튼 박사는 과거 셀마크 연구소가 샘플을 잘못 다루거나, 하나의 샘플을 다른 샘플과 섞어 '교차오염'이 되도록 함으로써 두 차례나 잘못 판정했던 사실을 시인했다. 코튼 박사는 심슨의 샘플과 다른 두 명의 흑인 샘플을 비교해 사용했다고

밝혔다. 또 심슨의 유전자의 희소성을 계산하기 위해 다섯 개의 유전자 표지에 의존했다고 설명했다.[213]

윌리엄 톰슨[William C. Thompson]은 캘리포니아 대학교 범죄학 교수다. 그는 심슨 사건에서 다룬 여러 DNA에 대해 다음과 같이 분석했다.[214]

번디의 사건 현장

대부분의 피가 니콜 브라운, 로널드 골드먼의 DNA와 일치했다. 인도에서 발견된 다섯 개의 핏방울과 뒷문에서 발견된 세 개의 혈흔은 심슨의 DNA와 일치했다.

로킹엄의 장갑

심슨의 집에서 발견된 오른쪽 장갑은 피에 젖어 있었다. 대부분 피해자의 피와 일치했고, 손목 부근에서 발견된 세 개의 작은 샘플은 심슨과 두 피해자의 DNA 혼합물로 드러났다. 그러나 DNA 혼합물이 심슨의 DNA와 일치하는 것은 매우 흔한 일이다.

양말

경찰은 심슨의 침실에서 어두운 색의 양말 한 켤레를 발견했다. 처음엔 별다른 증거를 채취했다는 기록이 없었지만 나중에 양말 발목 부분에서 커다란 혈흔이 발견됐고, 이 혈흔은 니콜의 DNA와 일치했다. 다리와 발가락에서 발견된 세 개의 샘플에서 나온 DNA는 심슨의 DNA와 일치했다.

브롱코

범행 직후인 1994년 6월 14일과 두 달 후인 8월 26일에 발견되었다. 대부분의 혈흔이 심슨의 DNA와 일치했다. 그러나 8월에 계기반에서 발견된 세 군데의 핏자국은 심슨, 니콜, 골드먼의 DNA가 섞여 있었다.

검찰 측 전문가는 6월에 발견된 혈흔에도 심슨과 골드먼의 DNA가 섞여 있었다고 말했다. 그러나 변호인 측 전문가는 샘플을 잘못 다루었기 때문에 이러한 결과들이 나온 것이라고 했다.

6월에 운전대에서 수집한 샘플은 심슨과 신원이 분명하지 않은 사람의 DNA가 섞여 있었다.

카펫에서 발견된 샘플은 니콜 브라운의 DNA와 일치했다.

로킹엄의 핏방울

심슨의 집 찻길, 집 현관에서 발견된 핏방울은 심슨의 DNA와 일치했다.

그럴듯한 이야기

배심원은 여러 가지 이야기와 증거 사이에서 가장 그럴듯한 것을 고른다. 가장 그럴듯하다는 말은 증거와 일치되고, 완전하다는 것을 의미한다. 검찰과 변호인의 이야기 중 어느 쪽이 더 그럴듯할까?

검찰은 DNA 증거에 대해 다음과 같이 이야기한다. 심슨이 피해자를 살해하다가 자신의 왼손을 베었다. 그래서 사건 현장인 번디에서부터 자신의 차 브롱코와 로킹엄 집에 피를 흘렸다. 피해자들을 살해할 때 피가 심슨에게 튀었고, 그의 장갑에도 묻었다. 니콜 브라운의 피가 튀어 심슨의 양말에 묻었다. 심슨은 옷을 버렸지만 양말에는 피가 묻어 있는 줄 모르고 침실에 내버려두었다.

이에 대하여 변호인은 다음과 같이 이야기한다. 심슨이 우연히 브롱코에서 휴대전화를 찾다 손이 베였다. 그래서 브롱코, 찻길, 현관 앞에 피가 흘렀다. 그리고 시카고에서도 다시 베였다. 그리고 호텔에서 전 부인이 살해됐다는 소식을 듣고 유리컵을 부수어 심하게 다쳤다. 이와 관련하여 로스앤젤레스 라이더스팀의 전직 의사인 로버트 하이징아 박사는 심슨의 왼손 중지엔 두 개의 자상이 있는데, 작은 상처는 브롱코와 로킹엄 집에 피를 흘릴 정도의 상처라고 증언했다.[215]

교차오염

윌리엄 톰슨 박사는 번디에서 수집한 피와 로킹엄에서 발견된 장갑에 경찰 검사소에 있는 심슨의 피가 섞여 들어갔을 가능성이 있다고 본다. 경찰청 범죄연구원 콜린 야마우치는 검사할 때 심슨의 피를 조금 흘린 사실을 시인했다. 그리고 로킹엄에서 발견된 장갑과 번디에서 채취한 혈흔을 묻힌 면 조각을 다룬 사실도 시인했다. 변호인은 심슨의 피가 야마우치의 장갑이나 검사 도구를 통해 샘플에 부적절하게 흘러들어갔다고 주장했다.

경찰청 범죄연구원은 면 조각에 핏방울이 스며들게 하는 방식으로 번디 현장의 피를 수집한 뒤 면 조각을 비닐봉지에 넣고, 몇 시간째 뜨거운 트렁크에 보관했다. 검찰 측 전문가도 습기 차고 따뜻한 환경에선 피 샘플의 DNA가 급격히 손상된다는 사실을 시인했다. 이후 변호인은 DNA가 오염되어 잘못된 결론이 나온 것이라고 주장했다.

변호인은 DNA 검사 결과가 '교차오염 이론cross-contamination theory'에 딱 맞아떨어진다고 주장했다. 교차오염이란 검사인의 손이나 기구 등에 묻은 다른 샘플이나 오염 물질을 부주의하게 다뤄 원래 검사하려던 샘플에 섞여 들어가 검사 결과에 오차가 생기는 것을 말한다. 특히 수집한 피의 양이 적어 이 같은 잘못된 결과가 나타났다고 주장했다. 그러면서 장갑의 손목 부위에는 야마우치가 자신의 이니셜을 적었지만 다른 곳에는 적지 않은 점, 심슨에게서 채취한 혈액의 양이 줄어들었던 점 등을 근거로 댔다. 변호인은 '교차오염 이론'을 보강하기 위해, 경찰청에서 DNA 검사를 하기 전 DNA 샘플을 엉성하게 다룬 사실을 밝혀냈다. 경찰 범죄연구원 마졸라는 경력이 짧았고 검사 수칙을 따르지 않았으며, 검사의 중요성이나 목적을 이해하지 못했다. 그뿐만 아니라 장갑을 수시로 교체해야 한다는 등의 DNA 수집과 검사에 대한 수칙도 따르지 않았다.

변호인 측 전문가 존 게르데스는 경찰이 했던 DNA 검사를 재분석한 뒤 경찰이 DNA 샘플을 어설프게 다루어 교차오염이 발생했다고 주장했다. 게르데스는 검찰 측이 현장에서 발견한 혈흔과 심슨의 DNA가 딱 들어맞는다고 이야기하지만, 이는 오히려 교차오염 이론이 딱 들어맞는 전형적인 사례라고 주장했다. 로널드 골드먼과 니콜 브라운의 DNA가 심슨의 DNA로 오염된 것이다. 그리고 두 곳의 검사소에서 검사했다는 것도, 사실 똑같은 샘플을 유리병에 담아 보냈기 때문에 똑같이 오염된 것이라고 본다.[216]

경찰은 범죄 현장에서 피를 수집할 때 면 조각에 피를 묻혔고, 이 면 조각을 비닐봉지에 넣어 트렁크에 보관했다. 저녁때 경찰청으로 돌아와 경찰 검사소로 보냈고, 검사용 튜브는 밤새 건조되었다. 다음 날 아침, 범죄연구원 안드레아 마졸라는 건조된 면 조각을 종이봉지에 담았다. 그런데 변호인 측 전문가가 마졸라가 면 조각을 담았던 종이 봉지를 검사했을 때 놀라운 사실이 드러났다. 봉지에 담긴 것은 건조된 면 조각이 아니었다. 범죄학자이자 변호인 측 전문가인 헨리 리 박사는 봉지 안에 젖어서 변형된 혈흔이 남아 있었다고 증언했다. 무언가 잘못되었음이 분명했다. 변호인 측은 번디의 면 조각은 절대 젖어 있을 수 없다고 주장한다. 검사소 기록에 의하면, 면 조각은 종이 봉지에 담기기 전에 열네 시간 동안 뚜껑이 열린 유리 튜브에 담겨 있었다. 헨리 리 박사에 의하면, 면 조각은 세 시간이면 완전히 마른다. 더구나 검찰이 진행한 연구 자료에 따르면, 면 조각은 15분이면 말라버린다. 변호인 측은 수사관 중 하나가 심슨에게서 채혈한 피를 면 조각에 묻혀 번디의 면 조각과 바꾸었다고 주장했다. 수사팀의 리더 필립 배내터는 채취한 심슨의 피에 접근할 수 있었다. 경찰 간호사 사노 페라티스는 심슨의 피를 뽑은 뒤 봉인하지 않고 배내터에게 건네주었다. 로스앤젤레스 경찰청 지침에 따르면, 이러한 증거는 즉시 기록해야 하는데 배내터는 이를 기록하지 않고 몇 시간 동안 가지고 다녔다. 배내터는 심슨의 혈액을 경찰청 범죄연구원 데니스 펑에게 가져다주기 위해 몇 시간씩 가지고 다녔다고 주장했다. 하지만 이런 상황이라면 배내터에게는 변호인이 주장한 것처럼 충분히 피가 묻은 면 조각을 바꿀 기회가 생긴다.[217]

증거를 심다

심슨에게서 채취한 피가 일부 사라졌다. 간호사 사노 페라티스는 예비심문 때 심슨으로부터 8밀리리터의 피를 채취했다고 증언했다. 이 부분에 대해 자세히 묻자 그녀는 확신에 찬 목소리로 7.9밀리리터에서 8.1밀리리터였다고 말했다. 그러나 로스앤젤레스 경찰청 범죄검사소 기록에는 6.5밀리리터로 적혀 있다. 이에 대해 검사는 페라티스가 채취한 양을 잘못 기억했을 뿐이라고 주장했다.

심슨의 침실에서 발견된 피 묻은 양말에 대해서도 변호인은 경찰이 심슨의 양말에 니콜의 피를 묻혔다고 주장했다. 심슨의 양말은 전체 4분의 1을 차지할 정도로 커다란 핏자국이 남아 있었다. 얼마

배심원 앞에서 차트로 범행 현장의 증거를 설명하고 있는 헨리 리 박사. 1960년 타이완에서 중앙경찰대학을 졸업한 뒤, 경찰관으로 근무하다 미국으로 이민 갔다. 존 제이 대학에서 법과학으로 석사 학위를, 뉴욕 대학교에서 박사 학위를 취득했다. '헨리 리 법과학 연구소'를 설립했으며, 코네티컷 주립경찰 법과학 연구소 소장을 지냈다.

나 흥건히 젖었는지 두껍게 마른 핏자국은 표면이 딱딱하게 굳고 천 아래까지 피가 스며든 흔적이 남아 있었다. 이런 형태라면 양말을 수집할 때 분명히 봤어야 한다. 그러나 양말을 세 번씩 검사할 때에도 혈흔은 발견되지 않았다. 사건 다음 날인 1994년 6월 13일, 범죄 연구원 데니스 펑이 심슨의 침실에서 양말을 수집했을 때도 양말에서 혈흔은 발견되지 않았다. 1994년 6월 22일, 경찰청 검사소의 미셸 케슬러Michelle Kestler와 두 명의 변호인 측 전문가 마이클 베이든, 바버라 울프Barbara Wolf가 양말을 검사할 때도 혈흔을 본 사람은 아무도 없었다. 검사소 기록에도 "혈흔을 조사했지만 아무것도 보이지 않았다"라고 기록되어 있다. 그런데 1994년 8월 4일, 혈흔이 발견되었다. 변호인은 1994년 6월 29일 이후의 어느 시점에서 양말에 피를 묻혔다고 주장했다. 헨리 리 박사와 허버트 맥도넬 박사가 양말을 검사했다. 그들은 혈흔이 평평한 상태에서 눌려 묻힌 것이고, 양말을 신은 상태에서 묻은 게 아니라고 결론 내렸다. 피는 신지 않은 양말에 스며들어 반대쪽에 흔적을 남겼다. 이런 피의 흐름은 검찰의 주장과 맞지 않는다. 맥도넬 박사는, 심슨이 집으로 가서 피가 튄 양말을 벗었다면 피는 곧바로 말랐을 것이고, 이처럼 피가 스며드는 현상이 나타나는 것은 불가능하다고 주장했다. 경찰이 양말에 혈흔을 묻혀 증거를 조작했다는 변호인의 주장에 검찰은 연방 범죄수사국 검사소로 양말을 보내 검사하도록 했다. 연방 범죄수사국의 검사관 로저 마츠의 검사 결과, 양말의 핏자국에서 화학 보존제인 '혈액응고 방지제'가 검출되었다. 그러자 변호인은 더욱 강하게 경찰이 증거를 심었다고 주장했다. 피해자들의 혈흔 샘플은 혈액응고 방지제가 담긴 튜브에 담겨 경찰 검사소로 보냈다. 검사가 로저 마츠를 증인으로 신청하지 않자, 변호인이 신청했다. 마츠는 법정에서, 양말의 혈흔에서 혈액응고 방지제가 나왔지만, 양이 너무 적어 다른 샘플에서 나온 혈흔과 일치되는지 확인할 수 없다고 증언했다.[218]

양말의 핏자국뿐만 아니라 뒷문에서 발견된 세 개의 혈흔에 대해서도 문제가 제기되었다. 범죄 현장에서 채취된 대부분의 혈흔은 사건 다음 날인 1994년 6월 13일 수집됐다. 그러나 뒷문의 혈흔 세 개는 1994년 7월 3일에 수집됐다. 검찰은 최초 수사에서 놓쳤지만 나중에 발견했다고 그 이유를 댔다. 그러나 변호인은 최초 수사가 이루어질 때에는 뒷문에 혈흔이 없었고, 이후 피를 묻혀 증거를 조작했다고 주장했다. 사건 다음 날 찍은 사진에는 뒷문 쪽에 혈흔이 보이지 않았다. 배리 셰크가 데니스 펑을 반대신문하며 이 사진을 들고 나왔다. 셰크는 6월 13일에 찍은 사진과 7월 3일에 찍은 사진을 번갈아가며 제시했다. 그리고 펑에게 6월 13일에 찍은 사진에 커다란 혈흔이 어디 있느냐고 캐물었다. 펑은 대답하지 못했다. 나아가 변호인은 사라진 피가 뒷문에 묻은 피와 일치한다고 주장했다. 다른 범죄 현장에서 수집된 혈흔은 현저히 질이 떨어졌고, DNA도 적었다. 그러나 이와는 대조적으로 뒷문에서 나온 혈흔에는 DNA가 집중적으로 나왔다. 그리고 연방 범죄수사국 검사 결과, 뒷문에서 발견된 혈흔에서도 혈액응고 방지제가 검출되었다.

변호인은 마크 퍼먼이 심슨을 옭아매기 위해 장갑으로 브롱코 이곳저곳에 피해자들의 피를 묻혔다고 주장했다. 퍼먼은 브롱코를 발견했을 때 문이 잠겨 있었고, 아무도 열지 않았다고 증언했지만 변호인은 퍼먼이 브롱코 문을 열었다고 주장했다. 사실 법정에서 퍼먼은 브롱코 차 문 아래에서 혈흔을 발견했다고 증언했는데, 실제로 사진을 보면 브롱코에 찍힌 핏자국을 발견할 수 있다. 그리고 이 사진에 의하면, 누군가 브롱코 문을 열었음이 틀림없다.

변호인은 퍼먼이 의도적으로 혈흔을 묻히지 않았더라도 혈흔이 옮겨 갔을 거라고 주장했다. 범죄 현장에서 찍은 사진을 보면 퍼먼은 피해자의 피가 고여 있는 곳에 서서 장갑을 가리키고 있다. 변호인은 이런 상태로 퍼먼이 로킹엄에 와서 증거를 찾느라 브롱코를 뒤졌다면 브롱코 이곳저곳에 피해자의 혈흔이 묻는 게 당연하지 않느냐며, 퍼먼뿐만 아니라 다른 수사관이라도 셔츠나 소매에 피가 묻은 상태에서 브롱코를 조사했다면 당연히 콘솔 등에 피가 묻었을 거라고 주장했다. 또한 변호인은 차량 보관소에서 피를 묻혔을 가능성도 언급했다. 1994년 6월 14일 데니스 펑이 브롱코에서 피를 수집했다. 변호인에 따르면, 법과학자가 혈흔을 수집할 때는 묻어 있는 피를 모두 긁어내 채취하는 것이 일반적인 관례다. 데니스 펑이 브롱코에서 피를 수집했다면 그 과정에서 브롱코에 묻은 핏자국을 모두 닦아냈어야 한다. 게다가 변호인이 신청한 세 명의 증인은 6월 14일 브롱코에서 피를 보지 못했다. 그런데 1994년 8월 26일 브롱코를 다시 조사했을 때는 계기반에서 많은 피가 발견되었다. 그곳은 데니스 펑이 이미 피를 채취한 곳이다. 그사이 브롱코는 누구나 접근할 수 있는 차고에 방치되었다. 변호인은 경찰청 검사소의 피 묻은 면 조각으로도 이런 흔적을 만들 수 있다고 주장했다. 심슨의 양말에 니콜의 피를 묻히면서 브롱코에도 묻혔을 수 있다는 것이다.[219]

발자국

연방 범죄수사국 수사관 윌리엄 보드잭에 따르면, 범행 현장에서 발견된 피 묻은 발자국은 심슨이 신던 고가의 '브루노 말리'와 일치한다. 남성 잡지 《지큐 매거진*ZQ Magazine*》의 스콧 오멜리아누크*Scott Omelianuk*는 브루노 말리는 패션 초보가 신는 신발이 아니라고 말한다. 이 신발은 가격이 250달러에서 1,000달러에 이르며,[220] 멋을 좀 부릴 줄 알고 값이 얼마든 개의치 않는 사람이 신는 신발이다. 문제가 된 피 묻은 발자국은 번디 길 살인 현장의 인도 쪽 타일에서 발견되었다. 타일의 크기는 12인치다. 이 발자국의 실제 치수와 신발 사이즈를 볼 때 의문이 있다. 재판하는 동안 이토 판사는 피 묻은 발자국을 보고 증언대에 선 톰 랭에게, 인도에 난 발자국에 의문을 표했다. 왜 이토 판사가 발자국에 대해 정확히 말하라고 했을까? 재판 기록에 의하면, 랭은 타일에 난 발자국이 11인치 반이라고 대답했다. 그리고 경찰은 키가 176센티미터에서 182센티미터가량 되는 조사관으로 하여금 타일 평면에서 발꿈치에서 발가락까지 어떻게 발이 펴지는지 조사하도록 했다. 그러나 심슨은 185센티미터가량의 키에 장대한 체격을 가졌으므로 이러한 조사는 잘못된 것이었다.

'해양 의료 조사팀*Ocean Medical Investigative Group*'의 토머스 존슨*Thomas H. Johnson*은 20세기 가장 유명한 사건을 조사하며 중요한 증거를 발견했다. 그는 이처럼 철저하게 수사한 성과를 토대로 『증거 제35호의 추적*persuit of Exhibit 35*』을 펴내기도 했다. 그런데 심슨 재판을 지켜본 존슨은 범행 현장의 발자국이 심슨의 것과 맞지 않아 보였다고 한다. 피 묻은 발자국은 11인치 반가량이었는데, 언뜻 보아도 심슨의 발자국이라기에는 작아 보였다. 그래서 존슨은 실제 신발 크기와 심슨의 발 크기를 조사했다.

존슨은 브루노 말리를 판매하는 이탈리아의 구두 회사를 통해 심슨의 신발 사이즈와 맞는 고무 틀을 손에 넣었다. 유럽 46사이즈(12인치)형 2002산 고무 틀을 실제로 재어보니 12.25인치였다. 심슨이 마이애미에서 잰 발의 크기는 12인치보다 훨씬 컸다.

존슨 박사는 심슨의 누이 셜리와 셜리의 남편 벤을 만나기 위해 노스캘리포니아로 갔다. 아홉 달가량 셜리를 설득한 끝에 심슨의 발자국을 얻을 수 있었다. 심슨의 발자국을 재어보니 12.0625인치였다. 발이 닿지 않는 신발 밑창보다 16분의 3인치(0.1875인치) 작았다. 그런데 심슨의 발자국과 신발 밑창을 비교했을 때 심슨의 발 외곽이 실가 U2887 모델보다 더 크다는 사실이 확인됐다. 특히 엄지발가락과 새끼발가락이 신발 밑창보다 도드라지게 튀어나왔다.

위 모델 신발 밑창의 가장 넓은 곳은 4인치다. 그러나 심슨의 발 폭은 4.5인치다. 존슨이 보기에 심슨이 브루노 말리라는 고가의 신발을 살 때 이렇게 발에 맞지도 않는 신발을 살 리 없어 보였다. 실제 로스앤젤레스 카운티 교도소에서는 심슨을 수감할 때 심슨의 발 크기를 쟀다. 연방 범죄수사국 수사관은 심슨에게 '리복Reebok' 테니스화를 신도록 했다. 그러나 존슨은 신축성 있는 테니스화로 구두 사이즈를 잰다는 것은 너무 엉터리이고, 전문가답지 않다고 본다.[221]

제11장

맞지 않는 장갑

"그걸 보고 내 눈도 놀랐지요."

셰익스피어의 『맥베스』에서

장갑을 조사하다

경찰은 한 세트로 보이는 가죽 장갑을 발견했다. 왼쪽 장갑은 번디의 살인 현장에서 나왔고, 오른쪽 장갑은 로킹엄 저택의 케이토 캘린이 묵고 있는 게스트하우스 뒤 오솔길에서 발견되었다. 캘린은 살인 사건이 나던 날 한밤중에, 장갑이 발견된 부근에서 '쿵' 하는 소리를 들었다.[222]

경찰은 이 장갑을 누가, 언제 구입했는지 조사했다. 이 장갑은 특대 사이즈로 두 쪽 모두 '아리스^Aris' 상표 태그가 달려 있고, 모델 번호는 '70263'이었다. 아리스는 세계에서 가장 큰 장갑 회사로 1년에 400만 벌의 장갑을 판매한다. 그러나 증거로 수집된 장갑은 소량 제작된 모델로, 미국 내 블루밍데일 백화점에서만 판매되었다. 뿐만 아니라 니콜의 신용카드 사용 내역서를 조사한 결과, 놀랍게도 니콜이 1990년 크리스마스 무렵, 블루밍데일에서 구입한 것이었다.[223]

경찰은 연방 범죄수사국의 협조를 얻어 뉴욕에 있는 블루밍데일 매장에서 이 장갑을 판매한 영수증을 조사했고, 1990년 12월 18일 니콜이 두 켤레의 장갑을 산 영수증을 찾을 수 있었다. 이 모델은 총 2,000벌이 생산되었는데, 그중 갈색의 '엑스트라 라지^{XL}' 사이즈는 300벌만 생산되어, 200벌이 판매되었다. 검찰 측에서는 아리스의 전 부회장인 리처드 루빈$^{Richard Rubin}$을 장갑 전문가로 초빙했다. 루빈은 장갑을 끼고 있는 심슨의 모습이 찍힌 비디오테이프와 사진을 보고 심슨이 아리스의 갈색 장갑을 꼈다고 증언했다. 루빈은 안감까지는 확인할 수 없지만 손바닥 굴곡이나 바늘땀을 보면 아리스의 장갑이 맞다고 주장했다.[224] 심슨은 이 장갑을 1990년부터 1994년 6월까지 꼈는데, 변호인의 주장에 따라 경찰이 로킹엄 주택 오솔길에 이 장갑을 갖다 놓았다 하더라도 이런 희귀한 장갑을 갖고 있을 만한 사람은 심슨 외에는 달리 생각할 수 없었다. 이에 경찰은 쾌재를 불렀다.[225]

1995년 6월 15일, 심슨의 모든 변호인과 검찰 측 장갑 전문가 루빈이 장갑을 한참 동안 조사했다. 루빈은 무척 꼼꼼히 조사했는데, 그 모습이 우스꽝스럽게 보였던지, 변호인 측 전문가가 루빈을 향해 "이 사람은 누굽니까? 블루밍데일 점원인가요?"라며 농담을 건네기도 했다. 샤피로와 코크런은 장갑을 살펴보고 한눈에 심슨의 손에 맞지 않는다는 걸 알아챘다. 이들은 몇 달간 구치소에 드나들며 심슨과 악수를 나눴던 터라 장갑이 심슨에게 작다는 사실을 직감했다. 검찰 역시 심슨에게 장갑이 맞을지에 대해 촉각을 세우고 있었다.

그래서 검사들은 장갑의 착용감은 어떤지, 그리고 손에는 어느 정도 끼는지 살펴보았다. 장갑은 매우 얇은 가죽으로 만들어졌고, 남성용이지만 부드럽고 여성스러운 스타일이다. 그리고 가볍게 디자인되었다.

검찰 측은 심슨에게 장갑을 껴보라고 해야 할지 고민했다. 이 장갑은 구매한 지 몇 년이 흐른 데다 DNA 검사를 거치고, 샘플을 채취하기 위해 작은 조각을 잘라내기도 했다. 그래서 장갑이 본래 크기보다 수축되었을 가능성도 있었다. 위험을 무릅쓸 필요가 없다고 판단한 검찰은 심슨 본인이 장갑을 낄지 말지를 결정하도록 했다. 다만 검찰은 블루밍데일 점원을 소환하여 니콜의 영수증에 대해 물어보고 루빈을 증인으로 신청했다.[226]

심슨의 스포츠 에이전트였던 마이크 길버트에 따르면, 심슨은 배심원 앞에서 장갑을 껴야 한다는 사실에 무척 불안해했다.

"마이크, 장갑을 끼고 싶지 않아."

마이크는 심슨이 니콜의 피가 묻은 장갑을, 더구나 범인이 떨어뜨린 장갑을 끼는 것을 싫어하는 걸 이해했다.

"오 제이, 배심원은 너의 일거수일투족을 보고 있어. 그리고 네가 장갑을 어떻게 끼는지 살필 거야. 그들은 네가 이러길 바랄 거야, 내가 배심원이라면 이렇게 생각할 거야. '내가 결백하다면 어떻게 느낄까? 만약 진짜 범인이라면 과연 장갑을 낄 수 있을까?'"

마이크는 장갑을 끼지 않으면 배심원이 결백을 믿지 않을 거라고 심슨을 설득했다.

마이크는 심슨이 체구만큼이나 손도 매우 크다는 사실을 알고 있었다. 실제로 심슨을 처음 만나 악수했을 때, 자신의 손이 너무 작다는 생각이 들 정도였다고 한다. 마이크는 법정에서 장갑을 처음 보았을 때 심슨의 손에 맞지 않을 것이라고 직감했다.[227]

꽉 끼는 장갑

18층 검찰 간부실에서 법정으로 새 장갑 한 벌이 도착했다. 장갑을 가져오게 한 사람은 다든 검사였다. 다든 검사는 코크런과 친구이자 라이벌이었지만 이제는 검사와 변호사로 치열하게 다투는 사이가 되었다. 다든 검사는 이토 판사에게 가져온 새 장갑을 심슨에게 껴보도록 하자고 제안했다.

"범행 현장과 심슨 집에서 발견된 장갑과 똑같은 크기에 비슷한 모델의 장갑이 있는데 심슨 씨에게 장갑을 껴보라고 해서 맞는지 확인하려 합니다."

다든 검사의 제안에 코크런이 이의를 제기하자 이토 판사가 대안을 제시했다.

"다른 장갑을 껴보라고 하는 것이 좀 더 타당하리라고 보는데요. (······) 발견된 진짜 장갑 말이죠."

"문제가 있습니다. (······) 장갑이 오염되지 않도록 라텍스 장갑을 낀 채 껴야 하는데, 그러면 착용감이 달라질 겁니다."[228]

이토 판사가 배심원들을 퇴정시키고 루빈으로 하여금 새 장갑이 증거로 제출된 장갑과 같은 제품인지 확인하라고 지시했다. 배심원들이 퇴정하자, 리 베일리 변호사가 나지막한 목소리로 다든을 자극했다.

"만약 검찰이 심슨에게 껴보라고 하지 않으면 우리가 할 겁니다."

루빈이 새 장갑을 살펴보더니 증거로 제출된 장갑과 새 장갑은 같은 모델이 아니라고 말했다. 이토 판사는 새 장갑을 증거로 허용하지 않았다. 그러자 다든이 미끼를 덥석 물었다.

"배심원들 앞에서 심슨에게 증거로 제출된 장갑을 껴보라고 하겠습니다."

이토 판사가 배심원들을 다시 법정으로 불러들였다. 그러자 다든 검사는 자리에서 일어나 말했다.

"재판장님, 심슨 씨에게 앞으로 나와서 번디와 로킹엄에서 발견된 장갑을 껴볼 것을 요청합니다."

그 말에 마서 클라크 검사가 화들짝 놀라 눈을 휘둥그레 뜨며 다든 검사를 제지하려 했지만 이미 엎질러진 물이었다. 사실 검사들은 이미 심슨에게 장갑을 껴보도록 하지 않기로 결정한 뒤였다. 왜냐하면 그 장갑은 심슨과 니콜, 골드먼의 피로 흥건하게 젖었다가 이후 여러 번 얼리고 녹이기를 반복했기 때문이다. 그럼에도 리 베일리 변호사로부터 자극을 받은 다든 검사는 즉흥적인 기분으로 심슨에게 경찰이 발견한 진짜 장갑을 껴보라고 요청했다. 법원 참여관이 장갑이 든 박스를 가져와 변호인석 탁자에 올려놓았다. 증거를 보호하기 위해 심슨은 얇은 라텍스 장갑을 먼저 꼈다. 라텍스 장갑은 심슨의 손가락 끝까지 들어가지도 않았는데, 어찌나 얇은지 손가락이 다 비쳐 보였다.

다든이 심슨에게 다가가 왼쪽 장갑을 건넸다.

"심슨 씨에게 로킹엄에서 발견된 왼쪽 장갑을 건네겠습니다."

그런데 다든 검사의 이 말은 사실 틀렸다. 왼쪽 장갑이 발견된 곳은 번디였기 때문이다. 로킹엄에서 발견된 장갑은 오른쪽이었다. 다든 검사가 심슨에게 다가가 배심원들에게 장갑 낀 모습을 보여주라고 했다. 배심원들은 좀 더 자세히 보려고 경쟁이라도 하듯 고개를 쭉 내밀었다. 심슨과 코크런 변호사가 배심원 쪽으로 다가갔다. 그리고 심슨이 오른팔 팔꿈치를 허리에 붙이고 엄지를 쭉 뻗으며 왼쪽 장갑을 꼈다. 그러나 장갑은 맞지 않았다. 심슨이 장갑을 흘깃 보더니 코크런에게 낮은 목소리로 "너무 꽉 낍니다"라고 말했는데 사실 그 말은 배심원을 향한 것이었다.

"재판장님!"

떨리는 목소리로 다든 검사가 말했다.

"심슨 씨가 장갑을 끼는 데 분명히 문제가 있는 것 같습니다."

코크런은 미소를 머금고 다든의 주장이 적절하지 않다고 이의를 제기했다. 심슨은 이어 오른쪽 장갑도 껴보려고 애썼으나 맞지 않기는 마찬가지였다. 장갑에 억지로 손을 밀어 넣어봤지만 결국 손목 부분에서 걸려 엄지와 검지는 아예 들어가지도 않았다.[229] 심슨은 손가락이 들어가지 않는 장갑의 손가락 끝부분을 하나하나 눌러 보

다든 검사가 심슨에게 장갑을 껴보라고 했으나 장갑은 심슨 손에 맞지 않았다. 손목 부분이 걸려 엄지와 검지는 아예 들어가지 않았다. 심슨은 손가락이 들어가지 않은 장갑 끝부분을 하나하나 눌러보고 나서 배심원들을 향해 양손을 들어 보였다.

였다. 그리고 배심원들을 향해 양손을 펼쳐 보였다. 장갑은 분명 심슨에게는 너무 작았다.[230]

그러나 다든 검사는 심슨이 일부러 엄지를 구부려 장갑이 들어가지 않는다고 생각했다.

"평소처럼 엄지를 쭉 펴서 껴 보라고 하십시오."

이토 판사는 허락했지만, 코크런 변호사가 이의를 제기했다. 이런 시연은 심슨이 알아서 하도록 한 것이라며, 심슨에게 손가락을 쭉 펴라고 요구할 수는 없다고 주장했다. 그러자 다든이 다른 요청을 했다.

"재판장님, 태그(증거물에 번호를 매긴 꼬리표를 말한다)든 뭐든 집어보라고 할 수 있겠습니까?"

장갑을 낀 심슨이 태그를 집어 드는 동작은 마치 아기가 물건을 집어 드는 것처럼 보였다. 다든 검사가 이번에는 찌르는 동작을 해보라고 요구했지만, 코크런이 다시 이의를 제기했다. 심슨이 제자리로 돌아가자 다든 검사는 잠시 생각에 잠겼다. 오랜만에 법정에 모습을 드러낸 앨런 더쇼위츠는 그 장면을 보고 웃음을 참느라 입을 가렸다. 다든이 루빈에게 장갑이 심슨에게 맞는지 확인해달라고 요청했다. 그러자 루빈이 자신의 손바닥을 심슨의 손바닥에 갖다 대보고는 "장갑은 심슨에게 작아 보입니다"라고 대답했다.[231]

루빈은 주말을 로스앤젤레스에서 보내고 월요일에 다시 법정에 섰다. 다든이 루빈에게 물었다.

"장갑이 수축할 수 있나요?"
"예, 특히 추운 지역에 있을 때는 더 그렇습니다."
"라텍스 장갑이 장갑을 끼는 데 영향을 주나요?"
"물론입니다."

그리고 루빈은 증거로 제출된 장갑과 흡사한 장갑을 가져와 심슨에게 껴보라 했는데, 그 장갑은 손에 맞았다.[232]

장갑이 맞지 않는 이유

마셔 클라크는 배심원을 향해 이렇게 변론했다.

> "로킹엄에서 발견된 장갑은 과연 누가 떨어뜨렸을까요? 우리는
> 모든 것을 찾아냈습니다, 모든 것을요. 우리는 로널드 골드먼의 셔
> 츠에서 나온 섬유와 일치하는 섬유도 찾았습니다. 우리는 그의 머
> 리카락도 찾았습니다. 우리는 로널드 골드먼의 피도 찾았습니다.
> 우리는 니콜 브라운의 피도 찾았습니다. 그리고 피고인의 피도 찾
> 았습니다. 또 우리는 피고인의 브롱코에서 나온 섬유(카펫 섬유를
> 가리킨다)도 찾았습니다. 우리는 로널드 골드먼의 셔츠와 피고인
> 의 침실에 있던 양말에서 나온 섬유와 같은 남색 면섬유를 찾았습
> 니다."

그러나 클라크 검사의 변론에도 불구하고 심슨에게 장갑이 맞지
않는다는 사실이 안겨준 충격은 너무 컸다. 코크런에 이어 우얼먼은
최후 변론 때 다른 쟁점을 언급하면서 몇 차례나 "장갑이 맞지 않으
면 무죄로 결정해야 합니다"라고 강조했다.

1995년 6월 22일, 다든 검사는 이토 판사에게 "심슨에게 관절염
이 있고, 심슨이 복용한 약과 염증제를 조사해보았는데, 며칠 동안
약을 먹지 않아 무릎이 부어올랐고, 손에도 염증이 생겼습니다"라
고 말했다. 염증이 생겨 퉁퉁 부은 손이 피 때문에 쭈그러든 장갑에

맞지 않았다는 주장이다. 그 증거로 범죄 현장에서 발견된 것과 같은 형태의 아리스 제품으로 보이는 장갑을 심슨이 끼고 있는 사진도 법정에 제시되었다. 또한 검찰은 부랴부랴 심슨이 장갑을 낀 것을 보았다는 증인을 세웠다. 아마추어 사진사 마크 크루거Mark Krueger는 1990년, 시카고에서 심슨이 장갑 낀 모습을 찍었다고 증언했다. 신시내티에서 사진관을 운영하는 빌 렌컨Bill Renken은 1991년 1월 6일, 심슨이 리버프론트 스타디움에서 열린 미식축구 경기에서 NBC 해설자로 나올 때 장갑을 낀 장면을 촬영했다. 그러나 이러한 시도는 눈앞에서 장갑이 맞지 않는 장면을 본 배심원들의 마음을 돌리기엔 역부족이었다.

스탠퍼드 대학교 로스쿨 교수인 조지 피셔George Fisher는 심슨 사건 이후 나온 책들과 자신의 경험을 토대로 심슨 사건의 문제점을 지적했다. 1990년 12월, 니콜 브라운은 크리스마스 선물로 아리스의 장갑 두 벌을 맨해튼에 있는 블루밍데일 매장에서 샀지만 니콜이 산 장갑의 크기나 색깔 등은 알려져 있지 않다. 그런데 같은 해 12월 12일에 찍힌 사진에는 심슨이 아리스 장갑을 끼고 있다. 그리고 심슨은 살인 사건이 일어난 바로 전날까지 이 장갑을 즐겨 꼈다. 이러한 사실로 미루어 피셔는 범인이 심슨이 쓰던 장갑을 꼈고, 따라서 심슨을 범인으로 추정할 수 있다고 주장한다.

그러나 이러한 추정에는 치명적인 오류가 있다. 첫째, 니콜은 두 벌의 장갑을 샀다. 그렇다면 한 벌은 심슨에게 선물했을 수도 있지만 다른 한 벌은 어디로 갔을까? 체격이 비슷한 제이슨에게 주었을까? 둘째, 심슨이 평소 아리스의 장갑을 즐겨 꼈다 하더라도, 심슨이 끼던 장갑이 바로 범행 현장에서 발견된 장갑이라고 단정짓는 것은 논리의 비약이다.

피셔는 두 가지 이유로 심슨에게 장갑이 맞지 않았을 것이라고 추정하는데, 첫째는 장갑이 비나 피에 의해 젖어 수축되었을 수 있고, 둘째는 심슨이 라텍스 장갑 위에 가죽 장갑을 끼었기 때문이라고 보았다.

피셔는 장갑이 안 맞을 가능성은 그 외에도 생각해볼 수 있다고 주장했다. 구두는 발에 꼭 맞아야 하기 때문에 사람들은 구두를 잘 선물하지 않는다. 그러나 장갑은 손에 딱 맞지 않아도 많이 선물한다. 피셔는 검사가 배심원들에게 장갑이 맞지 않는 이유를 설명하는 대신 장갑이 맞을 필요가 없다는 사실을 강조했어야 한다고 주장한다. 그러나 피셔의 논리대로라면 심슨처럼 손이 큰 사람이 맞지도 않는 장갑을 몇 년씩이나 끼고 다녔다는 말이 된다.

그리고 피셔는 설령 퍼먼이 로킹엄에 장갑을 갖다 놓았더라도 그 장갑이 심슨 것이라는 사실에는 변함이 없다고 주장한다. 그러나 퍼먼이 로킹엄에 장갑을 갖다 두었다면 이 장갑은 위법하게 수집한 증거다. 이토 판사가 이 장갑을 증거로 허용했더라도 배심원들은 이를 무시할 수 있다. 그리고 퍼먼이 장갑을 갖다 놓았다 해도 그 장갑이 심슨의 것이라는 추정은 성립하지 않는다.

또 피셔는 퍼먼이 장갑을 발견했을 때 축축한 상태였다는 것이 장갑을 갖다 놓았다는 증거가 되지 못한다고 주장한다. 변호인의 주장대로 10시 30분에 살인이 일어나 장갑에 피가 묻었고, 범인이 10시 45분쯤 로킹엄에 왔다가 장갑을 케이토 캘린의 방 뒤 오솔길에 떨어뜨렸다면 퍼먼이 다음 날 아침 6시 45분에 발견했을 때에는 왜 장갑이 젖지 않은 상태였을까? 캘린은 전날 안개가 끼었다고 증언했다. 리무진 기사 앨런 박도 안개가 끼었다고 말했다. 데니스 펑은 다음 날, 심슨의 집에 도착했을 때 잔디가 물기로 반짝거렸다고 말했다. 피셔는 비록 그 전날 맑은 날씨였더라도 이런 상태라면 장갑이 축축할 수 있다고 주장한다.[233]

장갑의 여파

심슨 재판에서 가장 드라마틱한 장면은 아마 검사 크리스토퍼 다든이 심슨에게 피 묻은 장갑을 껴보라고 한 장면일 것이다. 배심원들은 얼마 떨어지지 않은 곳에서 이 장면을 직접 목격했다. 그리고 장갑이 심슨의 손에 맞지 않는다는 것을 두 눈으로 똑똑히 보았다. 특히 맨 앞줄에 있는 배심원들은 장갑이 손에 맞지 않는 것을 확실히 보았을 것이다. 그런데 이 장면에 대한 언론 보도는 제각각이었다. 매체마다 "피 묻은 장갑이 너무 뻣뻣했다"라거나, "장갑은 심슨의 손에 겨우 들어갔다"라고 표현을 달리했다. 가까이에서 본 배심원들이야 장갑이 손에 맞지 않는다는 걸 직접 봤지만 언론 보도로 이 사실을 접한 사람들은 다른 생각을 했다. 심지어 법과학자의 말을 인용하여 "장갑이 손에 맞아 보인다"라고 보도한 언론도 있었다. 장갑이 맞지 않는 원인에 대해서도 의견이 서로 갈렸다. 장갑이 피가 묻어 수축된 것이라는 견해도 있었고, 가죽 장갑은 피가 묻어도 수축되지 않는다고 말하는 법과학자도 있었다. 루빈은 장갑에 피를 묻혀 실험해보았는데 장갑이 수축되지 않았다며, 비나 눈을 맞으면 수축할 수 있지만 이 사건에서처럼 피가 묻는 정도로는 수축이 일어나지 않는다고 말했다.[234]

장갑이 잘 맞지 않았다는 사실이 미칠 파장이 클 것이라고 여기는 이들도 꽤 있었다. 로스앤젤레스에 있는 로욜라 로스쿨 교수 로리 레벤슨Laurie Levenson은 "검찰로선 최악의 악몽일 수 있습니다. 제가 보기에, 배심원들이 '왜 장갑이 맞지 않는 거지?'라고 생각하는 순간, 사건 전체가 무너질 수 있거든요"라고 말했다.[235]

법률 사기극

심슨에 대한 형사재판이 끝난 지 17년이 지난 2012년, 장갑에 관한 논란이 또다시 수면 위로 떠올랐다. 크리스토퍼 다든 검사가 변호인단의 리더 조니 코크런이 증거를 조작했다고 주장하며 나선 것이다. 다든은 코크런이 장갑을 함부로 건드렸다며, "심슨이 배심원들 앞에서 장갑을 껴보려고 할 때 장갑의 형태가 달라진 것처럼 보였습니다"라고 말했다. 다든은 집행관에게 점심시간 동안 변호인이 장갑을 갖고 있었다는 이야기를 들었으며, 그사이 코크런이 장갑 안감을 건드려 심슨의 손가락이 장갑 안에 들어갈 수 없었던 것으로 보인다고 주장했다. 그러나 변호인단의 한 사람인 앨런 더쇼위츠는 이런 주장이 완전히 날조되었다고 반박한다. 더쇼위츠는 변호인들은 사법기관의 감시하에서만 증거에 접근할 수 있었다며, 다든의 이야기는 "20세기 최고의 법률 사기극"이라고 주장했다. 또한 더쇼위츠는 다든 검사가 심슨에게 장갑을 껴보라고 한 것이야말로 검찰이 저지른 가장 '멍청한 짓'이라고 비판하며, 만일 당시에 이런 의혹이 있었다면 다든은 검사로서 마땅히 이러한 사실을 상부에 보고할 직무상 의무가 있었다고 주장했다.[236]

ORENTHAL
JAMES
SIM
PSON

제12장
피고인의 반격

"너는 아무 말도 하지 마라."

셰익스피어의 『리어 왕』에서

선호도를 조사하다

1995년 봄, 미국변호사협회는 당시 진행되던 심슨 재판에 관여한 법조인의 선호도 조사를 했다. 지수는 1부터 5이고, 1은 '매우 싫어함', 3은 '중립', 5는 '매우 좋아함'이다. 여론조사 결과는 다음과 같이 나왔다.[237]

이토 판사의 선호도가 가장 높은 것은 중립적 입장에서 공정하게

재판을 진행했기 때문으로 보인다. 검사와 변호인의 선호도가 비슷하게 나온 것은 '당사자주의'라는 소송 이념에 비추어볼 때 바람직하다고 볼 수 있다.

배심원은 어떻게 생활했나

재판이 진행되는 동안, 매일 밤 11시가 되면 부보안관이 배심원들이 묵고 있는 인터컨티넨탈 호텔로 와서 객실 열쇠를 받아갔다. 그리고 다음 날 아침에 다시 와서 열쇠를 돌려주었다. 이러한 일들은 격리된 채 수감 생활을 하다시피 하고 있는 배심원들의 일상사 중 하나였다. 객실 열쇠가 없어도 밖으로 나갈 수 있지만 일단 밖으로 나가면 다시 들어올 수 없다. 부보안관이 열쇠를 걷어간 목적은 배심원들이 다른 방에 가서 서로 얘기를 하지 못하게 하기 위해서였다. 배심원들이 묵던 호텔과 폴츠 법정은 1.5킬로미터가량 떨어져 있었는데, 객실에는 전화나 텔레비전도 없을뿐더러, 부보안관이 중앙 전산실에서 모든 전화를 검열했다. 신문도 검열해서 사건과 관련 있는 기사는 삭제했고, 식사도 단체로 했다. 그리고 저녁때, 배우자나 아주 가까운 친척의 방문만 허용했다. 이런 어려움을 겪으면서도 대부분의 배심원들은 별 항의 없이 여러 달 견뎌왔다.

그러나 여름이 되자, 열두 명의 배심원과 열두 명의 예비 배심원은 24시간 격리되어 보안관들의 감시 속에 생활하는 데 불만을 터뜨리기 시작했다. 힘들어 하는 배심원들을 위해 카탈리나섬으로 가는 보트 투어가 준비되었다.

하지만 정작 배심원들이 가장 불만을 터뜨린 것은 다름 아닌 음식이었다. 배심원들과 이토 판사의 면담 때도 가장 큰 주제는 식사였다. 배심원들은 정해진 식단에 따라 단체로 식사를 해야 했다. 그러다 보니 음식 냄새에 예민해지는 건 당연한 일이었다. 특히 배심원들은 비좁은 법정에서 하루 종일 앉아 있다 보면, 식사를 하고 들어오는 사람의 몸에서 나는 음식 냄새가 견디기 힘들다고 하소연했다. 결국 배심원들에게 잠깐의 편의점 쇼핑이 허락되었다. 대부분의 배심원들이 30분 만에 쇼핑을 마쳤지만, 쇼핑하는 데 한 시간이나 걸린 배심원도 있었다. 배심원들에게는 이런 사소한 자유도 쉽게 허락되지 않았기 때문이다.

재판이 여러 달 이어지자 세상과 격리되어 감금당하다시피 하는 생활과 사생활 없이 감시받고 있는 것 때문에 몇몇 배심원들에게 우울 증세가 나타났다.[238] 문제를 일으키는 배심원도 생겼다. 특히 배심원 트레이시 케네디$^{Tracy Kennedy}$는 이토 판사가 중죄에 처해질 수 있다고 경고했음에도 돌출 행동을 했다. 고등학교 교사인 케네디는 602호실에서 묵고 있었다. 그런데 방에 있던 그의 노트북에서 배심원 명단 등이 적힌 초고가 발견되었다. 그리고 초고에 의하면, 그는 익명으로 경찰에게 '배심원 자넷 해리스$^{Jeanette Harris}$가 가정 폭력을 저질렀다'는 정보를 흘리기도 한 것으로 보였다. 배심원들은 케네디가 격리된 다른 배심원들을 염탐하고, 배심원 사이를 이간질했다며 불만을 터뜨렸다.[239] 결국 케네디는 배심원단에서 탈락했다. 케네디 사건이 불거지자 심슨의 변호인 측에서 '음모론'을 들고 나왔다. 배심원들이 만장일치에 이르지 않으면 평결을 할 수 없는데 경찰 때문에 배심원들 사이가 나빠진다면 피고인에게 무죄로 평결을 내리기가 어려워지기 때문이다.

정황증거

1995년 2월 12일 일요일, 기다란 자동차 행렬이 브렌트우드로 이어졌다. 이곳에서 판사와 배심원, 검사와 변호인은 두 시간 동안 현장 검증을 했고, 세 시간 동안 심슨의 로킹엄 저택을 살펴보았다. 심슨은 몇 명의 경찰관과 동행했으나, 수갑은 차지 않고 현장 밖에서 있었다. 이때 심슨은 경찰차 안이나 부근에 있었고, 로킹엄 집에 가는 것도 허락되었다.

검사는 1994년 6월 12일 저녁의 사건을 재현하기 위해 니콜이 저녁 식사를 했던 메잘루나 레스토랑 지배인 캐런 리 크로퍼드를 증인으로 불렀다. 검사는 크로퍼드에게 그날 저녁 9시 37분에 니콜의 어머니 주디사가 선글라스를 잃어버려 전화한 사실을 물었다. 크로퍼드는 선글라스를 찾아 흰 봉투에 담았고, 웨이터 로널드 골드먼이 근무가 끝난 뒤 가져다주기로 해서 그를 자신의 차에 태워 저녁 9시 50분에 니콜의 집 앞에 내려주었다고 증언했다.[240]

사건이 나던 날 저녁, 니콜과 브라운 가족은 시드니의 댄스 공연을 보고 니콜의 집에서 가까운 메잘루나 레스토랑에서 식사를 했다. 이곳은 로널드 골드먼이 근무하던 식당이다. 니콜은 그날, 제이슨이 주방장으로 있는 식당에서 가족들과 식사하기로 되어 있었으나 이곳으로 장소를 변경했다. 사건 후, 이곳은 많은 사람들이 줄을 서서 구경하고 식사를 하는 명소가 되었다.

니콜의 이웃 파블로 페니브스는 저녁 10시 10분에서 15분쯤 개가 구슬프게 짖어대는 소리를 들었다고 증언했다. 당시 페니브스는 TV에서 10시 뉴스를 시청하고 있었다. 또 다른 이웃인 에바 스타인은 저녁 10시 55분쯤, 개가 계속 시끄럽게 짖어대는 바람에 잠자리에 들지 못했다고 증언했다. 니콜의 집과 세 블록 떨어진 곳에서 사는 스티븐 슈와브는 저녁 11시 반쯤, 개와 함께 니콜의 집 근처를 산책하고 있었다. 이때 아키타종의 개가 흥분한 상태로 어슬렁거리는 것을 보았다. 개의 발에는 피가 묻어 있었고 목줄을 끌고 있어 개를 살펴보았지만 다친 곳은 없었다고 증언했다. 슈와브는 개를 이웃에 사는 친구 수크루 보즈테페에게 데려다주었다고 증언했다. 보즈테페는 개를 집으로 데려왔는데, 그러자 개는 더욱 흥분했다고 증언했다. 그래서 자정 무렵 개와 같이 산책했고, 개가 목줄을 잡아당겨 결국 니콜의 집으로 가도록 내버려두었다고 증언했다. 그곳에서 니콜의 시체를 목격했고, 몇 분 후 지나가는 순찰차를 불렀다고 증언했다.[241]

검찰의 증거들

검찰은 연방 범죄수사국의 전문 수사관 더글러스 디드릭 Douglas Deedrick 을 통해 다음과 같은 증거를 제출했다.[242]

- 골드먼의 발 근처에서 발견된 남색 털모자의 흑인 모발이 심슨의 모발과 일치한다.
- 골드먼의 셔츠에서 나온 흑인 모발이 심슨의 모발과 일치한다.
- 로킹엄에서 발견된 오른쪽 장갑에서 나온 모발이 니콜의 모발과 일치한다.
- 남색 면섬유는 심슨이 사건 당일, 캘린과 맥도널드에 갔을 때 입었던 옷에서 나온 것이다. 이 섬유는 로킹엄에서 발견된 장갑과 심슨의 침실에서 나온 양말, 골드먼의 셔츠에서 나온 섬유와 일치한다.
- 골드먼의 셔츠에서 나온 면섬유는 장갑 안감에서 나온 면섬유

와 일치한다.

- 심슨의 자동차인 브롱코에 깔린 카펫 섬유는 로킹엄에서 발견된 장갑과 털모자에서 나온 섬유와 일치한다. 이 섬유는 붉은색과 베이지색으로 매우 희귀하며, 브롱코에서 발견된 수건, 비닐봉지, 삽에서도 발견되었다. 그리고 이 섬유는 니콜의 옷과 골드먼의 셔츠에서도 발견되었다.

디드릭은 차트와 사진을 이용해가며 설명했지만 이미 지칠 대로 지친 배심원들에게 모발과 섬유 증거는 깊은 인상을 주지 못했다. 더군다나 변호인 측의 리 베일리가 계속 이의 제기를 하는 바람에 증언은 중단되길 반복했다. 베일리는 디드릭에 대한 반대신문을 하며 조사 요원들이 경찰관으로부터 모발과 섬유를 채취하지 않은 사실과, 경찰 제복과 발견된 섬유 증거들이 일치하는지 여부를 조사하지 않은 사실을 확인했다. 결국 경찰은 범행 현장에서 수집한 섬유가 현장을 수사한 경찰의 옷에서 떨어져 나왔을 가능성에 대해선 조사하지 않은 셈이다.[243]

검사는 심슨이 범인이라는 걸 입증하기 위해 당시로서는 새로운 조사 방법인 DNA 조사를 비롯한 과학적 수사 기법 등을 동원했다. 그리고 다음의 증거를 수집했다.[244]

- 로스앤젤레스 지방검찰청과 의학 검사소는 심슨으로부터 피를 채취하여 분석한 결과 범행 현장, 브롱코, 로킹엄에서 발견된 혈

혼과 일치하는 걸 확인했다.

- 심슨의 침실에서 발견된 한 짝의 양말에 있던 혈흔은 DNA 분석 결과, 니콜의 피로 밝혀졌다. 혈흔의 DNA 특징은 97억 개 중하나가 일치한다. 분리된 두 실험실에서 검사했을 경우 변이가나타날 가능성은 21억분의 1이다. 한 짝의 양말에서 나온 혈흔은 20개였다.

- 심슨의 침실에 있던 피 묻은 양말에 대한 DNA 분석에 의하면, 그 혈흔은 니콜의 피였다. 양쪽 양말에서 비슷한 형태의 혈흔이있었다(변호인단이 고용한 헨리 리 박사는 코네티컷 주립경찰 법과학연구소에서 근무했다. 헨리 리 박사는 이러한 형태의 혈흔이 나타나려면 심슨의 바지 무릎에 구멍이 나 있거나, 아니면 닳은 양말에 피가 떨어졌을 때라야 한다고 밝혔다. 헨리 리 박사는 양말에 대한 혈흔 수집절차에 오류가 있을 수 있다고 밝혔다).

- 심슨의 브롱코 내부와 외부, 근처에서 발견된 혈흔에 대한 DNA 분석 결과, 그 혈흔은 심슨, 니콜, 골드먼의 피였다.

- 니콜 브라운의 집 밖에서 발견된 장갑에 묻은 피에 대한 DNA 분석 결과, 심슨과 니콜 브라운, 골드먼의 피가 섞여 있는 것으로 밝혀졌다. 장갑이 피로 젖어 있었지만 장갑에서 튀거나 장갑으로 날아든 혈흔은 없었다. 부근에서 그 외에 다른 피는 발견되지 않았다.

- 차를 세워둔 니콜의 집 뒤에 생긴 지 얼마 안 되어 보이는 혈흔이 묻은 몇 개의 동전이 발견되었다.

- 니콜 브라운의 집에서 발견된 왼쪽 장갑과 심슨의 집에서 발견된 오른쪽 장갑은 본디 한 벌이었던 것으로 보인다.
- 범행 현장에서 발견된 피 묻은 발자국을 연방 범죄수사국의 전문가 윌리엄 보드잭이 조사한 결과, 이 신발은 미국에서 299켤레만 판매된 매우 희귀하고 비싼 브루노 말리 제품으로 밝혀졌다. 발자국은 12인치(305밀리미터)로, 심슨의 신발 크기와 일치했다(재판에서 심슨의 변호인단은 심슨이 그 신발을 샀다는 증거가 없다고 주장했다. 그러나 프리랜서 사진작가 플래머E. J. Flammer는 심슨이 1993년 그 신발을 신고 대중 앞에 선 적이 있다고 말했다. 그리고 이 얘기는 후에 《내셔널 인콰이어러》에 실렸다. 심슨의 변호인단은 사진이 조작되었다고 주장했지만 1994년 이전의 다른 사진에 심슨이 브루노 말리 신발을 신은 적이 있음이 드러났다. 그런데 심슨이 브루노 말리 신발을 신고 다니는 장면이 찍힌 사진들은 정작 형사재판에서는 증거로 제시되지 않았다).

반격 증거

검사는 할 만큼 했고 휴식기도 가졌다. 하지만 검사가 제출한 증거는 배심원들에게 깊은 인상을 주지 못했고, 감동도 없었다. 그러나 배심원들은 이제 어두운 터널을 지나 빛이 보이기 시작한다면서 재판이 종착역에 다가가고 있음을 반겼다.

검사는 격분한 심슨이 냉혹한 살인마로 돌변해 두 피해자를 처참하게 도륙했다고 주장했다. 그러나 변호인은 심슨이 냉혹한 살인마가 아니라 자애로운 아버지이자 형제임을 입증하기 위해 증인을 세웠다. 코크런은 심슨의 딸 아넬, 누이 카멜리타, 어머니 유니스를 증인으로 신청했는데, 모두 침착했고 하나같이 심슨을 진심으로 믿고 지지했다. 이들은 심슨이 니콜과 페이 레즈닉이라는 거친 백인 여성들(심슨은 니콜과 페이가 어울려 다니며 자유분방한 생활을 했다고 주장했다) 사이에서 자애로운 아버지이자 아들이며 형제라고 증언했다. 이들의 증언은 여덟 명이나 되는 여성 흑인 배심원들의 마음을 흔들었다.[245]

코크런은 살인 사건이 나기 며칠 전에 심슨이 만났던 사람들도 증인으로 신청했다. 자선기금 모금에서 식사를 함께한 손님, 인테리어 업자, 골프를 같이 친 사람들은 한목소리로 심슨이 친절하고 예의 바른 사람이라고 말했다. 변호인 측은 심슨의 알리바이와 관련해 두 명의 증인을 신청했다. 그들은 니콜의 집 근처에서 살고 있는 앨런 아론슨Ellen Aaronson과 대니 만델Danny Mandel 부부였다. 아동 비디오를 제작하는 아론슨과 '소니 픽쳐스'에서 재무직으로 근무하는 만델은 교육 수준이 높고 사람들 앞에 나서길 꺼렸다. 부부는 사건 당일 저녁 '메잘루나'에서 식사를 하고 살인 현장 근처를 산책하며 니콜의 집 앞을 지나갔다. 이후 사건을 알게 된 부부는 경찰을 불러 자신들이 본 상황을 진술했다. 이들 부부의 '메잘루나 레스토랑' 영수증에 찍힌 시각은 저녁 9시 55분이었다. 만델이 식사비를 계산한 뒤 부부는 식당에서 잠시 수다를 떨다가, 10시 15분쯤 식당을 나섰다. 아론슨의 증언에 의하면, 부부가 니콜의 집 앞을 지나간 시각은 10시 25분이 조금 지나서였는데, 그때 번디 길에는 아무 이상이 없었다. 개도 짖지 않고 시신도 없었다.

검사 마셔 클라크는 모두진술과 파블로 페니브스의 증언을 통해, 살인이 벌어진 시각이 저녁 10시 15분이라고 주장했다. 페니브스는 10시 15분쯤 개가 구슬프게 우는 소리를 들었다고 증언했다. 그런데 이들 부부가 10시 25분쯤 아무 소리를 듣지 못했거나 이상한 것을 못 보았다면, 마셔 클라크의 주장은 무너진다. 물론 페니브스는 니콜 집 뒤에 살고, 이들 부부는 니콜의 집 앞을 지났다는 차이가 있고, 이들 부부가 시각을 잘못 추정했을 수도 있다. 반대로 페니브스가 시각을 잘못 기억해서 10시 30분까지 개가 짖지 않았을 수도 있다. 어차피 니콜의 집과 심슨의 집은 모두 브렌트우드 안에 있고 차로 5분밖에 걸리지 않는다. 따라서 10시 30분에 살인 사건이 발생했다고 가정해도, 심슨이 범행을 저지르고 차를 몰아 로킹엄에 도착하여 10시 54분쯤 자신을 기다리던 리무진 운전자 앨런 박에게 모습을 드러내는 것은 불가능한 일이 아니다. 따라서 이 사실로 심슨이 바로 무죄가 될 수도 없다. 하지만 클라크는 이들 부부 진술의 신빙성을 탄핵하는 쪽으로 가닥을 잡았다. 클라크가 아론슨에게 물었다.

"질문 하나 하겠습니다. 신용카드 영수증에는 47.50달러로 나와 있는데…… 다른 음료는 마시지 않았나요?"

"예."

"식사만 했다는 건가요?"

"술은 마시지 않았습니다."

"두 사람이 식사하고 한 잔의 카푸치노를 마셨다고 보기엔 너무 큰 돈이 아닌가요?"

코크런이 이의를 제기했지만 클라크는 계속해서 이들 부부가 무엇을 먹었는지 캐물었다. 클라크는 내심, 이들이 술을 마셔 당시 상황을 정확히 기억하지 못하고 있다는 정황이 나타나리라 기대했을 것이다. 그러나 클라크가 브렌트우드의 비싼 물가를 알았더라면 이런 질문을 던지지는 않았을 것이다. 변호인 측이 그다음으로 내세운 증인은 니콜의 집과 한 블록 떨어진 곳에 사는 로버트 헤이드스트라였다. 헤이드스트라는 브렌트우드에서 롤스로이스, 재규어, 포르쉐, BMW 등을 판매하는 자동차 딜러다. 그는 살인 사건이 나던 6월 12일 저녁 10시 40분쯤, 개를 데리고 번디 길과 나란히 난 길을 산책하고 있었다. 그때 니콜의 집 쪽에서 소란스러운 소리를 들었다. 두 사람의 목소리가 들렸는데, 하나는 분명히 "이봐! 이봐! 이봐!"였다. 그리고 다른 목소리는 분명하지 않았다.[246] 헤이드스트라의 증언은 범행 시작이 10시 30분쯤이라는 변호인 측 주장을 뒷받침해준다.

샤피로는 로버트 하이징아를 증인으로 신청했는데, 심슨이 미식축구 선수로 체격이 크고 두 사람을 충분히 쓰러뜨릴 능력이 있다는 사람들의 통념을 깨기 위해서였다. 하이징아는 하버드 의과대학을 졸업하고 '시더스시나이 의료센터Cedars-Sinai Medical Center'에서 레지던트로 일했으며, 미식축구팀 로스앤젤레스 레이더스의 의사로 근무했다. 하이징아는 심슨이 6월 15일부터 6월 17일까지 '전직 미식축구 선수 부상 증후군'에 시달렸다고 증언했다. 심슨은 무릎이 좋지 않고, 오른쪽 관절에 부종이 있어 관절염을 앓고 있었다. 하이징아는 심슨에게 심각한 운동장애가 있으며, 빨리 걷거나 느린 조깅도 어렵다고 증언했다.[247] 그러나 검사의 반대신문 때 하이징아는 심슨이 범행할 정도의 체력은 된다고 말했다. 그리고 심슨 손가락의 상처는 칼로 인한 것으로 보인다고 대답했다. 마셔 클라크는 심슨이 훈련하는 비디오를 증거로 제출했다. 이 비디오는 '오 제이 심슨 체력 유지 : 남성을 위한 훈련O. J. Simpson Mininum Maintenance: Fitness For Men'이라는 타이틀로, 살인 사건이 있기 몇 달 전에 훈련하는 장면이 고스란히 담겨 있었다. 이 증거는 심슨이 예전만큼은 못하지만 결코 노쇠하지 않다는 사실을 보여주고 있다.

ORENTHAL
JAMES
SIM
PSON

제13장
최후 변론

"재판관 여러분, 여러분은 여기 에우필레토스가 우리의 형제이며,

여러분이 동료 시민이라는 것,

그리고 그가 마을의 반대자들에 의해 부당하게 피해를 입었다는

사실을 확실할 만큼 충분히 들으셨을 것으로 생각합니다."

이사이오스의 『변론』에서

검사의 최후 변론

미국 국민의 82퍼센트가 TV를 통해 심슨의 형사재판을 시청했다. 심슨 사건은 배심재판에서 '스토리텔링'이 얼마나 중요한지를 그대로 보여준다. 검찰의 이야기는 다음과 같다. 심슨은 배우자 폭행범이자 전 부인을 죽인 살인범이다. 변호인은 반대로 경찰이 인종주의자이고 문제가 많았으며, 증거를 조작했다고 주장했다.[248]

1995년 9월 26일 수요일, 마셔 클라크는 최후 변론을 했다.

"잠시 마크 퍼먼에 대해 생각해봅시다."

이렇게 말문을 연 클라크는 자문자답 형식으로 변론을 이어갔다.

"그가 이 법정에서 지난 10년간 인종 비하 발언을 한 사실이 없다고 증언한 것이 거짓말입니까? 그렇습니다. 그가 인종주의자입니까? 예, 맞습니다. 이런 사람을 로스앤젤레스 경찰청이 임용하지 않길 바랍니까? 그렇습니다. 지구 상에 이런 사람이 없길 원합니까? 예, 그렇습니다. 그러나 마크 퍼먼이 증인석에 서서 거짓말한 사실로 인해 피고인에 대하여 합리적 의심 없는 입증이 되지 않았다고 볼 순 없습니다. 신사 숙녀 여러분! 한 경찰관의 인종주의적 태도 때문에 여러분에게 보여드린 압도적인 증거 앞에서 피고인을 무죄로 본다면 이는 비극입니다."

사실 이런 상황에서 마크 퍼먼을 제일 먼저 십자가형에 처한 것은 클라크로서는 어쩔 수 없는 일이었다고 볼 수도 있다.[249]

한편 다든 검사는 최후 변론을 통해 경찰관이 심슨을 엮어 넣으려 했다는 추측은 터무니없는 것이라고 주장했다. 다든은 경찰이 심슨에 대해 적대적이었다면 로스앤젤레스 경찰청이 가정 폭력 때문에, 특히 자주 언급된 1989년 가정 폭력으로 여덟 번씩이나 심슨의 집으로 출동했을 때 왜 심슨을 체포하지 않았느냐고 반문했다. 또 1994년 살인 사건 때는 왜 닷새 동안 심슨을 체포하지 않고 기다렸겠느냐고 반문했다.

로욜라 대학교 로스쿨 교수인 조지 아나스타플로는 1995년 9월 27일 검사가 최후 변론을 하던 날, 헌법 강의를 듣는 학생을 상대로 여론조사를 했다. 35명의 응답자 중 단 3명만 심슨이 결백하다고 대답했다. 32명은 심슨이 범인이라고 보았다. 32명 중 8명이 심슨에게

마셔 클라크 검사가 배심원들 앞에서 최후 변론을 했다. 클라크 검사는 한 경찰관의 인종주의적 태도 때문에 압도적인 증거 앞에서 피고인을 무죄로 보아서는 안 된다고 강조했다.

유죄 판결이 선고될 것으로 내다보았고, 15명은 배심원들에게 달렸다고 보았으며, 나머지는 무죄 판결을 받을 것이라고 보았다. 아나 스타플로는 심슨 사건에서 배심원 선정과 재판의 운영, 변호인의 행동 등에서 분명히 고쳐야 할 문제가 있기는 하지만 전체적으로 절차는 공정했다고 평가한다.[250]

코크런의 변론

페이스 로스쿨 교수 조엘 사이드먼Joel J. Seidemann은 코크런의 변론에 대해 그가 사건을 인종주의로 몰아가기 위해 노력한 것은 의심할 바 없는 사실이라고 말한다. 배심원단은 처음부터 무죄의 심증을 내비쳤고, 코크런이 여기에 합리적 근거를 제시하여 배심원단의 평결을 이끌어냈다는 것이다. 사이드먼에 따르면, 마크 퍼먼은 배내터 수사관을 통해 많은 증거를 수집했지만 코크런은 인종주의란 붓으로 두 명의 경찰관을 '사기 공범'으로 그렸다. 또한 계속해서 심슨에게 장갑이 맞지 않는다는 사실이 사건의 핵심이라고 강조하며, 로킹엄에서 발견된 장갑은 경찰이 가져다 놓은 것이라고 주장했다. 그러나 정말 경찰이 그곳에 장갑을 갖다 놓았다면, 심슨의 손에 맞는 장갑을 갖다 놓았을 것이라는 추론에 대해 코크런은 제대로 설명하지 못했다. 다만, 재판에 드러나지 않은 마크 퍼먼의 행적을 살펴볼 때 코크런의 변론이 지나쳤다는 생각은 들지 않는다.

코크런의 변론은 합리적 의심을 품도록 잘 짜이고 균형감을 갖춘 변론의 좋은 예다. 경찰이 수집한 증거를 하나하나 세밀하게 따지고 들어 배심원들의 주의를 흩뜨리면서 합리적 의심이 들도록 했다. 그러나 사이드먼은 코크런의 논증에는 결함도 보인다고 지적한다. 코크런은 변호인 측 전문가의 의견에 따라 범행을 저지르는 데 15분밖에 걸리지 않았다는 검찰의 추정이 잘못되었다고 주장했다. 그가 볼 때 살인범이라면 15분 만에 마칠 수 있다는 것이다. 코크런은 범행이 전문 암살범의 소행이라고 주장했는데, 사이드먼이 보기에 전문 암살범이라면 칼을 쓸 리 없고, 오히려 15분씩 걸릴 리도 없어 보인다는 것이다.

변호인은 검찰이 진범의 지문을 놓쳤다고 주장하지만 사이드먼은 수사기관은 현장에 있는 모든 증거를 조사할 의무가 없다고 본다. 목격 증인이나 자백으로 사건이 해결되는 경우도 많기 때문이다. 그러나 코크런은 사건 해결에 있어 지문이 매우 중요하다고 계속해서 강조함으로써 배심원들에게 완벽한 수사에 대한 환상을 심어주었다는 것이다.[251] 물론 수사에서 지문 채취는 수사관이 해야 할 가장 기본적인 조사 사항이다. 누가 범인인지를 가려야 할 사건에서, 범인 식별을 위한 지문 조사를 소홀히 한 것은 납득이 되지 않는다.

코크런은 배심원들을 향해 퍼먼이 아프리카계 미국인을 '깜둥이'라고 불렀다는 사실을 강조했다. 코크런은 퍼먼을 아돌프 히틀러에 비유하며 "잔혹한 인종주의자이고, 위증자이며, 최고의 악몽이고, 악마의 화신"이라고 불렀다. 그리고 퍼먼이 경찰관으로 한 일 중 가장 자랑스러운 일이 아프리카계 미국 청년을 때리는 것이라고 말한 사실을 반복해서 언급했다. 코크런의 전략에 대해 같은 변호인 측의 로버트 샤피로는 물론이고 배심원 중에서도 비판하는 의견이 나왔다. 게다가 로널드 골드먼의 부친 프레드도 비판에 가세했다.

코크런의 최후 변론[252]

"미국 사회에서 해마다 많은 사람들이 살해되고 있다는 것은 슬픈 일입니다. 불행히도 폭력은 이제 우리 삶의 일부로 자리 잡았습니다. 이런 비극이 생기면 경찰이 앞장서서 해결합니다. 선량하고 유능하며, 훌륭하고 청렴한 경찰이 면밀하게 살인 사건을 조사합니다. 경찰은 서둘러 결론을 내리지 않습니다. 경찰은 어떻게든 재판에서 이기겠다는 생각을 해선 안 됩니다. 경찰은 진범을 찾는 데 노력해야 하고, 무고한 사람을 보호해야 합니다.

이 사건에서 피해자의 가족은 경찰에게 바로 이렇게 해달라고 요구할 정당한 권리가 있습니다. 그러나 불행히도 다른 어려움이 이를 가로막고 있습니다. 로스앤젤레스 경찰은 전문가다운 능력을 발휘하여 사건을 처리하지 않고, 대중의 관점에서 사건을 바라보고 여기에 맞추어 사건을 처리했습니다. 이런 이유로 이 사건은 뒤틀렸고, 그래서 심슨이 유일한 범인으로 지목된 것입니다.

배심원 여러분의 평결은 이 103호 법정을 뛰어넘을 것입니다. 왜냐하면 여러분의 평결은 미국에 울려 퍼지는 정의의 외침이 될 것이고, 법 위에 군림하고 있는 경찰에 대한 경고가 될 것입니다. (……) 경찰은 최근까지도 이러한 점을 소홀히 했습니다. 순진하게 겁을 먹고, 어리석은 길로 접어들어선 안 됩니다. 증거에 의하면, 프로라고 자칭하는 경찰은 초동수사 때부터 미숙했습니다. 경찰은 대충 조사하고 검시관에게 제때 통보해야 하는 정해진 절차도 지키지 않았습니다. 법과학자를 제때 부르지도 않았고, 거짓과 왜곡된 수사를 허용했습니다. 게다가 어설프게도 중요한 단서까지 놓쳤습니다. 범행 현장에는 어떤 표식도 설치하지 않았습니다. 경찰은 자만심으로 가득 차 사건을 해결했노라 떠벌리면서 엉뚱하게 무고한 사람을 잡았습니다. 경찰은 다른 용의자는 거들떠보지도 않았습니다. 경찰이 제대로 조사했다면 사건 초기에 이미 심슨의 무고함은 밝혀졌을 것입니다.

로스앤젤레스 경찰을 헐뜯으려는 게 아닙니다. 경찰이 혐오스럽다고 말하려는 게 아닙니다. 배심원 여러분도 경찰을 혐오하지 않습니다. 우리는 경찰을 필요로 합니다. 하지만 우리는 정직하고 유능하며 편견에 사로잡히지 않는 경찰을 필요로 하고, 또 그런 경찰을 요구합니다. 우리에게 이런 요구를 할 권리가 없다는 말인가요? 과연 우리에게 이런 권리가 없다고 말할 사람이 있을까요?

이 사건에서 검찰은 너무 서둘렀습니다. 검찰은 어떻게든 이기고야 말겠노라 작정하고 있었습니다. 헨리 리 박사의 말을 인용하면, 검찰 사건 중에서 최악입니다."

알리바이

"검찰은 승소에 집착한 나머지, 오린설 제임스 심슨이 여러 마일이나 떨어진 두 곳에서 동시에 있었다는 황당한 주장을 하고 있습니다. 그래서 시간대가 중요합니다. 탄핵을 거쳐 남은 증거에 의하면, 개가 짖은 시각은 10시 35분이나 10시 40분입니다. 개가 짖은 시간이 5분간인지 아니면 15분간인지에 대한 다툼이 있습니다. 그렇다면 아무리 늦어도 10시 55분이 됩니다. 그리고 로킹엄의 케이토 캘린이 있던 게스트하우스에 '쿵' 하는 소리가 들린 것은 10시 40분이나 10시 45분입니다. 그렇다면 오 제이 심슨은 결코 유죄일 수 없습니다. 당연히 무죄가 되어야 합니다(10시 35분이나 40분에 개가 5분에서 15분간 짖었다면 개가 짖은 것이 끝나는 시각은 10시 40분 또는 10시 55분이다. 그런데 코크런은 심슨에게 최대한 유리하게 10시 55분에 개의 짖음이 끝났다고 주장한 것이다. 카토가 짖기 시작한 것은 주인 니콜의 죽음을 목격한 때이고, 그때 니콜이 죽었을 것으로 추정한 것이다. 그리고 그즈음 심슨이 로킹엄에 와 있었다면 심슨은 범인이 아니라는 주장이다).

검찰이 여기에 대해 뭐라 하는지 얘기하고자 합니다. 검찰은 전처에 대한 질투심으로 눈먼 피고인이 전처를 스토킹하고, 찌르고, 격분해서 남자도 죽이고, 집에까지 피 흔적을 남겼으며, 시카고로 가는 비행기를 겨우 탔고, 서둘러 가느라 범행 현장과 자신의 집에 장갑을 흘렸다고 주장합니다.

오 제이 심슨이 위대한 삶을 살았다는 사실은 모두 아실 겁니다. 뿐만 아니라 그날은 골프를 치고, 집으로 돌아와 딸의 댄스 공연에 참석하고, 햄버거로 저녁 식사를 준비하는 등 그야말로 분주하고 좋은 날을 보냈습니다. 그리고 샤워하고, 겨우 시카고에 가는 비행기를 탔는데, 누군가 알지 못하는 이유로, 전처와 전처를 찾아온 남자를 살해했습니다. 진범이 누구인지 찾으려는 사람도 있었지만 수사팀은 무슨 이유인지 엉성하게 수사하고, 자신들의 실수를 감추고자 어떻게든 유죄 판결을 받아내려 애쓰고 있습니다.

검찰은 산과 같이, 바다와 같이 증거가 많다고 하지만, 사실에 맞닥뜨리면 이러한 증거는 개울이 되고, 둔덕이 될 것입니다."

로킹업의 장갑

"장갑에 주목해주십시오. 맨 처음 장갑을 주웠을 때 바닥에도, 수풀에도, 어디에도 피가 없었던 사실을 기억하실 겁니다. 어디에 피가 있었단 말입니까? 퍼먼과 배내터 경찰관은 아침 6시에 장갑을 주웠다고 말하겠지요. 그 시간은 아직 축축할 때입니다. 그런데 왜 밖이나, 나무나 길에는 피가 없을까요? 누군가 거기에 갖다 놓았기 때문입니다. 더군다나 장갑은 심슨의 손에 맞지 않았습니다. 따라서 무죄로 평결해야 합니다(수사관 마크 퍼먼은 장갑이 발견될 때 장갑에 묻은 피가 축축한 상태라고 말했다. 그러나 당시 날씨가 맑았으므로 장갑에 피가 묻었다면 금방 말라버렸을 것이다. 따라서 장갑이 축축한 상태라고 언급한 것은 심슨에게 유리한 주장이 아니라고 본다. 코크런이 강조한 것은, 장갑에 피가 묻어 있을 정도라면 그 주위 어딘가에 피의 흔적이 남아 있어야 한다는 것이다).”

변장

"마서 클라크 검사는 심슨이 살인을 저지르기 위해 옷을 갈아입었다고 주장합니다. 그러나 검사의 추정은 사리에 맞지 않습니다. 검찰은 심슨이 어떻게 변장했는지 말하고 있습니다. 털모자를 쓰고, 검은 옷을 입은 뒤 사람들 눈에 잘 띄는 흰색 브롱코를 타고 전처를 죽이러 갔다고 합니다. 검찰의 이런 주장이 터무니없다는 것은 잘 아실 겁니다.

제가 이 털모자를 써보려고 합니다. 배심원 여러분은 1년 전부터 저를 봐서 잘 아실 겁니다. 제가 누굴까요? 저는 털모자를 쓴 조니

최후 변론 때, 심슨이 변장을 하려고 털모자를 썼다는 검사의 주장을 반박하기 위해 코크런은 배심원들 앞에서 털모자를 썼다. 그리고 이렇게 말했다. "제가 누굴까요? 저는 털모자를 쓴 조니 코크런입니다. (……) 변장은 말도 되지 않는 주장입니다." 그 옆에서 마셔 클라크 검사와 다든 검사가 코크런의 변론을 지켜보고 있다.

코크런입니다. 저기에 오 제이 심슨 씨도 있습니다만, 저보다 머리가 크군요. 오 제이 심슨은 두 블록 떨어져도 한눈에 알아보실 겁니다. 변장은 말도 되지 않는 주장입니다. 게다가 털모자는 심슨에게 맞지도 않습니다. 따라서 무죄로 평결해야 합니다."

"검찰의 주장에 따라 오 제이 심슨이 에어컨 실외기에 다가왔다면 모발이나 흔적은 왜 없었을까요? 섬유 증거는 왜 없습니까? 피는 어디에 있습니까? 클라크 검사는 심슨의 손에서 피가 흘렀지만 곧바로 멈추었다고 말할지도 모릅니다. 검찰에 따르면, 피가 흘렀다가 멈추고 다시 흘리기를 반복했다는 말인데, 참으로 편리한 주장입니다. 저는 클라크 검사를 의학박사라고 부르겠습니다. '혈흔을 보니 피를 흘릴 정도로 상처가 크지 않군'이라고 말하겠지요. 하지만 클라크 검사는 의사가 아닙니다. 다른 검사는 궁리하고 또 궁리했겠지요. 그러나 짐작으로 얘기를 꾸며내선 안 되고, 실제로 일어났던 사건을 다루어야 합니다. 여기서 다루는 것은 글로 써내려간 소설 속의 살인 사건이 아닙니다. 이런 주장을 써내려간다면 믿지 못하겠다고 말해야 합니다. 시간대를 볼 때 심슨이 범인이라면 아주 짧은 시간에 모든 일을 해치워야 합니다. 심슨은 제한된 시간에 번디 길로 가서 5분 또는 15분 안에 두 명의 건장한 사람과 싸우고, 범행 현장을 떠났다가, 다시 범행 현장으로 돌아와 떨어진 장갑을 찾고, 골목길로 걸어가 5분 내에 로킹엄으로 돌아와야 하고, 그때 아무도 못 보게 해야 하며, 피 묻은 옷과 칼을 숨기거나 몰래 집으로 가져와야 합니다. 그리고 아직 피로 범벅이 된 몸인데도 집으로 들어올 때에는 피를 흘리지 않아야 합니다. 이런 일은 절대 있을 수 없습니다."

맞지 않는 장갑

"이치에 맞지 않는 또 다른 사실을 살펴봅시다. 이 재판에서 가장 결정적인 순간은 바로 검사가 피고인에게 장갑을 껴보라고 할 때입니다. 검사는 장갑이 맞지 않자 몇 년째 놓고 있는 루빈 씨를 증인으로 불렀습니다. 루빈 씨는 이 장갑이 범인의 것이며, 이 장갑이 심슨에게 맞을 것이라고 증언했습니다. 그리고 심슨은 배심원 여러분 앞에서 장갑을 꼈습니다. 그때 여러분 모두는 생각하셨을 겁니다. '장갑이 맞지 않는군'이라고…….

그러자 검찰은 작전을 바꾸어 만사 제쳐두고 루빈을 증인으로 신청했습니다. 그날부터 검찰은 내리막길을 걸었고, 회복이 불가능한 상태에 빠져들었습니다. 우리 모두 한 100년쯤 산다고 가정해봅시다. 배심원 여러분도 장수하시길 바랍니다. 그러나 다든 검사가 심슨에게 장갑을 껴보라고 했을 때 장갑이 맞지 않았다는 사실은 우리 모두 영원히 기억할 겁니다. 검찰도 장갑이 맞지 않는다는 사실을 알고 있습니다. 검찰이 무슨 말을 하든 장갑은 맞질 않습니다. 그러니 검찰로선 장갑이 수축되었다는 주장을 할 수밖에 없겠지요.

변호인은 '돈데로 상Dondero Award'253을 받은 맥도널 박사에게 부탁해 이 고동색 장갑을 실험해보았습니다. 그가 뭐라 했는지 아십니까! 아무리 많은 피가 묻어도 장갑은 수축하지 않는다고 했습니다. 검찰은 국가기관으로서 막강하고, 뭐든 입증할 수 있습니다. 그러나 검찰은 실패했습니다. 왜냐하면 맥도널 박사의 주장이 사실이기 때문입니다. 검찰은 다른 증인도 세울 수 있지만 그러지 않았습니다. 장갑이 수축되지 않는다는 사실에 추호의 의심이 없다는 걸 변호인은 입증했습니다. 장갑은 맞지 않았고, 심슨은 살인범이 아닙니다.

클라크 검사는 얼렸던 장갑을 녹였다고 말합니다. 이 장갑은 1994년 6월 21일 발견되었는데, 그때나 지금이나 크기에 차이가 없습니다. 그러므로 얼렸다 녹여서 수축되었다는 주장은 맞지 않습니다.

겨울에 찍은 심슨 사진을 기억하실 겁니다.254 여러분도 아시다시

피 심슨은 NBC 스포츠 해설자로 활동할 때 8월부터 이듬해 겨울까지 뉴욕에서 살았습니다. (따뜻한) 남부 캘리포니아에서는 겨울에 장갑을 끼질 않습니다. (……) 고동색 가죽 장갑을 끼고 스키를 타러 가질 않습니다. 경찰관 랭이 장갑을 찾기 위해 심슨의 집을 수색한 사실을 기억하실 겁니다. 경찰은 장갑과 신발과 옷을 뒤졌으나 맞지 않는 장갑 하나만 찾았을 뿐입니다."

동정심

"여러분은 동정심이나 기분, 감정에 따라 일을 처리하지 않으실 겁니다. 왜냐하면 여러분은 무척 현명하시니까요. 마땅히 죽어서는 안될 사람의 시체를 찍은 사진을 본다는 건 분명 고역입니다. 우리는 여기서 누가 범인인가를 다루고 있습니다. 이 사건이 감정으로 좌지우지되어서는 안 됩니다. 이 사건에선 합리적 의심을 넘어서는 입증이 있느냐 없느냐를 다루고 있습니다."

격분했다는 주장에 대한 반박

"검사는 심슨이 6월 12일 격분해 있었다는 사실을 상기시키며 우리에게 상상의 세계에서나 벌어질 일을 믿으라고 합니다. 너무 흥미롭지 않습니까? 우리는 바야흐로 비디오 시대에 살고 있어 비디오가 심슨이 어떤 사람인지 밝혀줄 것입니다. 백 번 듣는 것보다 한 번 보는 게 낫다고 합니다. 그래서 여러분께 비디오를 보여드리겠습니다. 이 비디오는 크리스토퍼 다든 검사에게는 치명적인 일격이 되겠지요.

여러분은 잠시 후 이 비디오테이프에서 몇몇 사람을 알아보실 겁니다(이때 코크런은 배심원들에게, 시드니의 댄스 공연 후 열린 축하연을 찍은 비디오를 틀어주었다). 심슨은 데니스 브라운, 주디사 브라운 그리고 루이스 브라운과 인사를 나누고 있습니다. 친구들과 얘기도 나누고 있군요. 심슨이 미소를 머금고 행복한 표정으로 손을 흔들면서 인사하는 장면을 똑똑히 보고 계십니다. 이처럼 편안해 보이는데, 어떻게 심슨이 질투로 눈이 멀어 격분해 있었다고 사실을 왜곡할 수 있을까요? 심슨이 질투 때문에 격분해 있는 것으로 보이십니까? 여러분의 눈은 여러분을 속이지 않습니다. 비디오테이프가 있어 천만다행입니다. 여러분이 비디오로 보고 있는 이 순간에도 이 사실을 믿고 싶어 하지 않는 이들이 있기 때문에 이 비디오테이프는 매우 중요합니다.

누군가 여러분에게 6월 12일 심슨이 격분해 있었다고 말할지 모르지만 심슨이 브라운 가족이나 여러 사람들을 만나는 모습을 보시면 아실 겁니다. 격분했다는 것은 사실이 아닐뿐더러, 말도 안 되는 주장입니다. 심슨은 우울하지도 않았고, 화가 나지도 않았습니다. 심슨은 브라운 가족과 인사하고 웃으며 농담하고 있습니다. 심슨은 (니콜) 브라운의 아들 저스틴과 장난치고 있습니다. 이건 제가 꾸며낸 것이 아니라 사실입니다. 따라서 심슨이 격분해 있었다는 것은 거짓입니다.

브라운 가족을 만나고 자랑스러운 아빠로서 심슨이 무얼 했는지 아십니까? 딸과 함께 사진을 찍었습니다. 잠깐 이 사진을 봐주십시오. 이 사진 어디에서 과연 격분해서 살기등등한 모습을 찾을 수 있습니까?

다든 검사님! 이 사진 어디에 그런 격분하는 모습이 있습니까? 자랑스러워하는 아빠의 모습만 보이는군요. 딸이 자랑스러워하는 듯해요. 심슨이 사준 꽃을 들고 있습니다. 다든 검사는 심슨이 격분한 상태에 있었다고 주장할지 모르겠지만, 그럴 경우에는 다시 이 사진을 여러분께 보여드리겠습니다.

사진이 있어 천만다행입니다. 백 마디 말보다 한 번 보는 게 낫다고 합니다. 다든 검사가 백 마디 말을 하면 저는 이 비디오와 이 한 장의 사진을 보여드리겠습니다. 그러므로 심슨이 격분해서 살인을 저질렀다는 주장은 거짓입니다."

암살범 이론

"셰익스피어의 말을 빌리자면, 검찰은 자승자박하고 있습니다. 검찰은 이 사건에서 심슨과 니콜을 연루시키고 있습니다. 검찰이 매번 이런 주장을 하는 바람에 이제는 모두 알게 되었습니다. 검찰은 범행 연도가 1989년이나 1993년이어도 똑같이 주장했을 겁니다(1989년은 심슨이 니콜을 폭행하여 경찰에서 조사를 받은 때이고, 1993년은 두 사람의 결별이 마무리된 시점이다. 코크런은, 심슨과 니콜이 이혼한 지 2년이나 지났음에도 심슨이 질투에 눈이 멀어 니콜을 살해했다면서 두 사람을 연루시킨 검찰은 잘못된 길을 걸었다고 지적하고 있다. 나아가 이런 잘못된 추정으로 진범을 놓치고,

엉뚱한 사람을 기소하여 검찰이 자승자박하고 있다고 주장한다).

이런 주장이 타당하지 않은데도 검찰은 계속해서 자신들의 목소리를 높였습니다. 이 사건의 특징은 무엇입니까? 이 사건은 은밀하게 이루어졌습니다. 전문 암살범이 두 명을 살해한 겁니다.

검찰의 주장이 맞지 않는다는 또 다른 사실을 살펴봅시다. 골드먼이 자기 목숨을 걸고 격렬하게 싸웠다는 사실을 잘 아실 겁니다. 그런데도 왜 심슨의 몸에는 아무 상처가 없는 걸까요? 두 명의 건장한 사람이 격렬하게 싸웠다는 전제 아래 골드먼의 손에 난 상처를 살펴봅시다. 골드먼의 손마디에는 커다란 상처가 있는데, 베이든 박사의 주장에 의하면 골드먼이 목숨을 걸고 싸웠을 때 생긴 상처라고 합니다. 골드먼은 상대를 쳤을 겁니다. 검찰도 이 점을 인정했지요. 검찰은 '골드먼이 잘못해서 나무를 쳤을 겁니다'라고 말했습니다.

이처럼 좁은 공간에서 4, 5분 정도 싸웠다면 두 사람 모두 많은 상처와 흔적이 생겼을 겁니다. 골드먼과 상대는 분명 그랬을 겁니다. 상식적으로 범인에게는 타박상이든 찰과상이든 어떤 흔적이 남아야 합니다. 거기에 무성한 나뭇잎과 울타리와 나무가 있었으니 범인이라면 긁힌 흔적이 남아야 합니다. 골드먼은 서른 군데나 찔렸고, 4, 5분 격렬한 싸움을 했지만 심슨의 몸에는 아무 흔적도 없습니다.

클라크 검사는 심슨이 미식축구 선수이고, 잘 달리고, 살인범의 본능을 지녔다고 말합니다. 신사 숙녀 여러분! 이런 주장은 전혀 맞지 않습니다. 심슨은 최근 15년 동안 선수로 뛰질 않았습니다. 그리고 이제 마흔여섯입니다. 클라크 검사는 스포츠에 대해 아는 게 없나 봅니다. 러닝백은 상대와 부딪치지 않으려고 공을 빼앗아 달리는 겁니다. 누가 막아서지 않았는데도 범인이 달리기만 했다는 건데요, 그렇다면 범인은 상대와 부닥치지 않았다는 얘기가 됩니다(클라크 검사는 심슨이 미식축구 선수로 뛰었으며, 니콜과 골드먼을 제압할 만한 체력을 지녔다고 주장했다. 이에 대해 코크런은, 심슨은 러닝백이고, 러닝백은 주로 상대 선수와 부딪히지 않기 위해 달린다고 주장한다. 따라서 검사의 논리대로라면 심슨은, 상대인 니콜과 골드먼과 부딪히지 않은 셈이라고 주장하고 있다는 것이다)."

지문

"혈흔의 경우 그것이 언제 흘린 것인지 알 수 없습니다. 지문도 맞지 않습니다. 우리는 길버트 아퀼라 씨를 불러 물어보았습니다. 아퀼라 씨는 지문 전문가입니다. 아퀼라는 범행 현장에 있는 출입문, 울타리, 현관문에서 먼지를 털고 조사해 열일곱 개의 지문을 찾아냈습니다. 아퀼라는 경찰이 범행 현장에 다녀갔을 것이라고 짐작하는 사람들의 샘플로 여덟 개의 지문이 누구 것인지 밝혀냈습니다. 그러나 아홉 개 지문의 주인은 밝혀내질 못했습니다. 그 아홉 개 지문 중에 진범의 것이 있을까요? 알 순 없지만 경찰은 지문의 주인공이 누구인지 전혀 조사하지 않았습니다."

녹고 있는 아이스크림

"경찰관 로버트 리스키가 증언한 대로 12시 40분에 아이스크림이 거의 다 녹았거나 일부가 녹고 있었다면 어땠을까요? 아이스크림은 차고에서 나오자마자 보이는 낮은 난간 위에 있었습니다.

니콜 브라운 심슨이 그곳으로 내려가 그날 누군가 다른 사람을 시켜 아이스크림을 사러 보냈을 것으로 추측됩니다. 사실을 알 순 없지요. (……) 경찰은 아이스크림이 중요하지 않다고 말해놓고선 아이스크림 해빙 검사를 했습니다. 저는 랭 경찰관에게 이 점에 대해 여러 번 말했습니다. 그 아이스크림은 '벤 앤 제리' 제품으로 다 녹는 데 1시간 15분 정도 걸립니다. 리스키가 아이스크림을 12시 40분에 발견했고 그때 일부가 녹고 있었다면, 아니 검찰 쪽에 유리하게 전부 녹았다고 칩시다. 그로부터 1시간 15분 전이면 11시 25분이 됩니다. 그 시간에는 니콜의 아이들이 모두 잠들었을 때이고, 니콜은 아마 아이스크림을 먹고 있었을 겁니다. 이 또한 증거입니다. 이런 점을 소홀히 하면 사인을 잘못 판단하게 됩니다. 본 변호인은 이 점도 소홀히 할 수 없다고 주장하는 바입니다."

로킹업에서 발견된 양말

"저기 양말이 있습니다. 흙도 먼지도 안 묻어 있습니다. 8월 4일까지는 아무도 혈흔을 보지 못했습니다. 이런 의심스러운 일들이 생겼고, 우리는 혈흔에서 혈액응고 방지제를 발견했습니다. 양말에 혈흔을 묻힌 것처럼 후문에도 같이 묻힌 걸까요? 어떻게 저기에 묻어 있을까요? 왜 경찰은 그전엔 혈흔을 보지 못한 걸까요? 격렬한 싸움이 있었습니다만, 양말에는 왜 먼지가 없을까요? 심슨은 왜 스웨터와 어울리지도 않는 이런 양말을 신었을까요? 경찰도 패션 감각이 있다면 양말과 스웨터가 전혀 어울리지 않는다는 것을 한눈에 알아차릴 텐데 말입니다. 여러분이라면 스웨터에 이런 양말을 신지 않을 겁니다.

이런 양말을 신고 심슨이 (격식을 차리지 않는) 토요일 저녁 행사에 나타날 수 있다고 생각하십니까? 이 양말(정장 양말을 가리킨다)은 정장을 차려입을 때나 신는 것입니다. 경찰은 심슨의 집 옷 광주리에서 양말을 꺼내 침대 밑에 두었던 것입니다.

비디오에 의하면, 이 양말은 심슨의 침대 밑에서 불쑥 나타났습니다. 신사 숙녀 여러분! 이 양말을 보았을 때 먼지가 보입니까? 양말을 침대 밑으로 벗어 던졌다고 하는데, 먼지가 보이질 않습니다. 왜냐하면 양말은 원래 그곳에 있지 않았기 때문입니다."

브롱코에서 발견된 혈흔

"배심원 여러분은 바다처럼 가득한 증거를 두고 어떻게 판단하실 건가요? 여기에 비하면 이건 작은 물줄기일 뿐입니다. 브롱코에는 문제가 아주 많습니다. 경찰은 열 개 중 일곱 개의 혈흔이 계기반에 묻어 있었다고 주장합니다. 베이든 박사는 범인이 피로 뒤범벅되었을 거라고 말했습니다. 상식에 비춰보아도 5분이나 15분 동안 격렬한 싸움을 했다면 범인의 몸은 분명 피로 범벅이 되어 있었을 겁니다. 하지만 뭐가 잘못되었는지 그렇지 않았습니다. 피범벅이 된 범인이 탔을 텐데 어째서 시트 같은 곳은 어디에도 피가 없을까요? 경찰들은 모두 범행 현장이 피로 낭자했다고 증언했습니다. 그러나 진짜 말이 되지 않습니다. 심슨은 브롱코를 타지 않았고, 살인을 저지르지 않았으므로 경찰은 그 이유를 대지 못하고 있는 겁니다."

마크 퍼먼의 테이프

"로라 매키니는 어느 모로 보나 훌륭하고 상냥한 분으로, 이 법정에 서는 걸 원하지 않았습니다. 그래서 저는 테이프를 구하려고 노스캐롤라이나 항소법원에 갔습니다. 매키니가 퍼먼과 나눈 대화가 그 증거입니다. 다든 검사가 매키니의 진술에 의문을 표했지만 매키니는 여기에 대해 현명하게 답변한 것을 기억하실 겁니다. '왜 우리가 이런 대화를 나누었을까요? 왜 검사님은 이렇게 부정적인 걸까요? 사실을 말했을 뿐인데, 검사님은 왜 진실을 찾으려고 애쓰지 않나요?'

검찰은 '왜 퍼먼이 깜둥이란 말을 못하도록 막지 않았습니까?'라고 매키니에게 물었습니다. 그러자 매키니는 '저는 언론에 종사하는 사람으로, 그런 (인종차별적인) 말을 해도 막질 않습니다. 왜냐하면 경찰은 잘못한 사람을 덮어주지 않기 때문입니다. 대신 저는 남자 경찰관이 여자 경찰관을 비하한다면 막아설 겁니다'라고 말했습니다. 이런 매키니의 말이 다가오지 않습니까……?"[255]

퍼먼과 배내터

"이 사건에서 경찰이 전령자일 뿐이라고 하는 사람에 대해 논의하려고 합니다. 배내터와 배내터가 한 거짓말을 잠시 짚고 넘어가겠습니다. 배내터는 이 사건에서 수사를 이끈 장본인이므로 그의 거짓말은 매우 중요합니다. 배내터는 증언을 시작할 때부터 거짓말을 했습니다. 여러분은 현명하시니 배내터의 태도를 보고 알 겁니다. 여러분은 직감과 경험으로 누군가 거짓말을 하면 단박에 알아보실 겁니다. 배내터는 흥미로운 사실을 말했습니다. '샤피로와 심슨은 똑같은 범인입니다'라고요. 여기 계신 어느 분이 이 말을 믿으십니까? 누가 로버트 샤피로가 심슨과 똑같은 범인이라고 믿고 계십니까? 배내터가 한 말은 전혀 믿을 수 없습니다. 누군가 처음부터 거짓말을 하기 시작했다면 그 사람의 말은 전혀 믿기질 않습니다.

누가복음에 따르면, 우리는 사소한 것에 목숨을 건다고 합니다. 우리는 중요한 일에 신경 써야 합니다. 퍼먼과 배내터 두 사람은 거짓말쟁이로, 개과천선해야 할 사람들입니다. 그들은 혈흔을 옮겼고, 퍼먼은 장갑을 발견했다고 주장했습니다. 퍼먼은 사진사 로카르^{Rokahr}가 아침 7시에 이 사진을 찍었다고 말했습니다. 퍼먼이 그렇게 말한 것은 자신이 로킹엄에서 장갑을 발견했다고 주장하는 시각을 입증하기 위해서입니다. 퍼먼은 경찰들이 로킹엄에서 돌아온 후인 아침 7시에 로카르가 사진을 찍었다고 주장합니다.

경찰들은 오전 5시부터 7시까지 로킹엄을 조사했습니다. 그 시각이 중요하므로 우리는 몇 분 동안 이 사진을 살펴보려고 합니다. 로카르는 법정에 와서 말하길, 이 사진은 어두울 때 인화했다고 말했습니다. 그리고 일출 전 한 시간 반 전인 5시 41분이나 42분에 촬영한 사진과 일출 후 한 시간 반 이후에 촬영한 사진은 구분할 수 있다고 말했습니다. 그런데도 경찰은 왜 그곳에서 장갑을 주웠다는 뻔한 거짓말을 하는 걸까요? 경찰은 왜 여러분에게 7시에 장갑을 주웠다고 믿게 하기 위해, 피가 낭자한 곳에 떨어진 장갑을 가리키고 있는 걸까요? 우리는 그때가 7시가 아니란 걸 압니다. 저기 있는 사진이 보이지요? 마크 퍼먼이 가리키고 있군요. 봉투 아래 제가 가리키는 부분을 보십시오. 장갑은 저 수풀 아래에 이런 모양으로 똑 떨어진 것으로 보입니다. 경찰은 여러분께 이걸 믿으라고 주장하고 있습니다(경찰은 7시 혹은 7시 15분쯤 로킹엄에서 경찰청 사진사 로카르가 피 묻은 장갑을 찍었다고 주장했다. 코크런은 이에 대해 사진 상태로 볼 때 사진을 찍은 시각은 일출 전이고, 로카르가 어두울 때 사진을 인화했다고 하므로 사진이 변질되었을 리도 없다고 반박하고 있다).

　여러분은 퍼먼이란 사람이 '악의 화신personification of evil'이란 걸 알고 계십니다. 퍼먼은 여기 있는 이 증거가 중요하다고 말합니다. 퍼먼은 '저는 방금 전 로킹엄에 다녀왔습니다. 이 장갑은 저기 있는 장갑과 일치합니다'라며 또다시 거짓말하고 있습니다. 퍼먼은 그때 로킹엄에 가지 않았으면서도 갔다고 거짓말을 함으로써 논란의 중심에 서 있습니다(퍼먼이 7시에 로킹엄에 갔다는 주장이 거짓말이란 뜻이다). 그리고 저곳에 피를 묻혀놓았습니다. 이 점이 아주 중요합니다. 여러분은 퍼먼이 증언할 때 실수한 것을 기억하실 겁니다. 퍼먼은 피 묻은 발자국을 브롱코에 묻혀놓았습니다. 심슨의 발 사이즈가 12인치이지요? 퍼먼은 두 개의 장갑에 대해 말했습니다. 리 베일리 변호사가 퍼먼에게 장갑에 대해 물었을 때를 기억해보십시오. 퍼먼은 '그것들'이라고 말했고, 장갑에 대해선 구체적으로 대답하지 못했습니다.

퍼먼이 '그것들'이라고 말한 게 두 개의 장갑을 가리키는 걸까요? 퍼먼은 '저는 그것들을 다 보았습니다'라고 대답했지요. 두 개의 장갑을 말이죠. 왜 '그것들'이라고 말했을까요? 퍼먼은 영리해서 여러분 앞에서 거짓말을 쉽게 합니다. 저기 있는 사진은 뭔가를 감추고 있군요. 퍼먼은 경찰관들에게, 심슨한테 가서 전처의 죽음을 알리고, 자녀들을 돌보라고 지시했다고 주장합니다. 퍼먼은 위증꾼이며 잔인한 인종주의자입니다. 퍼먼은 장갑을 갖다 놓지 않았다고 주장합니다. 그러나 우리는 이 사진을 언제 찍었는지 알고 있습니다. 인화지가 있으면 니콜 브라운 심슨의 사진도 뽑을 수 있을 겁니다. 필름에 있는 마지막 두 장은 너무 어두워서 오전 4시 30분에 플래시를 터뜨리고 찍은 것입니다.

왜 경찰은 이런 퍼먼을 두둔하고 있을까요? 퍼먼은 로스앤젤레스에서 가장 끔찍한 인물일 뿐만 아니라 미국에서도 가장 끔찍한 사람입니다. 그런데도 왜 경찰은 계속해서 퍼먼을 비호하는 걸까요? 여러분은 왜 법을 지키겠다고 선서합니까? 이는 부패와 관계있습니다. 썩은 사과 하나가 통 안의 사과 모두를 썩게 만듭니다.

우리는 무관심한 대중사회에 살고 있습니다. 덕분에 이 법정에서 한 사람(마크 퍼먼을 가리킨다)은 이런 사실을 진심으로 감사하고 있지요. 그러나 여러분은 무관심하지 않습니다. 여러분은 정의를 바라보고 말합니다. 결코 쉽지 않은 일이지만 여러분은 진실을 꿰뚫어 보고 있습니다. 여러분의 말과 용기는 경찰관의 말과 용기보다 더 훌륭합니다. 경찰이 자기 본분에 충실했다면 퍼먼을 벌써 해직시켜야 하는데 그러질 않았습니다. 사람들은 잘못을 외면하고, 잘못을 지적할 용기도 없습니다. 이 나라에서 가장 위대한 것 중 하나가 시민의 자발성, 그리고 잘못된 것을 지적하고 여기에 저항하는 것입니다.

저는 이렇게 두둔하려는 사람이 되지 않을 겁니다. 또한 여러분에게도 두둔하지 말라고 당부합니다. 이런 두둔은 이제 멈추어야 합니다. 경찰 스스로 이런 잘못을 그만둘 수 있다고 보십니까? 절대 그럴 수 없습니다. 여러분이 그만두도록 해야 합니다.

여러분은 앞으로 이 나라에서 살아가는 동안 퍼먼과 같은 사람을 만나게 될 것입니다. 삶을 살아가면서 순진하게만 살아선 안 된다는 사실을 깨닫게 될 겁니다. (……) 여러분 중 몇몇은 삶엔 또 다른 면이 있다는 사실을 발견할 겁니다. 보이는 대로가 삶이 아니고, 삶은 서정적이지도 않습니다. 삶은 행동입니다. 용기가 부족하면 사회가 흐려집니다. 그러면 누가 경찰을 통제해야 합니까? 여러분이 평결로 경찰을 통제해야 합니다. 여러분이 평결로써 경찰에 메시지를 전달해야 합니다. 우리 사회에서 이렇게 할 다른 이들은 찾을 수 없습니다. 다른 이들은 용기가 없습니다. 무엇이 옳은지 알면서도 용기가 없어 주위만 맴도는 사람들이 많은데 개개의 시민들은 다릅니다. 여러분은 최전선에 선 첨병입니다……."

카토는 왜 짖지 않았나

"심슨은 자신이 기르던 개가 죽자 카토란 개를 샀습니다. 그리고 자녀들에게 카토를 넘겨주었습니다. 이제 카토는 심슨의 집에서 살고 있습니다. 카토는 심슨을 압니다. 심슨이 기르던 개니까요. 그날 밤 심슨이 그곳에 있었다면 카토가 후문에서 나와 심슨을 따라다녔을 겁니다. 카토는 현관에선 나오지 않습니다. 심슨은 아이들과 어울려 놀곤 했지요. 심슨은 시카고에서 돌아올 때면 니콜 집에 들르곤 했습니다. 그날도 딸의 공연이 있었고요. 심슨은 이렇듯 자상한 아버지입니다. 심슨을 반대하는 사람들(심슨이 범인이라고 믿는 사람들)은 진실에 귀 기울이지 않습니다. 그러나 진실에 귀 기울여야 합니다. 법정에서는 진실의 목소리를 가릴 수 없습니다. 심슨은 가족과 아이들을 좋아하는 자상하고 선량한 사람입니다. 우리 모두 완벽할 순 없지만 심슨은 그러려고 오랫동안 애썼습니다. 니콜에게 자녀들을 맡겨두었기에 심슨은 아버지로서 최선을 다하려고 노력했습니다. 심슨은 이 모든 것을 포기하고, 칼로 두 사람을 살해할 만한 인물이 절대 아닙니다. 자녀들을 이처럼 끔찍이 사랑하는 아빠가 전처를 죽이고, 자녀들로 하여금 계단에서 그들의 어머니가 처참하게 죽어 있는 모습을 보게 할 수 있다고 생각하십니까? 그건 전혀 말이 되지 않는 얘기입니다.

헌법은 피고인이 무죄로 추정된다고 선언하고 있으며, 심슨을 변호하는 본 변호인은 여러분께 이러한 추정에 따라 결정하실 것을 당부드립니다. 여러분 이외에는 표결권이 없습니다. 편협한 사람들이 아닌 여러분에게 표결권이 있다는 게 천만다행입니다."

아이들의 운명

"검찰은 말도 안 되는 주장을 펼치고 있습니다. 따라서 무죄로 평결하셔야 합니다. 검찰은 무언가 잘못 처리해서 사건을 이 지경에 이르게 했지만 여러분은 이런 잘못에 빠져선 안 됩니다. 오 제이 심슨은 집에서 여행 갈 준비를 하고 있었습니다. 전처와도 아무 문제가 없었습니다. 심슨은 공연에도 참석했습니다. 니콜이 심슨에게 공연 티켓을 주었지요. 어느 누구도 이 법정에서 그날 심슨과 니콜이 다투었다는 얘길 하지 않았습니다. 싸움은 없었습니다. 니콜과 심슨은 아침 일찍 전화 통화를 했고, 공연 티켓 예약을 했습니다.

심슨은 공연에 참석해 끝까지 다 보았습니다. 여러분은 그날 심슨의 궤적을 그려볼 수 있습니다. 심슨은 시카고로 갔다가 즉시 돌아왔습니다. 이러한 정황은 심슨이 무죄란 사실을 보여줍니다. 이 사건은 모두에게 비극입니다. 특히 피해자와 그 가족에게 그렇고, 심슨과 심슨의 가족도 피해자입니다. 심슨의 자녀들은 어머니를 잃었습니다. 심슨은 살인을 저지르지 않았는데도 1994년 6월 이후 구금되어 있습니다.

누군가 심슨 아이들의 어머니를 앗아갔습니다. 저는 여러분이 그들에게 아버지마저 잃지 않도록 해주시길 기대합니다. 그래야만 정의가 설 것입니다."

위증한 증인은 처벌받아야 마땅하다

"요즘도 우리는 성경에서 해답을 찾곤 합니다. 저는 특히 잠언서를 좋아합니다. 잠언서는 위증에 대해 많이 언급하면서 위증한 사람은 숨을 곳이 없으며, 마땅히 처벌받아야 한다고 가르치고 있습니다. 마크 퍼먼은 이 법정에서 마치 합창단원처럼 자신의 말을 믿으라면서 자신이 꾸며낸 공연에 박수를 기대하고 있습니다. 그러나 퍼먼이 온갖 거짓말을 한 사실이 드러났습니다. 성경은 이에 대해 대답하고 있습니다. 위증한 사람은 숨을 곳이 없으며, 마땅히 처벌받아야 한다고요. (……) 잠언서는 위선자가 거짓을 드러내고, 참된 사람은 진실을 드러낸다고 적고 있습니다. 우리는 여기서 진실과 거짓, 공모와 은폐에 대해 논하고 있습니다. 어둠이 지나면 빛이 비칩니다. 여러분은 어제의 어둠을 뚫고 나와 환한 내일로 나아갈 능력을 갖고 계십니다. 오직 여러분의 손에 달려 있습니다.

이제 바통을 여러분에게 전달할 것이고, 여러분은 정의를 위해, 올바르게 결정하실 겁니다. 저는 앞으로 다른 사건을 다루겠지만 클라크, 다든 검사처럼 실수하진 않을 겁니다. 이토 판사도 앞으로 다른 사건을 처리하시겠지만, 훗날 이 사건이 이토 판사가 다룬 심슨 사건으로 기록되길 바랍니다. 여러분이 심슨의 운명을 쥐고 있습니다. 공정하게 다뤄주시길 바랍니다. 계속되는 공작의 일부가 되지 말아주십시오. 검찰의 주장은 말이 안 된다는 사실을 기억하시고 무죄로 평결해주십시오. 전령자(혹시 있을 검사의 또 다른 변론에 대비해 '거짓 전령자'로 표현한 것이다)가 나와서 또다시 거짓말을 전하더라도 믿지 마시기 바랍니다. 이것은 진실을 찾는 일입니다. 제 말에 귀 기울여주셔서 감사합니다. 신의 가호가 함께하시길 빕니다."

ORENTHAL
JAMES
SIM
PSON

제14장
심슨은 무죄

"만일 여러분이 그가 제기한 항의의 실제 내용을

그에게 증명하도록 요구한다면,

여러분의 맹세와 법률에 따라 여러분이 판결하게 될 것이며,

우리 소송 의뢰인에게 정의가 이루어질 것입니다."

이사이오스의 『변론』에서

마침내 내려진 평결

심슨 사건은 인종과 성별에 대한 도덕성이 시험대에 오른 사건이다. 재판 전,《USA 투데이*USA Today*》와 CNN은 여론조사를 실시했는데 흑인의 60퍼센트는 심슨이 무죄, 백인의 68퍼센트는 심슨이 유죄라고 보았다.[256]

심슨 사건이 벌어지기 2년 전인 1992년, 네 명의 경찰관이 흑인 운전자 로드니 킹을 구타한 사건에 대해 무죄 평결을 내리자 폭동이 일어났다. 그래서 심슨에 대해 유죄 평결이 나면, 로스앤젤레스와 인근 자치구에 또다시 인종 폭동이 일어나리라는 공포가 커져만 갔다. 이에 대비해 로스앤젤레스의 모든 경찰관들이 12시간 교대 근무에 들어갔다. 또 평결이 나는 날, 만일의 폭동에 대비해 100명에 가까운 경찰관이 법정을 에워싸고 경계 태세에 들어갔다.[257] 빌 클린턴 대통령은 평결 때문에 전국적으로 폭동이 일어날 가능성에 대비하여 안전 대책을 브리핑했다. 전국적으로 약 1억 명이 하던 일을 멈추고, 평결 결과를 알기 위해 TV를 시청하거나 라디오를 청취했다. 그 시각, 장거리 전화의 58퍼센트가 줄었고, 뉴욕 주식 거래의 46퍼센트가 감소했다. 시민들이 욕실에서 물을 사용하지 않아 물 사용량이 현저히 줄었고, 공무원도 회의를 미루었다. 많은 사람들이 일을 멈추는 바람에, 평결로 인한 생산성 감소가 4억 8,000만 달러에 이르는 것으로 추산되었다.

연방대법원에서는 대법원 판사들이 텔레비전을 통해 변호인의 변론을 시청했다. 그리고 구두변론을 하는 동안 이루어진 평결 동향이 적힌 메모를 넘겨받아 읽었다. 의회는 다른 일로 잡혀 있던 기자회견도 취소했다.

10월 2일 월요일 오전 9시 16분, 열두 명의 배심원이 이토 판사 법정 뒤쪽에 있는 평의실에 모였다. 배심장 아만다 쿨리Armanda Cooley의 주재로 평의한 뒤 표결에 들어가기로 했다. 쿨리는 "유죄 또는 무죄라고 종이에 적어서 함에 넣어주세요"라고 말했다.

표결한 후 쿨리가 계수했고, 캐리 베스Carrie Bess가 받아 적었다.

"열 명은 무죄, 두 명은 유죄."

만장일치에 이르지 않아 배심원들은 쟁점별로 토론하면서 다시 평의에 들어갔다. 두 시간가량 평의한 후 표결에 부친 결과, 그날 오후 3시 무죄로 결론이 났다. 쿨리가 법정으로 통하는 버튼을 세 번

눌러 평결이 이루어졌음을 알렸다.

　10월 3일 수요일 아침, 100여 명의 인파가 이토 판사 법정 앞에 구름 떼처럼 모였다. 오전 9시 45분에 다든 검사가 법정으로 들어왔고, 3분 후 클라크 검사가 입장했다. 9시 55분, 코크런이 심슨의 누이와 함께 입장했다. 9시 59분에 수갑을 찬 심슨이 입장했다. 이윽고 이토 판사가 법정에 들어와 절차를 주재했다.

　"배심장님, 봉투를 열어 평결 서류를 확인해주시겠습니까?"

　이토 판사가 묻자 쿨리가 서류를 확인했다.

　"서명한 서류가 맞습니까? 그리고 그대로입니까?"

　"예, 그대로입니다."

　"심슨 씨, 배심원들 앞에 서십시오."

　심슨과 코크런을 비롯한 변호인 측이 모두 자리에서 일어났다.

　"로버트슨^{Robertson} 부인."

　이토 판사가 법원 참여관의 이름을 불렀다. 참여관이 사건명을 읽은 뒤 평결문을 낭독했다.

　"우리 배심원들은 공소사실 중 하나인, 니콜 브라운 심슨에 대한 형법 제183조 A를 위반한 중한 살인죄로 기소된 오린설 심슨에 대해 무죄로 평결합니다."

　'무죄'라는 말에 심슨은 미소를 띠고 환호하며 울 것 같은 표정을 지었다. 심슨 뒤에 있던 코크런은 배심원들을 바라보다 '무죄'라는 말을 듣자 심슨의 머리를 감싸 안고, 심슨의 어깨에 자신의 뺨을 묻었다.

　이어 로버트슨이 로널드 라일 골드먼에 대한 공소사실도 무죄로

법원 참여관이 무죄로 평결이 났다고 알리자, 심슨은 두 주먹을 불끈 쥐며 환호했다. 심슨 뒤에 있던 코크런 변호사는 배심원을 바라보다가 '무죄'라는 말을 듣고 심슨의 머리를 감싸 안았다.

평결 났다고 낭독했다. 그러자 킴 골드먼은 몸을 부르르 떨더니 머리를 감싸고, 아버지의 어깨에 머리를 묻었다.

이토 판사가 "피고인은 두 개의 공소사실에 대해 모두 무죄입니다"라고 담담하게 말했다.[258] 결국 배심원은 네 시간의 평의 끝에 만장일치로 피고인에 대한 두 개의 공소사실에 모두 무죄로 평결했다. 이토 판사가 473일간 구속되어 있던 심슨에게 석방을 명했다. 심슨의 아들 제이슨은 "믿기 힘든 악몽이 끝났습니다"라고 말했다.[259] 배심원들은 심슨과 마찬가지로, 자신들도 힘든 시기를 보냈다고 토로했다. 그리고 집으로 돌아가게 되어 기쁘다고 말했다. 배심원들은 합리적 의심을 할 만한 충분한 증거가 있었다고 말했다.

배심원 브렌다 모런^{Brenda Moran}이 "행복합니다. 오늘 밤은 푹 잘 수 있을 것 같아요. 우리는 올바르게 결정했고요, 증거를 두고 평가했습니다"라고 말했다. 평결이 왜 그렇게 빨리 이루어졌는지 묻자 "아홉 달 동안 배심원석에 앉아 있었습니다. 증거에 대한 얘기를 충분히 들었습니다. 여러분도 아홉 달 동안 증거에 대해 들었잖아요?"라고 말했다.[260]

평결에 대한 반향

온 나라가 숨죽이며 평결을 기다렸다. 심슨이 무죄로 평결 나자 흑인은 환호했고, 백인은 말문을 열지 못하고 얼어붙었다.[261] 평결 후 인터뷰에서 배심원 중 몇 명만 심슨이 살인을 저지른 것으로 믿는다고 말했다. 하지만 그들은 검사가 유죄를 입증하는 데 실패했다고 말했다. 배심원 중 세 명은 후에 『배심장^{Madam Foreman}』을 펴내는데, 그들은 여기서 경찰이 어떤 실수를 했고, 인종 문제가 아니라 경찰의 실수로 평결에 이르게 되었으며, 다든 검사는 검찰청이 보낸 허수아비로 보였다고 적었다. 무죄 평결을 비판하는 사람들은 재판 기간에 비해 평결 시간이 너무 짧았고, 대부분의 배심원들이 대학 교육을 받지 않았으며, 과학 증거를 이해할 능력이 없다고 지적했다.

조니 코크런은 재판이 끝난 후인 1996년 5월 12일, 서굿 마셜 로

법원 참여관 로버트슨은 로널드 라일 골드먼에 대한 공소사실에 대해 무죄로 평결 났다고 낭독했다. 그러자 로널드 골드먼의 여동생 킴 골드먼은 몸을 부르르 떨며 머리를 감싸고 아버지의 어깨에 머리를 묻었다.

스쿨의 강연에서 다음과 같이 말했다.[262]

"많은 사람들이 우리가 오 제이 심슨 사건에서 노력하는 것을 지켜보았습니다. 그러나 저는 매일 하나만 바라보며 걸어간다는 사실을 말씀드립니다. 저는 변호사이고, 변호인입니다. 다른 사람들이 사건을 어떻게 바라보는지는 생각하지 않습니다. 그건 중요한 게 아닙니다. 여러분이 변호사가 된다면, 의뢰인을 위해 윤리적으로든 도덕적으로든 최선을 다해야 합니다. 저는 변호사로서 신조를 갖고 있습니다. 저의 신조를 여러분도 함께 나누길 바랍니다. 저의 신조는 이렇습니다. '살아서 숨 쉴 때 나의 본령을 향해 험한 산을 오르며, 비록 미움이라는 어려움에 부딪힐지라도 변호사로서의 열정으로 범죄 혐의를 쓴 의뢰인을 변론할 것입니다. 의뢰인을 위해서라면 결코 쉴 만한 자리나 깊은 계곡이나 부드러운 초원을 찾지 않을 것입니다.'"

자신의 표현대로 코크런은 심슨 사건에서 '쉴 만한 자리'나 '푸른 초원'을 찾지 않고 투쟁하는 변호사의 모습을 보여주었다.

1996년, 로버트 샤피로는 『정의를 향한 탐색The Search for Justice』을 펴냈다. 책에서 샤피로는 리 베일리가 "예측 불허의 인물"이고, 조니 코크런이 법정에 인종 문제를 불러일으켰다고 언급했다. 샤피로는 이 책에서, 심슨이 인종차별로 인해 로스앤젤레스 경찰청에 엮인 것이라고 보지 않으나 합리적 의심 없는 입증이란 관점에서 볼 때 평결은 정확했다고 적고 있다.

마셔 클라크는 1998년에 『의심할 바 없이Without a Doubt』를 썼다. 클라크는 이 책에서 10대 때 강간당한 일부터 전남편의 구속과 같은 자신의 사생활을 비롯하여 심슨 재판을 자세히 다루고 있다.[263] 특히 그녀는 심슨 재판에 관해 배심원 선정부터 최후 변론까지 재판 절차를 자세히 기록했는데, 심슨이 무죄 평결을 받은 것이 인종차별이라는 변호인의 전략 앞에 흑인 배심원들이 진을 치고 있어 어떻게 해볼 도리가 없었다고 결론 내리고 있다. 클라크의 견해에 의하면,

온 나라가 숨죽이며 평결을 기다렸다. 심슨이 무죄로 평결 나자 흑인은 환호했고, 백인은 말문을 열지 못하고 얼어붙었다. 심슨의 가족은 무죄란 말에 환호했다. 그런데 심슨의 아들 제이슨만 환호하는 가족들 사이에서 심각한 표정을 짓고 있다. 무슨 이유에서일까? 둘째 줄 왼쪽부터 네 번째, 심각한 표정을 짓고 있는 남자가 제이슨이다.

검사가 제출한 증거로 쉽게 유죄 평결이 가능했지만, 인종 및 스타라는 쟁점과 사법 체계가 타협하는 바람에 어긋났다는 것이다.

전 로스앤젤레스 지방검사인 빈센트 버글리오시는 『격분Outrage』에서 클라크와 다든 검사를 비판하며, 이들의 잘못을 지적했다. 특히 심슨이 도주하기 전에 쓴 편지를 증거로 제출하지 않은 점을 질책했다. 버글리오시는 이 편지가 유죄라는 냄새를 풍기고 있으므로 배심원들이 볼 수 있도록 해야 했다고 지적한다. 또한 브롱코에서 발견된 갈아입을 옷, 많은 현금, 여권, 분장용품 등을 배심원들 앞에 제시하지 않은 점도 지적했다. 이에 대해 검찰 측에서는 이 증거들은 심슨이 도주를 시도했다는 사실을 증명할 수 있겠지만, 오히려 심슨에 대한 동정을 불러올 수 있고 재판에 해로운 결과를 초래할 수 있었다고 해명했다.

심슨은 살인 사건이 나던 날, 손가락을 다친 것과 관련해 경찰관에게 불리한 진술을 했다. 처음에는 시카고 호텔 방에서 우연히 깨진 유리잔에 베였다고 주장했다가, 몇 분도 안 되어 칼에 찔렸다고 했다가, 왼쪽 가운뎃손가락이 어떻게 찔렸는지 잘 기억나지 않는다며 진술을 번복했다. 버글리오시는 클라크와 다든이 이러한 진술이 담긴 테이프를 배심원들 앞에서 틀어주지 않은 것도 비판했다. 버글리오시에 따르면, 심슨이 전처를 어떻게 폭행했는지 검사가 자세히 파고들지 않았다는 것이다. 또한 심슨이 흑인 사회에 영향력이 별로 없고, 그가 이룬 성과에 걸맞게 흑인을 위해 한 일이 크게 없다는 사실을 배심원단 대부분을 차지하는 흑인들이 알 수 있도록 설명해야 했다고 지적했다. 버글리오시는 살인 사건과 심슨의 인종이 전혀 무관하다는 것을 검사들도 잘 알고 있었다고 본다. 따라서 변호인이 이 문제로 '문을 열었을 때', 심슨이 흑인 사회에서 잘못한 점을 내세우며 치고 나갔어야 했다는 것이다. 그리고 범인을 찾으려는 지나친 열의 때문에 심슨을 엮으려 한 것이 아니란 점을 밝히고, 이와 관련된 증거를 제출하여 배심원이 편견에 사로잡히지 않도록 해야 했다고 주장했다. 그는 검사의 최후 변론 역시 부적절했음을 지적했다.

버글리오시는 브렌트우드에서 발생한 사건은 대부분 샌타모니카에서 재판이 열리는데, 로스앤젤레스의 백인 거주지가 아닌 곳에서 재판하기로 한 것은 검사의 큰 실수라고 지적했다. 그로 인해 배심원 선정 때 피고인의 변호인은, 검사가 잠재적인 흑인 배심원을 가려내는 것을 어렵게 했다고 본다. 인종에 근거하여 배심원을 기피하는 것은 금지된다. 캘리포니아 법원은 인종에 근거해 배심원을 가리는 것을 금지하고 있으며,[264] 연방대법원도 이를 금지하고 있기 때문이다.[265]

버글리오시는 범행 현장에서 혈흔이 발견되었고 그 혈흔이 심슨의 것으로 밝혀졌는데, 다른 무슨 증거가 필요하냐고 반문한다. 범행 현장에서 발견된 다섯 개의 핏방울과 니콜의 집 후문 근처에서 발견된 세 개의 혈흔은 모두 DNA 검사를 거쳤고, 여기에는 PCR과 RFLP 검사법이 동원됐다. 다섯 개의 핏방울 중 네 개에 대하여 PCR 검사를 한 결과, 세 개는 24만 명 중 1명꼴의 확률로, 네 번째 핏방울은 5,200명 중 1명꼴의 확률로 전부 심슨의 피로 밝혀졌다. 다섯 번째 핏방울에 대해서는 RFLP 검사를 한 결과, 심슨의 것으로 밝혀졌다. 이 핏방울은 니콜의 집 후문에서 발견된 샘플이었다. RFLP 검사에 따라 확률을 계산하면 570억 명 중 1명만 일치될 확률이 있다. 이에 따라 버글리오시는 심슨이 무죄일 확률은 570억분의 1이라고 주장한다.

버글리오시는 심슨이 살인범이 아니라면 세 가지 설명이 가능하다고 본다.

첫째, 심슨이 범행 시각 전에 피를 흘린 경우다.
둘째, 심슨이 니콜과 로널드를 죽일 때 정당방위 상황에서 상해를 입은 것이다.

셋째, 경찰 수사관이 심슨의 피를 그곳에서 발견되도록 증거를 조작한 것이다.

버글리오시는 이 모든 가설이 있을 수 없는 일이라고 주장한다. 그는 무죄 평결이 나던 날 심슨이 집에서 축하 파티를 열었는데, 무참히 살해된 두 사람은 무덤에서 울부짖었을 것이라고 성토했다.[266]

이에 대해 지방검사 가르세티의 지지자들은 법정을 옮기로 결정한 것은 로스앤젤레스 지방법원 재판장이지, 지방검사가 아니었다고 두둔했다. 또 법정이 옮겨진 것은 샌타모니카 법정이 노후되어 안전 문제 때문에 어쩔 수 없었다고 주장한다. 반면 가르세티를 비판하는 쪽은 가르세티가 눈앞의 일들에만 연연해 재판을 진행했고, 그래서 심슨으로 하여금 피 묻은 장갑을 껴보도록 했다고 지적했다. 이들은 심슨의 장갑이 맞지 않은 것은 장갑이 너무 많이 훼손되었기 때문이라고 본다. 그러나 심슨에게 장갑을 껴보게 한 것은 다든 검사였다. 검사가 과거 인종차별 발언을 한 마크 퍼먼을 증인석에 세운 것도 실수였다고 지적하는데, 이에 대해 로스앤젤레스 경찰청은 어차피 변호인 측에서 마크 퍼먼을 증인으로 불렀을 것이고, 재판이 시작된 후에도 매키니의 테이프가 있는지 아무도 몰랐다고 반박했다.

인종 문제와 재판의 관계에 대해서는 재판이 끝난 뒤에도 오랫동안 논의가 이어졌다. 한쪽에서는 많은 흑인들이 실제로 심슨이 살인범일 수 있다고 생각하면서도, 경찰과 검찰의 공정성과 신빙성에 더 의문을 품었고, 그 결과 경찰이 제시한 증거를 더 의심하게 되었다고 본다.

심슨 재판을 가리켜 '세기의 재판'이라고 말하는데, 심슨이 유명 인사여서 '세기의 재판'이 된 것은 아니다. 그렇다면 어떻게 테니스 코트만 한 작은 법정에서 이루어진 심슨 재판이 세기의 재판이라는 반열에 오르게 된 것일까? 그것은 오로지 '재판의 공개'와 '충실한 심리'라는 교과서적인 원칙을 우직하게 고수한 결과였다. 그리고 그 동안 이룩한 이론과 실무에서의 성과가 재판에 반영되었고, 그것이 공개재판을 통해 세상에 알려진 것이었다. 그리고 이 재판을 통해 미국의 형사재판도 한 단계 도약할 수 있었다.

인종주의는 과연 통했나?

오 제이 심슨은 스포츠와 연예계라는 화려한 세계의 빛나는 스타였다. 심슨은 대학 미식축구 선수로서는 최고의 영예인 하이즈먼 상을 받아 자신의 카리스마를 만들었고, 전국 미식축구연맹 명예의 전당에 헌액되었다. 그리고 1970년대 슈퍼스타로 은퇴한 뒤에는 연예계에 입성해 스포츠 해설가와 광고 모델, 배우로도 활약했다.[267] 심슨은 아메리칸 드림의 상징이며, 출신이나 인종에 상관없이 재능만 있으면 누구나 성공할 수 있다는 살아 숨 쉬는 증거였다.

미국 사회에서는 피부색이 다른 사람들끼리의 결혼은 사랑으로 시작해 슬픔으로 막을 내린다는 말이 있다. 그래서 심슨 사건을 바라보는 이야기들도 이러한 인종의 색깔을 입고 입에 오르내리는 경우가 많다. 심슨이 제아무리 성공하고 유명한 인사였더라도 결국에는 이런 인종주의의 편견에서 벗어날 수 없었던 것이다.[268] 검찰은 심슨이 배우자를 폭행한 전력이 있는 사람으로, 질투심에 눈이 멀어 전 부인을 살해했다고 주장했다. 변호인은 인종주의와 탐욕, 이런 대형 사건에서 패소할 것을 우려한 나머지 심슨을 용의자로 몰기 위해 검찰이 피와 섬유 등을 심고, 조작했다고 주장했다. 재판이 진행되는 동안 언론은 그들만의 시각으로 재판을 보도했다. 말하자면 사실이야 어떻든 사람들이 호기심을 기울일 만한 인종주의, 매 맞는 여성, 슈퍼스타에 초점을 맞춘 경향이 짙었다. 인종주의 관점에서 바라보는 언론도 세 갈래로 나뉘었다. 오로지 인종주의가 평결을 이끌었다는 진영, 인종주의에 대한 배심원들의 경험이 평결에 영향을 주었다는 진영, 평결은 곧 인종주의의 상징이라는 진영이었다.

변호인이 인종주의 카드를 꺼내 든 이후의 숱한 여론조사를 보면, 미국의 많은 흑인이 심슨이 경찰의 인종차별에 당했다고 생각했다. 실제로 《로스앤젤레스 타임스》의 여론조사를 보면, 로스앤젤레스에 사는 흑인의 75퍼센트가 심슨을 인종주의의 희생양으로 생각하고 있었다. 그러나 평결 후 다수의 미국인들은 변호인이 부당하게 법정에 인종주의를 끌어들였다고 생각하는 것으로 나타났다. 다만 흑인들도 이렇게 생각하고 있는지에 대해서는 알려진 바가 없다. 마크 퍼먼이 지난 10년간 '깜둥이'란 말을 한 사실이 없다고 위증한 직후, 다든 검사는 이런 저속한 말이 더 이상 법정에서 쓰여서는 안 되고,

진실을 발견해야 하는 법정에서 더 이상 흑인 배심원들을 당황하게
하는 이와 관련된 입증이 허용되어서는 안 된다고 변론했다.[269]

조지워싱턴 대학교 법사학 교수인 로버트 커트롤Robert J. Cottrol은 '세
기의 재판'도 시간이 흐르면 대중의 관심에서 멀어질 것이라고 내
다봤다. 그리고 심슨 사건은 인종주의에 따라 미국 사람들이 어떻게
갈라지는지를 보게 된 사건으로, 재판과 인종 문제에 대한 비판적인
문제 제기의 도화선이 되었다고 보았다.[270]

아이오와 대학교 법과대학 교수인 데번 카베이도Devon W. Carbado는 심
슨이 전처를 폭행한 증거가 있음에도, 많은 흑인들이 심슨을 경찰
과 검찰의 인종주의 음모의 희생양으로 바라본 것에 의아해했다. 그
리고 이 같은 배후에는 흑인 사회에서 남성이 여성에 대해 성적으
로나 물리적으로 폭력을 행사하게 된 이유가 백인에게 정치적, 경제
적으로, 또 심리적, 육체적으로 인종차별을 당했기 때문이라고 보는
견해가 있어서라고 주장한다. 그래서 가정 폭력이 있음에도 정치적
으로 용서해주는 경향이 있고, 많은 흑인들이 심슨 사건을 가정 폭
력의 문제가 아닌 인종주의의 문제로 본다는 것이다. 하지만 카베이
도의 주장에 대해서는 두 가지로 반박이 가능하다. 첫째, 카베이도
는 많은 흑인들이 심슨 사건을 가정 폭력의 문제가 아닌 인종주의로
바라본다고 주장하지만, 심슨은 살인 사건으로 재판을 받은 것이지,
가정 폭력으로 재판을 받은 게 아니다. 둘째, 카베이도는 흑인 사회
에서 벌어지는 여성에 대한 폭력이 흑인 남성들이 백인으로부터 차
별을 받아서 쌓인 울분을 상대적으로 더 약자인 여성을 향해 풀어내

는 것이라고 주장한다. 그러나 니콜 브라운은 백인이므로 심슨이 백인으로부터 차별을 받아 여성에게 폭력을 행사한다고 보는 것은 잘못이다. 하지만 카베이도는 심슨이 가정 폭력을 행사한 것과 살인 사건은 관련이 있다고 주장한다. 이 문제에 대해서는 심슨 사건 때 변호인과 검사가 서로 다른 주장을 펼쳤으므로 독자 여러분의 판단에 맡긴다.

카베이도는 니콜 브라운이 흑인이었다면, 흑인 사회가 과연 심슨에게 동정적이었을지 의문을 제기한다. 그러나 이에 대해서도, 심슨이 유명해진 뒤에 흑인보다는 오히려 백인과 어울리려고 애썼다는 사실로 반박할 수 있다. 또한 카베이도는 흑인 사회에선 가정 폭력이 크게 문제시되지 않음도 지적한다.[271]

콜로라도 대학교 로스쿨 교수인 메리앤 웨슨Marianne Wesson은 『정체성 설명identity explanation』에서 정체성은 연대감이라는 과정을 통해 결과에 영향을 미친다고 한다. 그래서 흑인은 심슨이 무죄로 평결한 것이 옳다고 평가한다. 그리고 여성은 심슨의 무죄 평결이 잘못되었다고 본다는 것이다. 하지만 이에 대한 반론도 만만찮다. 콜로라도 대학교의 폴 캠포스Paul Campos 교수는 심슨이 실제 흑인이 아니라고 본다. 그는 성공한 유명 인사로, 흑인 사회와 동떨어져 백인과 어울리려고 노력했다. 또 성별에 따라 정체성에 차이가 난다면 살해된 로널드 골드먼은 남성이므로 성별에 의해 정체성이 결정된다는 것은 잘못이라고 지적한다.[272]

장님이 코끼리를 만지다

평결이 있고 나서 《샌디에이고 유니언 트리뷴_San Diego Union Tribune_》은 "심슨이 평범한 집안 출신의 평범한 사람이었다면 아마 25년 이상 징역을 살아야 할 것이다. 그러나 심슨은 최고의 변호사를 선임할 돈이 있었기 때문에 지금 브렌트우드 저택으로 돌아와 샴페인을 터뜨리고 있는 것이다"라고 보도했다.

　많은 사람들이 심슨의 재력이 재판에 영향을 끼쳤을 것으로 본다. 한 기자는 심슨이 변호사비로 600만 달러를 썼을 것이라고 보도했다. 실제로 심슨은 미국에서 가장 유명한 변호사들을 선임했고, 언론에서는 이들을 드림팀이라고 불렀다. 뿐만 아니라 사립 탐정을 고용하는 데 많은 돈을 썼고, 많은 유명한 전문가와 협업했다. 대부분의 피고인은 혼자서 이런 전문가를 댈 수 없다. 이처럼 많은 변호사와 전문가, 사립 탐정이 팀을 이룬 것이 결과를 달리 만들었을까? 물론 그렇다. 이들은 재판에 지대한 영향을 미쳤다.

　대부분의 형사 피고인은 심슨처럼 자신을 변호할 수 없다. 그렇다면 헌법상의 동등한 대우를 받을 권리는 어떻게 되었나? 실제로 능력 있는 사람이 재력을 동원하여 자신을 변호하는 경우와 돈이 없어 제대로 된 법률 전문가의 도움을 받지 못하는 경우의 차이는 클 수밖에 없다. 특히 심슨 사건처럼 유무죄를 다투고, '합리적 의심 없는 입증'이라는 원칙을 적용할 때 그 차이는 더 선명하게 보일 수 있다. 그렇더라도 능력 있는 사람이 자신을 변호하기 위해 전문가를 동원하는 것을 제한할 수는 없다. 실질적인 평등을 위해서는 능력 없는 피고인이 전문가에게 쉽게 접근할 수 있는 사회적 제도와 장치가 필요하다.

심슨 사건을 전후해 많은 여론조사가 이루어졌다. 여론은 심슨이 과연 유죄인지 무죄인지에서부터 재판이 공정했는지, 인종과 성별에 따라 재판이 갈라졌는지 등 다양한 결과가 나왔다. 어떤 이는 세기의 재판이 과열된 것이고, 사람들의 기억에서 곧 사라질 것으로 내다보았다. 그러나 또 다른 이는 심슨 재판이 전혀 이상하지 않으며, '법의 지배rule of law'를 구현한 것이라고 평가했다.

심슨 평결 이후 다양한 개혁론이 제기되었다. 법정 카메라를 금지하자, 배심원의 행동을 분석하고 자문해주는 배심 상담사[273]를 제한하자, 최후 변론을 제한하자, 증인이나 재판에 관여한 사람이 자신의 얘기를 책으로 쓰거나 파는 것을 금지하자 등의 의견이 쏟아졌다. 노스웨스턴 대학교 교수 로널드 앨런Ronald Allen은 미국의 재판은 대륙법과 같이 '만들어진' 제도가 아니라 '만들어가는' 제도이므로 함부로 손댈 수 없다고 본다. 콜로라도 대학교 교수 윌리엄 피치William Pizzi도 앨런의 의견에 동조한다. 미국의 재판 제도처럼 만들어가는 제도는 손대기 어렵고, 잘못 손대면 전혀 의도하지 않은 나쁜 결과가 나올 수 있다고 진단 내린다.[274]

언론의 프리즘을 통해 심슨 사건을 들여다보면 이 사건은 우리에게 인종, 성, 유명 인사 등에 대한 끊임없는 논제를 던진다. 그러나 한 사람의 비극은 이렇게 단순한 프리즘으로 보기에는 너무 복잡하다. 이런 프리즘을 이용하면 사회를 지배하는 역학 관계를 좀 더 쉽게 설명할 수 있을지는 모른다. 그러나 우리가 정말 잊지 말아야 할 점은 이 잔혹한 사건을 책임질 사람이 과연 누구이며, 진짜 범인은 누구인가 하는 문제이다. 인종과 성이란 신화와 이념에 따라 사회현상을 들여다보게 하는 것은 우리를 언론의 수동적인 소비자로 만드는 과정일 수 있다.[275]

캘리포니아 대학교 교수 키스 윈게이트[C. Keith Wingate]는 심슨 평결이 난 후 다양한 사람들이 각기 다른 논평을 한 것을 지켜보았다. 그리고 '장님 코끼리 만지기'란 우화를 떠올리면서, 사람들은 자신들이 아는 대로 얘기할 뿐, 정작 심슨 사건 전체를 알고 얘기한 사람은 드물다고 꼬집었다.[276]

정황증거만으로 유죄를 선고할 수 있나?

심슨 사건에서는 심슨이 피해자들을 살해한 장면을 목격한 증인이나 살해 도구 등 직접증거가 없고 정황증거만 있다. 이럴 경우, 과연 정황증거만으로 유죄를 선고할 수 있을까?

이 문제와 관련하여 미 연방대법원은 홀랜드 사건 때 직접증거와 정황증거는 "본질적으로 차이가 없다"라고 판시했다.[277] 이 사건에서 검사는 '순자산 기법'에 따라 피고인을 조세 포탈죄로 기소했다. 홀랜드[Halland]는 1948년도의 세금을 포탈한 혐의를 지고 있었다.

1948년에 홀랜드의 순자산이 3만 2,000달러나 증가했지만, 그는 1만 211달러의 소득만 신고했다. 홀랜드는 세무 당국이 1933년 이전의 10만 달러에 이르는 현금 자산의 증가에 대하여, 자신이 세금을 누락한 사실을 제대로 입증하지 못했다고 주장했다. 이에 대해 정부는 1926년부터 1940년까지 피고인의 소득이 10만 4,000달러 증가했지만 피고인이 이에 대해 납득할 수 있도록 해명하지 못했으므로 조세 포탈이 맞다고 주장했다. 그러나 피고인이 조세 포탈을 했다는 직접증거는 없었다. 이 사건에서 미 연방대법원은 정황증거만으로는 검사의 입증이 부족하다는 피고인의 주장을 받아들이지 않고, 다음과 같이 밝혔다.[278]

> 이러한 정황증거는 본질적으로 '공술 증거testimonial evidence'와 다르지 않다. 정황증거가 몇몇 사건에서 완전히 잘못된 결론에 이른 사실을 받아들이더라도 정황증거는 공술 증거와 다를 바 없다. 배심원은 정확한지 여부와 잘못된 추론을 유발할 가능성이 있는지 여부에 대하여 질문할 수 있다. 배심원은 개연성을 판단함에 있어 인간과 사물에 대한 경험을 사용해야 하며, 이를 통해 합리적 의심 없는 평결에 이르면 족하다.

이후에도 법원은 정황증거가 다른 모든 합리적 가설을 배제할 만큼 충분한 경우에는 실종된 사람의 사망 사실과 살인 그리고 피고인의 유죄를 입증할 수 있다고 밝혔다.[279] 그리고 연방법원과 다수의 주법원 역시 정황증거만으로 유죄를 선고할 수 있다고 보고 있다.

그렇다면 정황증거만으로 유죄를 입증하려 할 때는 어떤 요건을 갖추어야 할까? 직접증거가 없는 경우, 대부분의 주(州)에서 정황증거가 피고인이 유죄라는 가설과 일치하고, 피고인이 무죄라는 모든 합리적 가설과 불일치되어야 한다는 요건을 요구해왔다.[280] 그러나 이러한 '합리적 의심 없는 입증'과 '모든 합리적 가설의 배제exclude every reasonable hypothesis'라는 요건을 정확히 구체화하기란 어렵다. 이와 관련하여 아칸소주 대법원은 다음과 같이 판단한다.[281]

> 정황증거로 판결하기 위해서는 '실질 증거substantial evidence'가 갖추어져야 한다. 정황증거에 대한 오래된 규칙에 의하면, 정황증거는 피고인이 무죄라는 모든 합리적 가설을 배제할 만큼 실질이 있어야 한다. 정황증거가 무죄라는 모든 합리적 가설을 배제할 만큼 실질이 있느냐의 문제는 배심원이 판단할 문제다. 다시 살펴볼 때, 법원은 배심원이 평결함에 있어 이러한 숙고에 이르렀는지를 검토해야 한다.

위 사건에서 법원은 "피고인이 무죄라는 모든 합리적 가설을 배제해야 하는 입증"이라는 요건 외에 '실질성'이라는 요건을 추가로 제시하고 있다. 이러한 논리는 이후의 연방법원 판례에서도 이어지고 있다.[282]

이상에서 보듯, 미 연방대법원, 연방법원, 다수의 주법원은 정황증거만으로도 피고인에게 유죄를 선고할 수 있다고 보고 있다. 그리고 정황증거에 따라 유죄를 인정하기 위해서는 '실질성'이란 관문을 통과해야 한다. 그리고 검사는 피고인이 무죄라고 추정하는 '합리적 의심'이 없도록 입증해야 한다.

심슨 사건으로 돌아가보자. 그리고 코크런의 최후 변론을 상기해보자. 코크런은 알리바이, 장갑이 손에 맞지 않은 사실, 변장에 대한 의문, 혈흔 증거에 남는 의문, 사건 당일 심슨의 심리 상태, 심슨과 피해자들의 상처, 지문, 시간대, 양말에 묻은 피에서 나온 혈액응고 방지제, 브롱코의 혈흔, 마크 퍼먼의 테이프, 영장 없는 수색, 카토의 울음 등 합리적 의심이 들 만한 의문을 제기했다. 그리고 변호인들은 이런 의문에 기초하여 여러 가설을 제시했다. 그렇다면 검찰은 과연 이러한 의문과 가설을 모두 배제할 만한 압도적인 증거를 제시하고, 배심원을 충분히 납득시켰을까?

배심원은 어떻게 이해했나?

콜로라도 대학교 심리학 교수인 리드 해스티[Reid Hastie]와 낸시 페닝턴[Nancy Pennington]에 따르면, 대중은 심슨 사건에 대해 큰돈이 들어간 사건이라거나, 저명한 변호사가 아홉 달 동안 현란한 수법으로 법정을 휘저은 이미지 등으로 인식하고 있다고 했다. 그것은 바로 많은 증거와 가슴을 저미는 증언, 피해자들의 참혹한 사진, 지적이고 과학적인 증거의 분석, 마음을 움직이는 변론 기술, 심슨이라는 할리우드 영웅의 등장이다. 이에 따라 심슨 사건은 오늘날 미국인에게 형사재판에 대한 인상과 태도를 바꾼 가장 영향력 있는 재판이 되었다. 두 교수는 심슨 사건 때, 배심원들이 '설명에 기반한 의사 결정'을 내렸다고 본다. 법정에 들어온 많은 증거들이 따로 떨어져서는 이해하거나 연결고리를 찾기 어려웠다. 그래서 검사나 변호인은 배심원들에게 퍼먼의 증언, 혈흔 분석, 가정 폭력의 연관관계를 이야기 형태로 설명했다. 두 교수는 심슨 사건이 몇 가지 관점에서 배심원들에게는 결코 쉽지 않은 사건이었다고 본다.

> 첫째, 직접증거는 없고 정황증거만 있다. 목격자도 없고, 살해 도구도 발견되지 않았다. 혈흔 분석, DNA 분석 등이 있었지만 '개연성'만 설명할 뿐이고, 이에 대한 해석도 전문가마다 달랐다. 더구나 주요 증거가 조작되었다거나 오염된 것으로 주장하고 있기 때문에 판단하기가 매우 어렵다.
> 둘째, '합리적 의심 없는 입증' 원칙에 따라 판단하라며 그에 대한 설명을 했지만, 합리적 의심이 무엇인지 이해하기 어렵다.
> 셋째, 사건이 너무 복잡하다. 많은 증거가 제시되었지만, 모두 논란이 되었다. 그리고 성격, 동기에 대한 증거들을 모두 허용하여 어떤 기준으로 판단해야 하는지 이해하기 어렵다.
> 넷째, 재판이 9개월간이나 지속되었고, 격리된 채 재판에 임하는 배심원들이 너무 지쳤다.

심슨 사건에서는 많은 증거가 제출되었는데 이 증거들은 수집 단계부터 논란이 되었다. 각각의 조각들이 배심원들 앞에서 컨베이어 벨트에 실려오듯 제출되었으며, 마치 퍼즐 맞추기처럼 제각각 떨어져 있어 평가하기가 어려웠다. 그래서 이야기 형태로 설명해주어야 개개 증거 사이의 관계를 이해할 수 있게 된다고 본다.[283]

배심원의 의심은 과연 합리적이었나?

대다수의 미국인, 특히 대다수의 백인은 심슨이 니콜 브라운과 로널드 골드먼을 살해했다고 생각하며, 배심원들이 만일 합리적이었다면 달리 판단했으리라 본다. 《워싱턴 포스트 *Washington Post*》가 심슨에 대한 평결이 난 후 며칠간 실시했던 여론조사에 따르면, 응답자 중 70퍼센트를 차지하는 백인들은 심슨이 유죄라 생각했고, 전체 응답자의 63퍼센트는 배심원들이 편견을 갖고 있다고 생각했다. 전국적으로 볼 때 60퍼센트가 심슨이 유죄라 생각했고, 56퍼센트가 배심의 평결에 동의하지 않았으며, 51퍼센트는 배심원들이 편견을 갖고 있다고 생각했다. 다시 말해서 여론은 배심원들의 평결에 대해 "인종주의적이고 잘못되었으며, 터무니없고 비이성적이고, 어리석은 결정"으로 보았다.

그러나 이러한 대중들의 견해와 달리, 배심원들은 '합리적 의심 없는 입증'이라는 원칙에 따라 증거를 평가했다. 유죄로 평결하기 위해서는 합리적 의심을 넘어서야 하는데, 배심원들은 검사의 입증이 이 같은 기준에 못 미쳤다고 본 것이다.

'합리적 의심'을 어떻게 정의 내릴 것인가의 문제에 대해, 연방대법원은 구체적으로 정의 내리기가 어렵다고 본다. 법원은 "배심원이 알아듣기 쉽게 합리적 의심을 설명하는 것은 어렵다"면서 "계속 설명하려 든다면 이 용어를 이해하는 일 자체를 포기해야 한다"라고 선언했다. 법원은 '합리적 의심'을 좀 더 구체적으로 설명하는 것은 불필요하며, 몇 마디 덧붙인다 해서 도움이 되지 않는다고 본다. 법원은 더 나아가 "합리적 의심이란 머리로 생각하는 것이 아니라 온몸으로 느끼는 것이다"라고 주장했다.

용어의 애매모호함에 대해 미 연방법원 판사 뉴먼^{Newman}은 "연구에 의하면, (합리적 의심이라는) 용어는 예측 불허의 판결을 불러옵니다. 여기에 대한 연구에 따르면 이런 애매모호하고 폭넓은 용어의 사용으로 배심원은 각기 다른 해결을 하게 될 것입니다"라고 꼬집었다. 결국 법원은 용어의 정의를 포기한 채 배심원의 상식에 맡겨두었고, 배심원은 양 대리인의 최후 변론을 듣고 판단을 내리게 된다. 물론 배심원에게 전형적인 설명이 주어지지만, 변호인은 최후 변론 때 합리적 의심에 대해 다시 한 번 강조한다.[284]

심슨 사건에서 이토 판사는 배심원들에게 '합리적 의심'을 다음과 같이 설명했다.

"인간사는 일말의 가능성 혹은 단순한 상상을 통한 가능성과도 연관되어 있으므로 단순히 가능할 것이라고 보는 의심은 합리적 의심이 아닙니다. 모든 증거를 전체적으로 비교하고 숙고한 후에 배심원이 마음속으로 '기소된 사건의 진실과 관련시켜 볼 때 유죄이다'라고 말할 수 없는 것을 의미합니다."

배심원들이 심슨 사건에서 이러한 설명에 따라 판단했을까? 재판에 참여한 더쇼위츠는 '합리적 의심'이라는 관점에서 배심원들이 다음과 같이 올바르게 의심했다고 본다.[285]

필립 배내터는 경험이 많고 살인 사건에서 인정받는 수사관이다. 배내터는 범행 현장에 오전 4시 30분에 도착했다. 그리고 얼마 후 배내터를 비롯한 퍼먼, 랭, 필립스 등 네 명의 경찰관은 오전 5시 10분쯤 심슨의 저택으로 갔다. 경찰관들이 심슨의 집으로 전화했지만 아무도 받지 않았고, 퍼먼은 브롱코에 혈흔이 묻어 있는 것을 보았다. 그러자 배내터는 퍼먼에게 담장을 넘어 문을 열라고 지시했다. 따라서 첫 번째 법적 논쟁은 영장 없이 심슨의 주택에 들어간 행위다. 배내터는 선서하고 증언하면서 로킹엄 저택에 갈 때 심슨을 용의자로 생각하지 않았다고 주장했다. 퍼먼, 필립스, 랭은 로킹엄 저택에 간 목적이 심슨에게 전처의 사망 소식을 알리고 아이들을 어떻게 할지 얘기하기 위해서였다고 증언했다. 이들의 상관 역시 심슨 저택으로 경찰관을 보낸 것은 심슨에게 통지하기 위해서라고 증언했다. 그러나 배심원들은 이 말을 믿지 않았다. 노련한 수사관들이 전처를 폭행한 전력이 있는 심슨을 용의자로 보지 않는다는 것은 말이 안 된다.

배심원들은 한발 더 나아가 경찰관이 증거를 조작하지 않았는지, 왜 퍼먼이 담장을 넘어 들어갔는지 의심의 눈초리로 바라보았다. 배심원들은 경찰들이 확실해 보이는 혐의자를 옭아매기 위해 서로 거짓말을 하고 은폐하고 있는 게 아닌지 의심했다. 그리고 배내터가 왜 혈액 샘플을 곧바로 검사소에 갖다주지 않고 세 시간 동안 주머니에 넣고 다녔는지 의심의 눈초리로 바라보았다.

이러한 상황들은 배심원들이 혈흔에 대한 다른 증언들까지 의심스러운 눈초리로 바라보게 했다. 또 살인 사건 다음 날 아침, 심슨의 침실에서 발견된 양말도 의심스럽기는 마찬가지다. 그다음으로 의심 가는 것이 양말에 묻은 혈흔의 형태였다. 니콜 브라운의 집에서 발견된 증거에도 몇 가지 의문이 있다. 피 묻은 장갑 역시 의문이 많다. 모자에서 발견된 모발의 경우, 많은 흑인의 모발과 같다. 경찰은 범행 현장의 털모자에서 발견된 모발과 로널드 골드먼의 셔츠에서 발견된 모발을 현미경으로 관찰하여 그 특징을 비교하고 분석했다. 그러나 현미경을 통해 모발을 비교하고 분석하는 방법으로는 그 모발이 누구의 것인지 단정할 수 없다. 만일 오늘날의 분석 기술이 있었다면 결과가 달라졌을지도 모른다. 털모자에서 발견된 모발에 남아 있는 모근을 통해 모발의 주인을 확인할 수 있기 때문이다. 다른 증거들도 마찬가지다. 섬유 역시 결정적이지 않고, 심슨의 신발 사이즈는 미국 남자들 수백만 명의 수치와 같다. 그리고 장갑은 심슨의 손에 맞지 않았다.

이렇게 직접증거 없이 정황증거만 있고, 그 정황증거조차 신빙성이 떨어질 경우 배심원은 두 가지 결론에 이를 수 있다.

첫째, 정황증거가 오염되지 않았고, 정황증거만으로도 합리적 의심을 배제할 수 있다고 보는 것이다.

둘째, 정황증거가 오염되었고, 남은 증거만으로는 합리적 의심을 배제할 수 없다고 보는 것이다.

변호인은 시간상으로 볼 때, 심슨이 두 명을 무참히 난자하여 살해한 뒤, 개가 구슬프게 짖는 사이 집으로 돌아와 에어컨 실외기를 세 번 치고, 자신의 몸을 깨끗이 닦을 정도의 시간은 되지 않는다고 강력하게 주장했다. 범행 동기에 대해서도 배심원들은 검사의 가정 폭력에 대한 증거에 동조하지 않는 듯했다. 가정 폭력을 하는 남자들 대다수는 살인을 저지르지 않는다. 그리고 5년 동안 있었던 폭행에 대해서도 배심원들은 별로 동조하지 않는 듯했다. 물론 더쇼위츠의 이러한 진단과 달리, 배심원들의 의심이 합리적이지 않았다고 보는 견해도 많다. 배심원들의 의심이 합리적이었는지는 다음 장에서 자세히 언급하겠지만, 필자가 보기에도 배심원들이 합리적으로 의심할 사유가 여럿 있었다. 이에 대한 판단은 독자에게 맡긴다.

ORENTHAL
DAMES
SIM
PSON

제15장
합리적 의심이란 무엇인가

무지를 안다는 것은 무지가 아니다.

진실 전체를 발견하기가 어렵다는 사실을 아는 것이 지식이다.

레오 스트라우스의 『정치철학이란 무엇인가』에서

합리적 의심의 유래

심슨 사건 평결 이후 이루어진 여론조사에서는 응답자의 70퍼센트가 이토 판사에 대해 잘했거나 훌륭하다고 평했다. 마셔 클라크에 대해선 79퍼센트, 조니 코크런에 대해서는 58퍼센트가 잘했거나 훌륭하다고 평가했다. 그러나 배심원에 대해서는 30퍼센트만 잘했거나 훌륭하다고 평가했다. 평결이 난 후, 한 배심원은 언론과의 인터뷰에서 이렇게 말했다.

"오 제이가 범행했을 가능성이 있다고 생각했지만, 합리적 의심이 없는 확신이 들기에는 충분치 않다고 생각했습니다."

샌타클래라 대학교 로스쿨 교수이자 심슨 사건의 공동 변호사인 제럴드 우얼먼은 이 배심원의 말을 듣고 놀랐다고 한다. 배심원들은 법원이 나눠준 설명서를 정확히 이해하고 따랐다. 배심원들의 평결은 그야말로 '합리적 의심 없는beyond a reasonable doubt' 입증 원칙을 충실

하게 따른 것이었기 때문이다.[286]

이러한 '합리적 의심 없는 입증'은 어디에서 유래했을까? 캘리포니아 대학교 교수인 바버라 샤피로[Barbara Shapiro]는 영미법을 상징하는 '합리적 의심 없는 입증'이라는 문구의 뿌리를 조사했다. 바버라 샤피로에 따르면, 18세기에 아일랜드의 반역 재판에서 메이[W. May] 판사가 처음으로 '합리적 의심 없는'이란 용어를 사용했다. 이 용어는 이전의 기준보다 높은 기준을 제시한 동시에, 검사의 입증 책임을 한층 가중시켰다. 이후 증거법의 대가인 위그모어 교수가 증거법 이론을 집대성한 것으로 평가되는 『증거법[A Treatise on the Anglo-American System of Evidence in Trials at Common Law]』에서 메이 판사의 견해를 받아들였다. 1959년에는 정치철학자이자 법철학자인 시어도어 월드먼[Theodore Waldman]이 17세기 중반의 '도덕적 확실성[moral certainty]'이란 말에 '어떠한 합리적 의심[any reasonable doubt]'도 허용하지 않는다는 의미가 포함되어 있다고 주장했다. 그리고 이러한 도덕적 확실성이란 개념이 18세기 말에 '합리적 의심 없는'이라는 기준의 토대를 마련한 것으로 본다.

'합리적 의심 없는 입증'이라는 말의 유래를 밝힘에 있어, 예일 대학교 교수 제임스 휘트먼[James Q. Whitman]의 노력이 돋보인다. 기독교에서는 전통적으로 법관은 법률과 양심에 구속되고, 이러한 양심에 따라 판결을 내리도록 되어 있다. 휘트먼은 이런 전통에 도사리고 있는 위험을 지적했다. 법관이 양심에만 구속된다면, 과연 법관이 양심에 따라 올바르게 판결했는지 확인할 방법이 없기 때문이다. 휘트먼은 판사나 변호사, 법학자가 일구어온 소송 법리와, 배심 제도를 통해 발전시켜온 소송 실무를 구별한다. 법관 내면의 사고를 들여다보는 일은 어렵지만 증거를 평가하고 검증하는 것은 가능하다. 휘트먼은 이런 검증 가능한 기준이 이론과 실무를 통해 정립되어온 것으로 본다.

영국에서는 도덕적 확실성과 '합리적 의심 없는'이란 기준이 증인의 말을 듣고 평가하는 재판 실무를 통해 발전했다. 이 기준이 정립된 것은 정확한 사실 판단에 대한 시민의 관심이 커졌기 때문이다. 시민의 큰 관심이 법학을 발전시켰다는 사실은 여러 문헌이 입증하고 있다. "무고한 한 사람을 잘못 재판하는 것보다 100명의 범인을 무죄 방면하는 것이 낫다It is better than a hundred guilty men go free, than wrong by convict an innocent one"라는 격언은 배심원의 양심에 대한 커다란 불안을 드러낸 것처럼 들린다. 그러나 이것은 오히려 재판을 받는 피고인의 불안한 처지를 표현한 것이다. 예를 들어보겠다. 한 마을에 연쇄살인 사건이 발생했고, 마침 현장에 있던 사람이 범인으로 지목되었다. 성난 대중들은 빨리 범인을 처벌하지 않으면 폭동이라도 일으킬 태세다. 하지만 그 사람은 자기가 범인이 아니라며 억울해한다. 이럴 경우, 그의 운명은 과연 어떻게 될까? 그래서 피고인은 '보다 높은 개연성'을 충족하는 기준에 따라 증거를 판단해달라고 요구한 것이다. 나아가 시민도 법관이 양심에만 구속되어 재판할 경우, 어떤 기준에 따라 판단하는지 몰라 사실 판단에 '예측 가능성'이 없어지므로 불확실하다는 사실을 깨달은 것이다. 이러한 관심과 염려가 '합리적 의심 없는'이란 기준을 낳게 된 것이다.[287]

합리적 의심의 근거

사람들은 궁지에 몰렸을 때 종종 '증거를 대라'는 말을 한다. 이처럼 '증거를 대라', 즉 입증하라는 말은 철학을 비롯해 법률, 과학, 회의론 그리고 일상의 논쟁에서까지 폭넓게 사용되고 있다. 형사재판에서도 검사는 합리적 의심이 없도록 입증할 책임이 있다. '배심재판을 받을 권리'와 함께 검사에게 '합리적 의심 없는 입증'을 요구하는 것은 미국 헌법과 법학에 깊이 뿌리내린 전통이다.[288] 피고인이 공소사실에 따라 유죄를 선고받고 형벌을 받게 하려면 검사가 '합리적 의심 없는' 입증을 해야 한다. 그런데 미국의 법학자나 법원은 이토록 중요한 용어가 정확히 무엇인지 정의조차 내리고 있지 못하다. 판사는 배심원들이 평결하기에 앞서 '합리적 의심'이 무엇인지 구두나 서면으로 설명하고 있지만, 그 내용도 주(州)마다 다르다. 그래서 미 연방대법원은 배심원에게 하는 '합리적 의심'에 대한 설명이 '적정 절차due process of law'의 기준을 따랐는지 판단하고 있다.[289] '적정 절차'란 개인의 권리 보호를 위해 정해진 일련의 절차를 준수하도록 되어 있는 기준을 뜻한다.

형사재판에서 검사는 공소사실이라는 주장과 이를 뒷받침하는 증거를 제출하며 자신의 주장을 입증한다. 형사재판에서의 입증은 '합리적 의심'을 배제한다는 점에서, 입증 정도에 있어 '확실성'을 요구하는 '확증confirmation'에 가깝다. 형사재판에서 말하는 '입증'은 논리와 경험칙에 따라 증거에 의해 검사의 주장을 확증하는 것을 가리킨다.

그런데 이러한 논리와 경험칙, 주장과 증거의 결합 방법은 무수히 많다. 나아가 형사재판에서 검사의 주장은 피고인이 범인이라는 '하나의 이론'이다. 따라서 검사의 주장을 확증하는 논리와 경험칙, 주장과 증거가 결합된 사례를 발견하는 것은 매우 쉽다. 심슨 사건에서도 검사는 심슨이 가정 폭력에서 이어진 격분으로 살인에 이르렀다고 주장하면서 산더미 같은 증거를 제출했지만 '가정 폭력'이 범행 동기라는 것은 어디까지나 검사의 추정일 뿐이다. 그리고 이러한 추정은 수많은 범행 동기 중 하나일 뿐이다. 따라서 배심원들이 검사의 말을 믿는 순간, 검사의 이론이 맞다고 확증하는 것은 매우 쉽고 이에 따라 심슨을 유죄로 판단하는 것도 아주 쉽다는 얘기다.

그래서 검사가 유죄를 입증할 때, '합리적 의심'을 넘어서는 강력하고 압도적인 증거에 따라야 한다고 보는 것이다. 검사가 제출하는 증거는 헌법이 강력하게 보장하는 '무죄 추정의 원칙'을 깨뜨릴 만큼 신빙성이 높아야 한다. 또한 피고인이 무죄라는 모든 합리적 가설을 배제할 만큼 실질성이 있어야 한다. 검사는 공소사실을 '합리적 의심'을 넘어서도록 입증해야 하고, 그렇지 않을 경우 피고인에 대해 무죄를 선고해야 한다.[290] 그러나 실제로는 많은 사건에서 배심원은 증거가 갖추어야 할 고도의 신빙성과 실질성을 고려하지 않은 채, 법정에 제출된 모든 증거를 고려한다. 그리고 이러한 '무죄 추정의 원칙' 등에 대한 고려 없이 평결한다. 미 연방대법원은 '합리적 의심 없는 입증'의 근거를 수정헌법 제5조와 제14조의 '적정 절차 조항'에서 찾는다. 수정헌법 제5조에는 누구든 형사사건에서 자기에게 불리하게 쓰일 진술을 하지 않을 권리를 명시하고 있다. 그리고 제14조에는 법의 적정 절차 등을 명시적으로 규정하고 있다. 따라서 피고인은 자신이 결백하다는 사실을 입증할 책임이 없다. 그리고 검사는 재판할 때, 피고인이 입증 책임을 진다는 그 어떤 암시가 담긴 말을 해서도 안 된다.[291]

'합리적 의심 없는 입증'이란 기준은 과연 정당한가?

'합리적 의심 없는 입증' 기준은 적정 절차에 근거하고 있으며, 이는 피고인의 기본권이다. 그러나 이러한 지배적인 견해에 반박하는 소수 의견도 있다.

먼저 '오류 이론'에 따라 대안을 제시하는 견해를 들어보자. 이 견해에 따르면, 형사재판에서 피고인은 무죄 추정, 검사의 입증 책임, 합리적 의심을 넘어서는 입증이라는 이익을 누린다. 이러한 증거 구조는 '오류 배분 이론error distribution rationale'에 의해 새롭게 구성할 수 있다. 이 이론에서도, 최적의 오판 비율이 어느 정도인지 정하기 어렵다는 사실을 인정한다. 그러나 사건을 충분히 검토하면 '적정'한 오판 비율을 찾을 수 있다고 본다. 이 대안에 따르면, 적정한 오판 비율을 염두에 두고 재판하므로 피고인의 기본권이 제한된다. 여기에 대해 이들은 엄격하고 독립된 방법으로 증거를 평가할 것을 요구하기 때문에 나름의 도덕적인 근거를 마련할 수 있다고 주장한다.[292]

쉽게 말해서 현재의 증거 구조에 의하면 검사에게는 고도의 입증을 하라고 요구하는데, 이 기준에 따르면 유죄인 사람이 무죄 판결을 받을 수 있게 된다는 것이다. 이들은 이러한 증거 구조가 잘못된 것이고, 잘못된 유죄 판결 못지않게 잘못된 무죄 판결 역시 나쁘다고 주장한다. 잘못된 무죄 판결로 범죄인이 무죄 방면되면 다시 범죄를 저지르게 된다. 따라서 올바른 판결은 사회에도 이득이 되므로 현재의 증거 구조는 최적이 아니라고 본다. 하지만 피고인의 기본권은 형사 정책적 관점과 타협할 수 없다. 따라서 이러한 주장은 설득력이 없다.

다음으로 '합리적 의심 없는 입증' 기준이 오류를 허용하여 범죄 억제 효과를 줄이고, 바람직한 행동을 감소시킨다는 주장을 들어보자. 최적화된 법 집행 조건에는 여러 모델이 있는데, 그중 대표적인 것이 '적정 절차 모델'과 '범죄 통제 모델'이다. 스탠퍼드 대학교의 허버트 패커Herbert Packer 교수는 헌법의 이념을 강조하는 진영과 법과 질서를 강조하는 진영의 갈등 속에서 새로운 모델을 제시했다. '적정 절차 모델'은 개인의 권리 보호를 위해 정해진 일련의 절차를 반드시 지켜야 한다고 강조하며, '범죄 통제 모델'에서는 범죄를 통제하기 위해 형사재판의 효율성을 높여야 한다고 강조한다. 특히 법과 질서를 강조하는 쪽 사람들은 범죄 통제 모델이 입증의 기준을 낮추어 범죄를 제재하는 효과를 최대한 이끌어낸다고 본다.[293] 그러나 입증 기준과 범죄의 억제 효과는 직접적으로 상관관계가 없다. 그리고 형벌에는 범죄 억제 효과뿐만 아니라 교육과 사회 통합이라는 기능도 있다. 바람직한 입증의 기준은 시민을 올바르게 교육하고, 사회 통합을 이루는 것이다. 따라서 이와 같은 입증 기준이 범죄 억제 효과를 줄이고 바람직한 행동을 감소시킨다는 주장은 전혀 타당하지 않다.

어느 정도의 의심이 합리적 의심인지는 분명하지 않다. 사회질서 유지를 중시하는 쪽은 '합리적 의심'을 좁게 해석하려 들 것이고, 무고한 사람의 처벌 방지를 중시하는 쪽은 가능한 한 넓게 해석하려 할 것이다. 후자는 형법을 적용함에 있어 이 요건을 필요 불가결한 것으로 존중해야 한다고 주장한다.[294] 헌법이 요구하는 합리적 의심 없는 입증 기준에 대해선 여전히 회의론이 있다. 그러나 우리는 적정 절차 조항이 피고인에 대하여 공소사실의 모든 요소가 합리적 의심 없는 입증에 이르지 않으면 유죄 판결을 내릴 수 없다고 밝히면서 피고인의 권리를 보호하고 있음에 주목해야 한다. 그래서 미국 헌법은 '합리적 의심 없는 입증'이라는 기준이 구체적 척도를 제시하는 데에서 한발 더 나아가, '적정 절차의 실현'이라는 가치에 기초한 개념임을 분명히 밝히고 있다.

배심원에게 설명하기

런던 정경대학교 교수 페더리코 피시날리Federico Picinali에 따르면, 영국에서는 지난 수십 년 동안 학자와 법원이 '합리적 의심'이라는 기준의 의미를 밝히려고 노력해왔다. 특히 판사는 배심원들에게 '합리적 의심'이 무엇인지 설명하고 그 내용을 구체화하기 위해 힘써왔다. 그리고 유죄로 인정하기에 충분한 증거의 양과 질을 결정하는 기준을 정의 내리고, 또 제시하려고 노력했다. 하지만 이러한 노력에도 불구하고 지금까지 만족스러운 기준은 제시되지 않고 있다. 이 때문에 배심원은 계속해서 법원에 기준을 설명해달라고 요구하고 있다. 피시날리는 기준을 제시하기보다 구체적으로 설명하는 것이 바람직하다고 주장한다. 왜냐하면 직접 정의를 내릴 경우 또다시 모호하다는 문제에 부딪힐 수 있고, 또 그렇게 되면 배심이 판사의 역할을 대신하기 때문이다. 구체적 사건에 맞닥뜨렸을 때 배심원은 합리적 의심이라는 기준을 적용하기 어려워한다. 게다가 기준의 정의에 대한 합의도 이뤄지지 않고 있다. 이런 이유로 기준의 의미와 관련하여 영국에서는 데닝Denning 경卿의 격언이 많이 인용되고 있다.[295]

확실함을 요구하는 것은 아니지만 고도의 개연성이 있어야 한다. 합리적 의심 없는 입증이란 일말의 의심이 없어야 한다는 말이 아니다. 상상 속의 가능성까지 허용한다면 공동체를 법으로 보호할 수 없으며, 정의의 길에서도 벗어날 것이다. 만일 증거가 매우 강력해서 일말의 가능성만 남더라도 이러한 가능성이 있다는 이유로 피고인의 이익을 위해 증거는 배척될 것이다. 그러나 일말의 개연성도 없다면 합리적 의심 없는 입증이 된 것이고, 이로써 충분하다.

데닝 경의 격언을 요약하면 다음과 같다. 입증의 정도는 대체로 불가능, 희박한 가능, 가능, 개연성 있음, 고도의 개연성 있음, 확실성으로 구분할 수 있다. 이 중에서 합리적 의심 없는 입증은 '고도의 개연성 있음'과 일말의 의심도 없는 '확실성' 중간쯤 있다고 이해하면 될 것이다.

어느 정도 입증되어야 합리적 의심 없는 입증이 되었다고 할 수 있는지에 대해서는 이처럼 그 기준에 대한 정의를 내리는 방법 외에 그 정도를 수치로 표현하자는 견해도 존재한다. 과학철학자 칼 헴펠 Carl G. Hempel에 의하면, 입증 문제에는 두 가지 태도가 있다. 첫째는 입증 문제를 양적인 것이 아니라 정확히 정의하는 문제로 보는 견해가 있다. 둘째는 입증 문제를 입증의 정도와 같은 수치로 표현하는 문제로 보는 태도가 있다. 그런데 과학철학자들은 입증의 정도로 보는 견해에 있어 '확률'이라는 말 대신 '입증의 정도'라는 말을 사용한다. 왜냐하면 가설의 입증 정도를 통계적 의미의 확률로 정의할 수 있느냐에 대해서는 여전히 논란이 있기 때문이다.[296] 그러므로 합리적 의심 없는 입증의 정도를 수치로 나타내는 것에 대해서는 신중하게 접근해야 한다.

미국의 법과대학에서는 민사소송에서 원고가 해야 할 입증은 '증거의 우월preponderance of evidence'이며, 완전히 입증된 정도를 1이라 할 때 원고는 0.5 정도의 개연성을 입증할 책임이 있다고 한다. 반면 형사재판에서는 검사가 '합리적 의심 없는 입증'을 해야 하고, 이때 필요한 개연성의 수치는 0.9 또는 0.95로 표시된다. 이처럼 민사소송과 형사재판에서 요구하는 입증의 정도는 차이가 있다. 그런데 뉴욕 동부지방법원 판사 잭 웨인스타인Jack B. Weinstein과 그의 재판 연구관 이언 듀스베리Ian Dewsbury는 '합리적 의심 없는 입증'을 수치로 분석하는 것이 설득력 있어 보여도, 이를 재판 실무에 도입하는 데에는 의문을 표한다. 이들은 형사사건에서 이 기준을 적용할 때 ① 어느 정도의 개연성이 하한선이 될 것인가? ② 기준을 어떻게 나타낼 수 있느냐? 하는 문제가 있다고 본다. 또한 배심원은 증인의 말이 신빙성 있는지 판단하는 것을 어렵게 생각하고, 증거로부터 나오는 추론을 어떻게 다루어야 하는지 힘들어 한다. '무죄 추정의 원칙'에 의하면, 증거가 제시되기 전까지 피고인이 유죄라고 보는 추정은 0퍼센트라야 한다. 그러나 실제로는 증거가 제시되기 전부터 많은 배심원들이 피고인이 유죄일 가능성을 대략 50퍼센트로 본다. 결국 기소되는 순간 피고인은 50퍼센트를 밑지고 시작하게 된다. 배심원들에게 합리적 의심 없는 입증이라는 기준을 수치화하여 제시하면(예를 들어 합리적 의심 없는 입증을 90퍼센트 이상의 입증이라고 할 때), 이들은 "실제 유죄인 피고인 중 10퍼센트가량은 무죄 방면되어야 한다는 것인가? 아니면 100명 중 1명이 무죄 방면되어야 한다는 말인가?"라고 질문한다. 물론 합리적 의심 없는 입증을 90퍼센트 이상의 입증이라 하더라도 이것은 하나하나의 사건에 대한 요건이다. 따라서 개개의 사건을 합한 사건에서 과연 몇 명의 사람이 무죄 방면될지는 알 수 없으므로 이러한 물음에 대답할 수 없을 것이다.[297]

이 때문에 형사재판에서는 배심원이 유죄로 평결하기 위해 어느 정도의 신빙성에 따라 판단해야 하는지도 검토되고 있다. 이 기준은 '적정 절차 원칙'을 표현한 것이고, 잘못된 무죄 판결이라는 희생을 감수하고라도 잘못된 유죄 판결을 막자는 데 취지가 있다. '합리적 의심 없는 입증'은 가장 엄격한 기준이다. 대개 90퍼센트 이상의 심증을 요구한다는 견해도 있다. '합리적 의심'을 수치화해서 분석한 실증 연구에 따르면, 때로는 90퍼센트 이하이거나 때로는 90퍼센트에 이르는 것으로 조사되고 있다.[298]

'합리적 의심 없는 입증'이라는 기준을 물질이나 개념의 양적 관계를 명확하게 하는 분석법인 '정량분석'에 따라 검토한 연구가 있다. 이 연구는 "증거가 주어졌을 때 사람들은 피고인이 범죄를 저질렀을 것이라는 개연성을 평가한다"는 가설을 전제로 한다. 기준에 대한 해석에 비해 개연성이 높으면 유죄로 평결하고, 반대의 경우에는 무죄로 평결한다. 1982년 매콜리프Macauliff의 연구에 의하면, 배심원은 0.5에서 1.0까지, 판사는 약 0.9의 수치를 보여준다.[299] 앞서 언급한 것처럼 합리적 의심 없는 입증이란 기준을 수치로 나타내긴 어렵다. 그럼에도 대개 이 기준을 0.9에서 0.95란 수치로 표현하는 것으로 이해하고 있다. 매콜리프의 연구에 의하면, 판사의 경우 0.9의 수치를 보여주므로 이 기준에 따른 수치가 0.9에서 0.95라는 일반적인 견해에 근접한다. 그러나 배심원들의 경우에는 0.5에서 1.0이므로 민사소송의 입증 정도인 0.5부터 확실성을 요하는 1.0까지 그 진폭이 매우 큰 것을 볼 수 있다.

이렇듯 '합리적 의심 없는 입증'이란 개념이 명확하지 않아 배심원은 흔히 검사가 주장하는 것처럼 이를 장래에 범죄가 발생할 위험과 연관된 개념으로 잘못 받아들일 가능성이 있다고 지적하는 견해가 있다(합리적 의심 없는 입증의 정도를 0.9라 할 때 그 수치는 실제로 범인인데도 증거가 부족하여 무죄 방면되는 사람의 수치이고, 이는 장래에 범죄가 발생할 수치와 연관되어 있다고 본다는 것이다). 다시 말해 배심원이 '합리적 의심'을 잘 판단하리라 기대하는 것은 비합리적이고, '합리적 의심'이라는 기준을 두고 배심원이 품는 개연성은 완전히 입증된 상태를 100퍼센트라 할 때 1퍼센트에서 99퍼센트까지 폭이 매우 넓다고 본다. 따라서 이렇게 모호한 개념 대신 어떤 수치를 제시하는 것이 바람직하다고 주장한다. 이들은 좀 더 논리적으로 배심원에 대해 설명하거나, 합리적 의심 없는 입증에 대한 수치(예컨대 85퍼센트 내지 95퍼센트)를 제시하고 이를 고려하여 판단하라는 것이 보다 합리적이라고 지적한다.[300]

그러면 배심원은 과연 이 기준을 제대로 이해하고 있을까? 미국 대부분의 주州는 '합리적 의심 없는 입증'에 대해 구두나 서면으로 배심원에게 설명해준다. 그러나 일리노이주에서는 이 개념에 대해 정의 내리는 것을 금하고 있다. 일리노이주에서는 '합리적 의심'이라는 용어 자체가 최선의 의미라고 보는 오랜 전통이 이어져오고 있기 때문이다.

과연 배심원들이 '합리적 의심 없는 입증'이나 개념에 대한 설명을 제대로 이해하는지를 다룬 많은 연구가 있었다. 이들 연구의 목표나 연구 성과는 다르지만, 대부분의 연구가 한목소리를 내는 것은 배심원이 '합리적 의심'이라는 개념은 물론이고, 이와 관련된 '무죄 추정의 원칙'이나 '입증 책임'이란 말도 잘 이해하지 못한다는 점이다.[301] 배심원이든 판사든, 이들에게는 형사사건을 해결해야 한다는 막중한 책무가 있다. 그러므로 배심원이 실제 사건에서 이 개념을 제대로 이해하는지는 공정한 재판을 가늠하는 중요한 척도가 된다.

이상에서 살펴본 것을 요약해보자. 배심원에 대한 설명이 지나치게 장황하면 오히려 배심원에게 혼란을 줄 수 있다. 그러므로 배심원에 대한 설명은 간결하면서도 함축성이 있어야 한다. 우선 합리적 의심 없는 입증이라는 개념은 개인의 권리 보호를 위해 정해진 일련의 법칙 절차를 준수해야 한다는 '적정 절차'와 관련된 개념이라고 설명할 필요가 있다. 그리고 90퍼센트에서 95퍼센트의 수치를 제시하면서, 합리적 의심 없는 입증의 정도를 수치화하는 것은 어렵지만 이 정도의 수치를 제시하는 견해가 많다고 알기 쉽게 설명하는 것도 차선책이 될 수 있지 않을까?

배심원이 평가하기

형사재판의 증거 중 대부분을 차지하는 것이 증인의 말이다. 하지만 사람의 기억은 비슷한 사건으로 혼동할 수 있다. 그리고 기억해내는 과정에서 주의나 관심의 영향을 받는다. 나아가 증인의 인식 능력이나 정신 상태에 따라 인식도 달라질 수 있다. 또 빛이나 시각 장애물의 존재 등 물리적 조건에 따라 달라질 수도 있다. 인지심리학에서는 구체적인 정보의 기억에 있어 심상이나 기억해야 하는 정보들 사이의 의미 있는 연관성을 중요하게 본다. 또한 사람의 기억은 과거 경험에 영향을 받는다. 특히 개인사의 경우, 그 당시 일어난 그대로가 아니라 머릿속에서 새롭게 구성한 내용을 기억한다. 나아가 사람은 자신의 기억을 왜곡하는 경향을 보인다. 그러므로 증언의 신빙성을 평가하는 배심원은 증인의 주의나 관심, 증인의 인식 능력과 정신 능력 및 물리적 상태를 고려해야 하고, 증인의 기억이 왜곡되었는지도 살펴야 한다.

심슨 재판에서는 범행 동기가 핵심 쟁점이 되었다. 재판에서 검사는 피고인의 동기를 언급하며 피고인이 범행에 이르게 된 경위를 입증하려고 노력했다. 이와 관련하여 햄펠은 '행위 설명 모델'을 제시한다.[302] 햄펠은 목적을 가진 인간의 행위는 동기를 부여하는 이유로 설명할 수 있다고 주장한다. 행위자가 정보를 갖고 목적을 원할 경우, 목적에 이르는 수단을 취하게 되고, 이것이 '합리적'이라고 본다. 형사재판에서 검사의 주장 역시 이와 비슷한 구조를 띤다. 심슨 사건에서 검사는 심슨이 니콜을 폭행한 것에서 더 나아가, 니콜을 소유하고 착취하려다 살인에 이르렀다고 설명했다. 그러나 이러한 햄펠의 합리적 행위 모델은 많은 비판을 받고 있다.

첫째, 인간의 의도적 행위에 대한 설명은 법칙에 호소하는 인과 설명과 구조가 다르다.

둘째, 물리법칙과 같은 포괄 법칙을 설명하는 법칙은 사회과학에서 존재하지 않는다.

셋째, 인간 행위를 법칙적으로 설명하는 것은 인간의 자율성에 대한 위협이 된다.

그러므로 배심원에게 범행 동기에 치우쳐서 설명하거나, 동기에 의해 범행이 결정된다고 설명하는 것은 옳지 않다. 이러한 설명은 배심원으로 하여금 '동기'에 치우쳐서 잘못된 판단에 이르게 할 수 있기 때문이다.

유타 대학교 교수 엘리자베스 테니[Elizabeth R. Tenney]는 공소장이 제출되고 피고인이 공소사실을 부인할 때, 배심원이 피고인의 주장과 검사의 주장 중 어느 쪽을 더 선호하는지 조사했다. 조사 방법은 조사 참여자에게 가상의 살인 사건 시나리오를 읽게 한 뒤 피고인의 변호인이 피고인이 아닌 다른 한 명 또는 여러 명이 범죄를 저질렀을 것이라고 주장했다. 이처럼 택일적 혐의자가 여럿인 경우, 유죄 평결을 크게 감소시키는 것으로 드러났다. 인간과 세계는 이야기를 통해 상호작용한다는 '이야기 모델'이나, 사람들은 자신이 옳다고 믿는 신념과 가치에 따라 살아간다는 '지지 이론[support theory]'이 이러한 현상을 잘 설명해준다. 이 사례에서 배심원들은 변호인의 이야기에 동조해 자신이 옳다고 믿는 신념을 바꾸었다. 따라서 피고인의 변호인은 피고인이 무죄임을 주장하는 데에서 한발 더 나아가, 다른 범인이 있을 것이라고 변론하는 것이 효과적이다.[303] 그러므로 심슨의 변호인이 전문 암살범에게 니콜이 살해되었다는 '암살범 이론'을 들고 나온 것은 피고인의 입장에서 볼 때 도움이 되는 변론이었다.

또한 조사 참여자에게 가상의 살인 사건 시나리오를 읽게 한 다음, 세 명의 혐의자 중 한 명을 기소한 뒤 다시 한 명을 기소했다. 예를 들어 A, B, C 세 명이 동시에 D를 향해 총을 쏘았고, 그중 한 발로 D가 사망한 사건에 대해 검사가 A를 먼저 기소한 후 B를 나중에 기소했다고 가정할 때, 첫 번째 기소된 피고인 A에 대한 유죄 평결률은 낮아졌지만 두 번째 피고인 B에 대해서는 유죄 평결률이 낮아지지 않았다. 그런데 똑같은 사건에 대해 A, B, C 세 명을 동시에 기소하면서 세 명 중 한 명이 범인이라고 밝히자 이번에는 이들에 대한 유죄 평결률이 매우 낮아졌다. 결국 검사의 기소 형태에 따라 유죄율이 달라졌고, 선택적 관계에 있을 때 유죄 평결률이 낮아진 것이다. 이러한 연구는 배심원이 검사나 변호인, 증인의 말에 심하게 의존하고, 사건 전체를 보고 증거의 신빙성을 평가하는 데 어려움을 겪는다는 사실을 보여준다. 그리고 '기소'했다는 사실 자체가 '합리적 의심'에 결정적으로 영향을 미친다는 사실도 보여준다. 그러므로 실제 사건에서 '의심스러울 때에는 피고인의 이익으로'라는 원칙이 제대로 작동하지 않을 수도 있다는 말이다.

통계 수치로 나타낼 수 있을까?

그렇다면 '합리적 의심 없는 입증'이란 기준은 어느 정도로 엄격한가? 미국에서는 '합리적 의심 없는 입증'을 양적으로 일정 기준 이상의 어떤 것이라고 설명하는 게 아니라 '보다 강한 설득력'이라고 설명한다.[304] '합리적 의심'의 입증은 확실성의 정도를 100퍼센트라할 때 이보다 낮지만 높은 개연성 또는 고도의 개연성 정도에 이른다고 보는 견해도 있다. 이 견해에 따르면, 합리적 의심 없는 정도는 95퍼센트가량이고, 합리적 의심 없는 입증은 90퍼센트에서 95퍼센트 정도라고 본다.[305]

햄펠은 이렇게 말한다. 가설의 입증 정도에 대하여 정확한 통계적 정의를 내리려는 시도가 있었고 그중에는 의미 있는 것도 많았지만, 반박의 여지도 있다. 그리고 입증이란 개념이 매우 중요한데도 그동안 체계적으로 이론이 개발되지 않았다. 형사재판에서도 이런 문제 상황은 다르지 않다. '합리적 의심 없는 입증'의 정도를 통계적으로 정의 내리거나 통계 수치로 제시하는 것은 다음 예에서 보듯, 매우 어렵다.

심슨 사건에서 검사는 심슨이(A), 1994년 6월 12일 밤 10시 15분에(B), 니콜 브라운의 집 현관 앞에서(C), 니콜 브라운과 로널드 골드먼을 칼로 살해했다(D)고 주장했다. 이에 대해 심슨의 변호인은, 살인은 심슨이 아닌 암살범의 소행이고(A), 범행 시각은 밤 10시 40분쯤이며(B), 심슨은 그 시각 니콜 브라운의 집이 아닌 로킹엄 저택에 머물고 있었고(C), 심슨은 두 사람을 살해한 사실도, 살해할 이유도 없다(D)고 반박했다. A, B, C, D는 범죄를 구성하는 요건이라고 하는데, 검사는 합리적 의심 없는 입증으로 A, B, C, D 모두를 입증해야 한다. 그런데 심슨 사건에서는 살해 현장을 목격한 사람도 없었고, 두 사람을 살해했다는 칼도 발견되지 않았다. 그러자 검사는 A, B, C, D의 요건을 입증하는 데 전력하지 않고, 질투에 눈먼 심슨이 두 사람을 잔인하게 살해했다면서, 심슨이 과거에 니콜을 폭행한 사실을 목격한 일련의 증인들을 세웠다. 이와 같이 입증이란 양측의 주장을 떼어놓고 생각할 수 없다. 주장을 뒷받침하는 증거가 설득력을 지닐수록 입증의 정도는 커지게 된다. 그럴 경우 입증의 정도는 주장이나 가설과 분리하여 통계적 수치로 환산하기 어려워진다.

형사재판에서 검사는 배심원이 합리적 의심이 들지 않도록 입증해야 한다. 이러한 '합리적 의심 없는 입증'의 정도를 '고도의 개연성'이라고 표현하는데, 따라서 이러한 입증 원칙을 '엄격한 개연성 원칙distinct probabilites principle'이라고 말하는 이도 있다.[306] 개연성은 객관적 또는 주관적으로 정의할 수 있다. '객관적 개연성'은 무한한 실험을 상정하고 그 안에서, 특정 시기에 발생하는 최저 한계를 의미하는 '상대적 빈도의 한계치'로 표현한다. '주관적 개연성'은 자신의 경험이나 확신에 따라 어떤 사실의 발생에 대한 개연성의 정도를 판단하는 것을 말한다. 따라서 객관성이 확보되지 않는 한, 재판에서 개연성을 적용하기에는 한계가 있다. 재판에서 고도의 개연성에 도달하는지는 배심원이 판단한다. 결국 다투는 사실에 대한 양측의 주장과 반박을 통해 개연성에 대한 객관성을 확보하게 된다.

'합리적 의심'의 정확한 의미가 무엇인지 정의 내리기 어려운 까닭에 최근에는 이 기준을 확률 개념으로 정의하자는 견해가 등장하고 있다.[307] 이와 관련된 하나의 예를 들어본다. 앨런 더쇼위츠는 『최고의 변론』에서 자신이 항소심에서 변론한 '멜빈 사건'을 소개하고 있다. 피고인 멜빈은 자신이 총을 쏘았을 때 피해자는 이미 사망한 상태였다고 주장하며 항소를 제기했다. 항소심에서 부검 책임자가 나와 의학적 관점으로 볼 때 피고인이 총을 쏜 뒤 3~5초까지 피해자가 살아 있었을 것이라고는 장담할 수 없다고 증언했다. 검찰은 피해자가 살아 있었다는 직접증거가 없음을 시인했지만, 그러한 사실을 뒷받침해줄 강력한 정황증거가 있다고 주장했다. 피해자 시신이 발견되었을 때 흉강에 피가 가득 차 있었는데, 흉강에 피가 차는 데 걸리는 시간은 최대 10분이므로 그동안 심장이 뛰고 있었을 수 있다는 것이다.[308] 이 사건은 합리적 의심에 대한 입증도를 수치로 나타낼 수 있는 가능성을 보여준다. 이 사건에서 '합리적 의심'에 대한 전문가의 증언과 정황증거만으로는 피고인이 총을 쏠 당시 피해자가 살아 있었을 가능성에 대한 '합리적 의심 없는 입증'에 이르지 못한다. 나아가 이 사건은 증거가 가설과 밀접하게 연관되어 있음을 보여준다. 즉 전문가 증인이 피고인이 총을 쏠 당시 피해자가 살아 있었을 가능성이 100퍼센트라고 증언했다 하더라도, 증언의 신빙성 문제는 이와는 별개의 문제이기 때문이다.

고도의 개연성을 계량화된 수치로 분류할 수 있다는 주장은 대개

'베이즈주의'의 논리를 따른다. 1970년대 이후 베이즈주의는 인식론, 과학철학에서 흥미로운 해결책을 제시해왔다. 확률을 이용하는 베이즈주의의 형식적이고 수학적인 방법이 중요한 탐구 도구로 부상하고 있다. 베이즈주의는 "우리의 믿음은 정도의 문제이고, 합리적 믿음의 정도는 확률 계산 법칙을 만족시켜야 한다"라고 주장한다.[309] 베이즈주의자는 부분적 믿음을 확률 함수로 표시할 수 있다고 생각한다.[310] 증거가 가설을 지지하는 입증의 정도를 어떻게 측정할 것인가에 대한 대표적인 측정 방식으로는 '차이 측정법', '비율 측정법', '가능도 비율 측정법'이 있다.[311] 이 중에선 차이 측정법이 가장 널리 받아들여지고 있다. 차이 측정법에 따르면, 증거를 얻은 이후 가설에 대하여 제시된 '사후 확률'과 증거를 얻기 이전에 가설에 대해 가지고 있던 '사전 확률'의 차이를 통해 증거가 가설을 지지하는 정도를 측정한다. 그러나 형사재판에서는 증거를 얻은 이후 검사의 주장에 대해 가지게 된 '사후 확률'의 경우, 실험실에서의 측정과 달라 이를 수치로 산출하기가 매우 어렵다.[312] 따라서 차이 측정법 역시 형사재판에서 받아들이기 어렵다. 다만 증거를 얻은 이후의 확증 정도와 증거를 얻기 이전의 확증 정도 차이가 입증의 정도라는 주장은 의미가 있다. 예를 들어 전문가 증인(예컨대 DNA 전문가)이 나와서 DNA 검사는 다른 오류 가능성이 전혀 없고, 피고인의 DNA와 범행 현장에서 발견된 DNA가 일치할 확률 등을 포함한 일치 확률이 높다는 증언을 했다고 가정하자. 이럴 때 '사전 확률'에 문제가 없다면 이를 통해 입증의 정도를 어느 정도 가늠할 수 있게 된다.

합리적 의심 없는 입증

형사재판은 동적이다. 검사가 공소장을 제출해 재판이 시작되고, 당사자가 주장과 입증을 하면서 배심원의 심증은 계속 바뀐다. 재판에서 검사는 '합리적 의심 없는 입증'을 해야 한다. 배심원은 증거를보고 개연성을 판단해 결론을 내린다. 새로운 증거가 제출되어 배심원이 새로운 사실을 알게 되면, 배심원이 갖는 심증인 개연성에 대한 믿음도 바뀐다. 이처럼 개연성을 계산하고 추정하고 판단함에 있어 증거는 많은 역할을 한다. 그리고 상황에 따라 증거의 추론력도달라진다.[313] 새로운 증거가 나오면 배심원들은 기존의 개연성을 버리고 새로운 증거에 따른 새로운 개연성을 갖게 된다. 그런데 개연성을 추론하고 선택할 때 사람들은 곧잘 '합리적', '최적', '이상적'이란 단어를 쓴다. 이러한 사실은 재판에서 한쪽 당사자의 주장과 증거가 반대 당사자의 주장과 증거를 견뎌내야 함을 말한다. 형사재판에서는 당사자의 주장과 증거가 판사나 배심원 앞에서 경쟁하고, 치열한 논박을 통해 진실이 드러난다. 결국 개연성은 이러한 대립 당사자의 논박을 견뎌내는 힘이라고 할 수 있다.

다음은 입증도의 증가 문제를 살펴보자. '입증도의 증가increase of the degree of confirmation'는 증거가 제시되기 전에 비해 제시된 이후 가설이어느 정도 더 입증되었나 하는 것을 말한다. 입증도의 증가는 증거가 제시되었을 때 '사후 확률'과 '사전 확률'을 비교하여 밝힌다.[314] '입증도의 증가'에서는 양을 재는 계량기라 할 측도測度의 민감성 문제가 발생한다. 입증도의 증가는 어떤 계량기, 다시 말해 어떤 측도로 측정하느냐에 따라 결과가 크게 달라진다. 배심재판에서는 배심원이 논리와 경험칙으로 입증도가 얼마나 증가했는지를 측정한다. 이처럼 논리와 경험칙이 입증도의 증가에 있어 '측도'로 작용한다는 사실을 고려할 때, 논리와 경험칙은 검사가 주장하도록 해야 한다. 그리고 재판에서 양측의 논쟁을 통해 입증도의 증가 또는 감소를 측정해야 한다.

그다음으로 입증도에 있어 '측도'의 문제를 살펴본다. 어떤 측도를 사용하느냐에 따라 입증도의 증가 크기가 바뀐다. 미국의 철학자 카르납Carnap은 입증도 함수를 '경험 요소'와 '논리 요소'의 결합만으로 이루어진 것으로 본다. 그런데 이 두 요소, 다시 말해 논리와 경험칙이 결합할 수 있는 방식은 무한하다.[315]

형사재판에서는 검사의 가설인 유죄와 피고인의 가설인 무죄가 경합한다. 유무죄를 뒷받침하는 증거의 총체적 입증도 측정은 결국 논리와 경험칙에 의해 이루어진다. 그리고 이러한 논리와 경험칙이라는 두 요소의 결합 방식은 무한하다. 결국 '합리적 의심 없는 입증'에 이르렀느냐의 판단에서 배심원의 재량 폭이 매우 크다는 사실을 알 수 있다.

심슨 사건을 예로 들어 설명해보겠다. 두 피해자는 누군가에 의해 살해되었다. 두 사람을 살해한 범인은 심슨이거나 암살범 혹은 제3자 등 여러 가능성이 열려 있다. 그런데 검사는 가정 폭력의 전력이 있는 심슨이 질투에 눈이 멀어 그들을 살해했다고 주장했다. 검사의 이런 주장은, "가정 폭력이 있는 남자는 살인도 저지를 수 있다", "증거에 의할 때 심슨은 질투에 눈이 멀어 살해한 것이다"라는 경험칙 내지 논리로 구성되어 있다. 이러한 주장은 두 사람의 살해를 설명하는 수많은 가설 중 하나일 뿐이다. 그리고 배심원들은 이런 검사의 주장이 맞는지, 그리고 충분히 입증되었는지를 논리와 경험칙이라는 계량기로 잰다는 것이다.

심슨 사건에서는 과연 '합리적 의심'이 들지 않을 정도로 입증도가 증가했을까? 합리적 의심이나 입증도를 수치로 표시하긴 어렵지만 독자의 이해를 돕기 위해 다음과 같이 배심원의 심증을 추정하여 그래프로 그려보았다. 이것은 어디까지나 추정이란 점을 분명히 해둔다.

먼저 재판이 시작되었을 때 배심원들은 어떤 심증을 가졌을까? 배심원들 대다수가 언론을 통해 심슨의 브롱코 추격 장면을 보거나 들었을 것이다. 그리고 심슨이 억울하다고 편지를 남긴 사실을 아는 사람이 많을 것이다. 배심원이 선정되기 전에 검찰은 심슨이 범인임을 드러내는 여러 증거를 언론에 흘렸다. 그 때문에 기소되기 전 단계에서도 '무죄 추정 원칙'은 이론일 뿐이라며 배심원들은 반신반의했을 것이다. 그리고 심슨이 범인이라는 배심원들의 심증은 이미 50퍼센트를 훨씬 넘어섰을 것이다.

검사와 변호사의 모두진술 때 배심원들은 어떤 심증을 가졌을까? 양측의 모두진술을 비교해보면, 코크런은 피고인의 무죄를 확신하며 구체적인 증거를 제시하고 있으나, 검사는 방어에 급급한 인상을

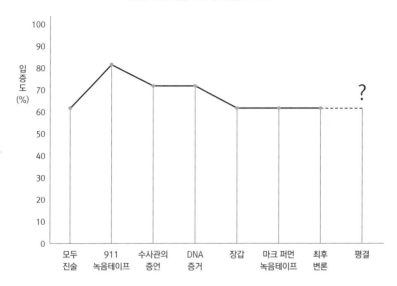

심슨 사건 입증도 추정 변동 그래프

입증도 (%)

(x축) 모두 진술 / 911 녹음테이프 / 수사관의 증언 / DNA 증거 / 장갑 / 마크 퍼먼 녹음테이프 / 최후 변론 / 평결

준다. 이때 배심원의 유죄 확신도는 조금 떨어지지 않았을까?

법정에서 폭행 사건을 신고하는 니콜의 911 녹음테이프를 틀었을 때 '좋은 사람'이던 심슨의 인상이 '나쁜 사람'으로 바뀌었을 가능성이 높아 보인다. 하지만 가정 폭력에 대한 검사 측 증인들은 배심원들에게 강한 인상을 주지 못했다. 그런데 검시관이 증인으로 나왔고, 많은 의문이 제기되었다. 특히 피해자들의 상처 부위나 경중을 볼 때, 심슨은 피해자들과 격렬하게 싸우지 않았음이 분명했다.

그리고 수사관들이 나와서 증언했을 때, 그들은 심슨에게 전처의 사망 사실을 알리기 위해 무단으로 심슨의 집 담을 넘어가 수색했다는 아주 궁색한 주장을 펼쳤다. 게다가 마크 퍼먼은 과거에 '깜둥이'

란 말을 여러 번 했음에도 그런 사실이 전혀 없다고 위증했다.

　검찰이 야심 차게 준비한 DNA 증거는 변호사 배리 셰크 앞에서 처참하게 무너졌다. 증거 수집에 문제가 많았을 뿐 아니라, DNA가 오염됐다는 의혹을 품게 했다. 나아가 경찰이 심슨을 옭아매려고 증거를 조작하지 않았을까 하는 의구심을 자아내는 구체적 물증도 드러났다. 그리고 검사가 꺼내 든 마지막 카드인 장갑은 심슨의 손에 맞지 않았다. 이때 배심원의 심증은 누가 뭐라 해도 무죄 쪽으로 가닥을 잡지 않았을까? 그리고 심슨의 반격 증거들이 속속 제출되고, 심슨의 알리바이에 대한 증거도 제출되어 배심원들이 가졌던 유죄 확신도는 더욱 떨어졌을 것으로 추정된다.

　배심원들은 마지막으로 검사와 변호인의 최후 변론을 들었다. 일반인들이 아는 것과 달리, 코크런의 최후 변론은 인종주의에만 초점이 맞춰져 있지 않았다. 그의 변론 장면이 찍힌 동영상을 보면, 코크런은 단호하고 확신에 찬 말투로 피고인의 무죄를 강조하고 있다. 그리고 동영상과 차트로 증거의 문제점을 조목조목 짚고 있다. 이에 반해 수세에 몰려 방어하는 듯한 인상을 주는 검사의 최후 변론은 배심원에게 깊은 인상을 주지 않았을 것이다.

절차적으로 검증하기

이상에서 검토한 것을 다시 떠올려보자. 형사재판에서 증명이 되는 대상은 과거의 사실이다. 과거의 사실은 직접 관찰이 불가능하므로 검사가 주장하는 이유에 대한 설명을 듣고 주장에 대한 근거인 증거를 관찰한다. 그리고 주장과 증거가 설득력이 갖는지에 대한 판단은 논리와 경험칙에 의한다. 형사재판에서의 '입증' 문제도 논리와 경험칙에 따라 검사의 주장을 증거에 의해 확증하는 것이다. 그러나 논리와 경험칙의 결합 방법은 무수히 많다. 형사재판에서는 '합리적 의심 없는 입증'을 수치화하는 것이 매우 까다로워 형사재판에서는 이를 채택하기 어렵다. 다만 증거를 얻기 전후에 있어 확증 정도 차이가 입증의 정도가 된다. 형사재판은 동적인 절차다. 검사의 주장과 입증은 반대 당사자인 피고인 측의 주장과 입증을 견뎌내야 한다. 형사재판은 경쟁하는 양 당사자의 주장과 증거에 의해 진실이 드러나도록 해야 한다. 이러한 관점에서 볼 때, 이토 판사가 중립적인 심판자로 양측이 치열한 공방을 벌이도록 한 것은 바람직했다고 평가된다.

형사재판에서 증거의 대부분을 차지하는 것은 진술 증거이고, 심슨 사건에서도 핵심 증거는 모두 증인이다. 그런데 이러한 진술 증거의 신빙성을 평가할 때 배심원은 진술인의 상태, 물리적 환경 등을 모두 고려해야 한다. 그리고 증거 수집의 공정성도 아울러 검토해야 한다. 검사는 형사재판에서 피고인이 어떤 동기나 이유로 범행에 이르렀다고 설명한다. 그러나 인간의 행동은 합리적이지 않고 제한적 합리성을 띤다. 따라서 행위자의 의도를 결과에 귀속시키는 구조는 다시 검토되어야 한다. 심슨 사건에서도 검사는 '동기', 즉 가정 폭력에 대한 입증에 지나치게 치우쳤다.

이와 같이 형사재판은 입증과 검증, 이를 통한 확증이라는 구조를 갖추어야 하고, 절차에 중점을 두어야 한다. 만약 어떤 증거가 검사의 주장인 가설을 지지하려면 '검증' 절차를 통해야 한다. 여기서 주목해야 할 것은 '당사자주의'다. 당사자주의는 대립되는 양 당사자의 논쟁을 통해 재판이 국가를 통한 부당한 폭력 행사가 되지 않도록 예방한다. 당사자주의는 재판에서 검사에 비해 열등한 지위에 있는 피고인을 위한 여러 제도와 절차의 미비점을 보완하는 데 힘쓴다. 따라서 절차를 중시하는 이러한 사고는 '당사자주의'라는 가치와 궤를 같이한다. 그리고 이와 같은 사고는 형사재판이 범죄인을 처벌하는 절차일 뿐이라는 인식에서 한발 더 나아간다. 재판이 불공정하다고 생각하면 사람들은 저항, 분노, 불만, 절망감을 드러낸다. 따라서 재판에 참여하는 사람들이 재판을 공평하고 정의롭다고 받아들여야만 사회 구성원에게 바람직한 영향과 공동체 의식을 불러일으킬 수 있기 때문에 형사재판은 피고인뿐 아니라 재판 절차에 관여하는 모든 사람들을 교육하고, 사회 통합을 이루어야 한다.[316]

그러므로 형사재판에서는 구두로 변론하게 하고 증인의 태도 등을 관찰하도록 해야 한다. 관찰 과정이 적정하면 입증도를 증가시킨다. 형사재판에서 검사의 주장은 고도로 확증되어야 하고, 확증에 이르기까지 검증을 거쳐야 한다. 이러한 검증 과정을 통해 당사자주의라는 가치에 부합하고, 적정 절차를 바라보게 해야 한다. 이러한 검증 구조를 띤 형사재판이 되어야 정당성을 띤 절차라고 할 수 있다. 그리고 이 같은 구조와 가치를 '절차적 검증주의procedural verification principle'라고 부를 수 있게 된다. 절차적인 측면에서 바라보았을 때, 심슨 재판은 절차적 검증에 충실했다. 그리고 형사재판이 증거의 신빙성만 판단하는 절차가 아님을 보여주었다. 나아가 절차적으로 정당하고, 올바른 형법의 집행이라는 형사재판 본연의 가치를 잘 그려냈다고 본다.

심리학에는 '텍사스 명사수의 오류texas sharpshooter fallacy'란 용어가 있다. 빈 벽에 총을 쏜 뒤 총알이 맞은 곳에 과녁을 그려 넣는 사수처럼 사람들은 우연히 발생한 일련의 사건들 주변에 원을 그려 넣음으로써 무질서한 상황에 의미가 있다고 판단한다.[317] 번디 길에 심슨의 신발로 보이는 발자국이 있고, 심슨의 피가 떨어진 사실 등으로 미루어 심슨이 니콜의 집에 다녀갔다고 볼 여지가 있다. 하지만 그런 사실 때문에 곧바로 심슨이 '범인'이라고 단정할 수는 없다. 다시 말해 심슨이 범인이라는 것은 잠정적으로 '진실'이 아니다. 평소 심슨은 니콜의 집에 자주 드나들었고, 사건 당일에도 두 사람은 나란히 딸의 댄스 공연을 참관했다. 오류에 이르지 않기 위해선 합리적 의심을 해야 한다. 그렇다면 '진실'과 '합리적 의심'은 어떤 관계가 있는지 생각해보자. 과학자와 역사가는 과거에 어떤 일이 있었기 때문에 앞으로도 어떤 일이 있을 것인가에 대한 일반 원칙이나 원리를 도출하려고 애쓴다. 역사가와 과학자는 진실과 거짓을 가리는 일에 힘쓴다. 하지만 그들에게는 형사소송법이 정하는 '자백 법칙'이나

'증거배제 법칙' 등이 주어지지 않는다. 또한 과학자나 역사가는 시민으로 구성된 배심원에게 사실 판단을 맡기지 않는다. 형사재판에서 진실의 발견은 중요한 목적이지만 진실만이 목적은 아니다. 형사재판에서 유죄를 선고하려면 '합리적 의심 없는 입증'을 해야 한다. 이는 객관적 진실 추구와 모순되는 것으로 비칠 수 있다. 형사재판에서는 불확실성을 염두에 두고 판단한다. 따라서 완전히 확실하다는 것을 전제로 판단하지 않는다. 심슨이 살인범이라고 생각하는 사람들은 심슨이 범인인지 아닌지 판단할 것이 아니라 검사의 증거에 '합리적 의심'이 있는지 없는지를 판단해야 한다. 형사재판에서 '합리적 의심'이라는 기준은 진실을 발견하는 데 장애물이 될 수도 있다. 그러나 장기적 안목으로 볼 때, 어떤 사건에서는 비록 진실이 희생되더라도 더 큰 가치를 바라봐야 한다. 예를 들어 강요나 협박으로 인한 자백을 허용하지 않으면 진실을 놓쳐버릴 수도 있지만 허위 자백을 막을 수도 있고, 장기적 관점에서 볼 때 오히려 진실 발견에 도움이 될 수도 있다.[318]

독일의 사회철학자 위르겐 하버마스Jürgen Habermas는 17세기 중반 이후 유럽의 커피하우스, 살롱, 독서 아카데미, 도서관 등의 공간과 제도에 주목한다. 여기서 절대군주제를 비판하는 목소리가 생겼다. 하버마스는 이렇게 여론이 생기는 영역을 '공론장Öffentlichkeit'이라고 불렀다. 그런데 이런 공론장은 사적 영역이 축소되면서 비판과 견제라는 원래의 기능을 수행하지 못하게 되었다.[319] 심슨 사건이 언론을 통해 대중의 관심을 갖게 되면서 인종, 성, 명사의 사회적 지위와 역

Jason wearing a dark-colored Knit cap while playing with his dog on his bed.
This Knit cap is suspected to be the one found at the crime scene, which
contained hairs from an African American male as well as hairs from a dog.

심슨은 마거릿과의 사이에 아들 제이슨을 두었다. 제이슨은 심슨의 기대와 달리 요리사의 길을 걸었다. 범행 현장에서 남색 털모자가 발견되었다. 그런데 후일, 제이슨이 이 남색 털모자를 쓴 모습이 찍힌 사진이 발견되었다. 그렇다면 제이슨이 범행 현장에 있었던 걸까? 심슨 사건을 17년이나 끈질기게 조사한 사립 탐정 윌리엄 디어는 제이슨이 살인과 관계있다는 41개의 정황증거를 찾았다고 주장한다. 제이슨에게는 마약과 폭행 전과가 있다. 제이슨은 사건 당일 저녁 9시 50분 이후의 알리바이가 없다. 그리고 디어는 제이슨이 쓰던 칼을 발견했는데, 범행 도구로 쓰인 것으로 언급된 칼과 비슷했다. 그리고 제이슨에게는 '간헐적 분노 조절 장애'가 있다. 여자 친구와 레스토랑 사장을 난폭하게 공격한 전력도 있다. 이러한 정황증거를 토대로 디어는 제이슨이 '간과된 용의자'이고, 진범일 거라고 추정한다.

할, 재판 제도를 포함한 사법 제도에 대한 비판의 목소리가 높아졌다. 심슨 사건이 남긴 가장 큰 유산이라면 '새로운 공론장'을 만들었다는 사실이다. 이들의 목소리가 옳고 그른지를 떠나, 시민이 재판 제도를 비판적인 안목에서 바라보고 새롭게 이해하려고 노력했다는 점에서 의미가 크다.

　미국의 법철학자 로널드 드워킨Ronald Myles Dworkin은 『법의 제국』에서,

법실증주의와 자연법주의 사이의 제3의 길을 모색했다. 드워킨에 의하면, 판사는 법을 해석할 때 공동체의 이익과 가장 조화로운 법률을 찾는다. 이러한 해석은 자연법주의에 선 것이다. 그리고 가장 도덕적인 해석 중에서 선례와 잘 부합하는 걸 선택해야 한다고 본다. 이것은 법실증주의 입장이다.[320] 드워킨의 이러한 견해는 미국인들이 재판을 어떻게 바라보고 이해하는지를 그대로 보여준다. 판결은 단순히 법을 해석하고 집행하는 절차가 아니라, 새로운 정의를 만들어내는 절차다. 그리고 형사재판에서 정의를 이루려면, 진실을 바라보아야 할 뿐 아니라 절차 자체도 정의로워야 한다. 형사재판에서는 아홉 명의 범인을 놓치더라도 한 명의 무고한 시민을 희생해선 안 된다. 이것이 '합리적 의심 원칙'이고, 이것이 형사재판을 지배하는 정의 중 하나다.

1 John Steinbeck, *The Grapes of Wrath*, 1939, The Viking Press / 김정숙 역, 『분노의 포도』, 금성출판사, 1981, 324쪽 이하.

2 존 스타인벡John Ernst Steinbeck(1902~1968)은 1930년대 미국 사회주의 리얼리즘을 대표하는 소설가이다. 주요 저서로 『분노의 포도』, 『에덴의 동쪽』 등이 있다. 노벨 문학상, 퓰리처상을 수상했다.

3 로드니 글렌 킹Rodney Glen King(1965~2012)은 아프리카계 미국인이다. 1991년 3월 2일, 신호를 어겨 백인 경찰관들에게 폭행을 당했고, 그 일로 청각 장애인이 되었다.

4 William C. Dear, *O. J. Is Innocent And I Can Prove It*, Skyhorse Pu., 2012, p. 86.

5 '아키타Akita'란 말은 일본 북부 산악 지역에서 유래했다. 두 종류가 있는데, '아키타 켄Akita Ken'은 일본종이고, '아키타 이누Akita Inu'는 알래스카종이다.

6 Vincent J. Schodolski, "Simpson Prosecution Relies On Barking Dog To Fix Time Of Murders", *Chicago Tribune*(February 9, 1995).

7 하이즈먼 상은 미식축구 선수이자 감독이었던 존 하이즈먼의 이름을 딴 상으로, 매년 가장 활발한 활동을 한 선수에게 주어진다.

8 Michael Janofsky, Sara Rimer, "A Troubled Life Unfolds: A special report; Simpson: 'Baddest Cat,' a polished Star, or Both?" *The New York Times*(June 26, 1994).

9 안나킴, 『LA 도시 산책』, 허밍버드, 2012, 109-119쪽.

10 Jeffrey Toobin, *The Run of his Life: The People v. O. J. Simpson*, Random

House, 2015, p. 13ff.

11 O. J. Simpson, *If I Did It: Confessions of The Killer*, Beaufort Books, 2008, pp. 1-4.

12 http://en.wikipedia.org/wiki/Nicole Brown Simpson(2015. 4. 20. 방문).

13 William C. Dear, op. cit., Skyhorse Pu., 2012, pp. 70-75.

14 Lyndia Richardson, "No Reports of Violence By Simpson's First Wife", *The New York Times*(June 29, 1994).

15 Josh Meyer, "Police Records Detail 1989 Beating That Led to Charge: Violence", *The Los Angeles Times*(June 17, 1994).

16 Jeffrey Toobin, op. cit., at 46-59.

17 http://en.wikipedia.org/wiki/O.J.Simpson Murder Case(2015. 6. 17. 방문).

18 이 집에서 니콜 브라운과 로널드 골드먼이 살해되었다. 살인 사건 후 '유령의 집'이 되어 매매 제시가보다 20만 달러 낮은 59만 달러에 팔렸다. 이후 새 주인은 대대적으로 개보수를 하고 번지를 879번지로 바꾸었다. 그리고 2009년에 이 집은 170만 달러에 팔렸다. http://my.xfinity.com/slideshow/news-hautedhomes/5(2015. 4. 10. 방문).

19 "In the news: Nicole Brown Simpson, July 3, 1994", *The Daily Mirror*(October 4, 2008).

20 Deniel Petrocelli, *Triumph of Justice: The Final Judgment of The Simpson Saga*, Random House, 1998, p. 111.

21 William C. Dear, op. cit., at 20-32.

22 http://en.wikipedia.org/wiki/Ronald Goldman(2015. 8. 6. 방문).

23 Carla Hall, Greg Krikorian, "Dreams of Better Days Died That Night: Ronald Goldman", *Los Angeles Times*(July 3, 1994).

24 William C. Dear, op. cit., at 32.

25 Ibid., pp. 270-274.

26 http://law2.umkc.edu/faculty/projects/trials/Simpson/Simpson.htm(2015. 6. 16. 방문).

27 O. J. Simpson, *If I Did It: Confessions of The Killer*, Beaufort Books, 2008, pp. 116-118.

28 "O. J. Simpson's Jacuzzi: The importance of Kato Kaelin Leaving the Jets on That Fateful Night"(http://www.poolandspa.com/page87.htm), Poolandspa.com 1996(2015. 6. 28. 방문).

29 http://en.wikipedia.org/wiki/O. J. Simpson muder case(2015. 6. 17. 방문).

30 이 사실은 필립 배내터와 랭이 쓴 『증거가 기각되다*Evidence Dismissed*』에 적혀 있다.

31 브렌트우드, 북서 로스앤젤레스, 다나 포인트, 오렌지 카운티 끝단은 교통 체증이 심한 곳이다. 전문가든 일반인이든 모두 브렌트우드에서 다나 포인트까지는 90분 이상 걸린다고 말했다. 배내터와 랭도 『증거가 기각되다』에서 식당에서 그들 집으로 가는 데 "적어도 90분이 소요된다"라고 적고 있다. Thomas H. Johnson, *The Real Crime*, Thomas H. Johnson, 2015, pp. 35-36.

32 Ibid., at 31-40.

33 Mike Gilbert, *How I Helped O. J. Get Away With Murder*, Regnery Pu., 2008, pp. 201-203; http://law2.umkc.edu/faculty/projects/ftrials/Simpson/Evideuce.htm(2015. 6. 22. 방문); Anne P. Carey et al., "Timeline of June 12, 1994; Murders of Nicole Brown Simpson and Ron Goldman", *USA Today*(March 4, 2016).

34 Jeffrey Toobin, op.cit., at 26-30.

35 Vincent Bugliosi, *Outrage: The Five Reasons Why O. J. Simpson Got Away With Murber*, W. W. Norton & Company, 1996. p. 24ff.

36 "Police Testimony Starts in Simpson Trial", *The New York Times*(February 10, 1995).

37 Jeffrey Toobin, op. cit., at 24-27.

38 "Police Testimony Starts in Simpson Trial", *The New York Times*(February 10, 1995).

39 Jeffrey Toobin, op. cit., at 30-32.

40 Tom Lange, Philip Vannatter, *Evidence Dismissed*, Pocket Books, 1997, pp. 34-37.

41 Bruce Weber, "Philip Vannatter, 70, Dies; O. J. Simpson Investigator", *The New York Times*(January 23, 2012).

42 William C. Thompson, "DNA Evidence in the O. J. Simpson Trial", *U. Colo. L. Rev.*, Vol. 67(1996), pp. 828-829.

43 Jeffrey Toobin, op. cit., at 37-39.

44 http://en.wikipedia.org/wiki/O.J. Simpson murder case(2015. 6. 17. 방문).

45 브롱코의 혈흔은 범행 직후인 1994년 6월 14일과 두 달 후인 8월 26일에 발견되었다. 대부분의 혈흔이 심슨의 DNA와 일치됐다. 그러나 8월에 계기반에서 발견된 세 개의 작은 핏자국은 심슨, 니콜, 로널드 골드먼의 DNA가 섞여 있었다. 검찰 측 전문가는 6월에도 심슨과 로널드 골드먼의 DNA가 섞여 있었다고 말했다. 그러나 변호인 측 전문가는 이러한 결과들은 불일치하고, 분석 때 잘못 다루었기 때문이라고 했다. 6월에 운전대에서 수집한 샘플은 심슨과 신원 미상인 사람의 DNA가 섞여 있었다. William C. Thompson, op. cit., at 829.

46 "Testimony of Dennis Fung in the O.J. Simpson trial", http://en.law2.umk c. edu/faculty/projects/ftrials/fungtest(2015. 5. 1. 방문).

47 Jeffrey Toobin, op. cit., at 41-46.

48 Thomas H. Johnson, *The Real Crime*, Thomas H. Johnson, 2015, p. 62.

49 William J. Stuntz, "O.J. Simpson, Bll Clinton, and The Transsubstantive Forth Amendment", *Harv. L. Rev.*, Vol. 842(2000-2001), pp. 841-845.

50 David Robinson, JR., "The Shift of the Balance of Advantage in Criminal Litigation: The Case of Mr. Simpson", *Akron L. Rev.*, Vol. 30(1996-1997), pp. 1-2.

51 https://en.wikipedia.org/wiki/Howard Weitzman(2015. 4. 5. 방문).

52 Brian Lowry, "From the couch: O.J.'s legacy continues", Fox Sports(June 21, 2010).

53 Peter Charles Hoffer, "Invisible Worlds and Criminal Trials The Cases of John Proctor and O.J. Simpson", *Am. J. Legal Hist.*, Vol. 287(1997), p. 308.

54 Jeffrey Toobin, op. cit., at 58-65.

55 Seth Hydans, "Lawyer for O. J. Simpson Quits Case", *The New York Times*(June 18, 1994).

56 미국 모델이자 TV 탤런트, 영화배우로, 시트콤 〈나의 누이 샘My Sister Sam〉 등에 출연했다. 1989년 7월 18일, 3년간 스토킹하던 존 바르도에 의해 살해되었다. Pete Axthlem, "An Inncent Life, a Heartbreaking Death", *People*(July 31, 1989).

57 http://en.wikipedia.org/wiki/Marcia Clark(2015. 4. 5. 방문).

58 David Margolick, "Blood Used in Frame - Up, Simpson Lawyers Assert", *The New York Times*(May 5, 1995).

59 "O. J. Simpson trial: Judge Ito rules that jury can see autopsy photos", CNN(December 31, 2007).

60 http://en.wikipedia.org/wiki/O. J. Simpson murder case(2015. 6. 17. 방문); Deniel Petrocelli, *Triump of Justice: The Final Judgment on the Simpson Saga*, Random House, 1998, p. 1ff.; Vincent Bugliosi, *Outrage: The Five Reasons Why O. J. Simpson Got Away With Murber*, W. W. Norton & Company, 1996, p. 24ff.

61 William C. Dear, op. cit., at 29-30.

62 Jeffrey Toobin, op. cit., at 80-81.

63 Seth Hydans, "Lawyer for O. J. Simpson Quits Case", *The New York Times*(June 18, 1994).

64 권영법, 『형사소송과 과학적 증거』, 세창출판사, 2012, 107-110쪽.

65 권영법, 『현대 형법 이론 - 총론』, 세창출판사, 2014, 303-307쪽.

66 Jeffrey Toobin, op. cit., at 83-87.

67 http://www.innocence project.org(2015. 4. 5. 방문).

68 "Simpson Team Taking Aim at DNA Laboratory", *The New York Times*(September 7, 1994).

69 William C. Dear, op. cit., at 387-397.

70 김형근, 『DNA, 연쇄살인의 길』, 글항아리, 2009, 179쪽.

71 Malone Vandam, "DNA, O. J., and Andrea Mazzola", *New Paltz Journal*(April 19, 2009).

72 David Margolick, "Simpson Expert Supports Conspiracy-Theory Defense", *The New York Times*(July 25, 1995).

73 "O. J. Simpson's Bizarre Saga In Ex-Wife's Murder Ends In Not Guilty Plea", *Jet*(July 4, 1994), p. 4.

74 Jim Newton, Shawn Hubler, "Simpson Held After Wild Chases: He's Charged With Murder of Ex-Wife, Friend", *Los Angeles Times*(June 18, 1994).

75 Jeffrey Toobin, op. cit., at 88-91.

76 Michael Finnegan, "Eric Garcetti invokes Latino-Jewish ancestry in mayor's race", *Los Angeles Times*(January 2, 2013).

77 "The Simpson Case; Text of the Letter From O. J. Simpson", *The New York*

Times(June 18, 1994).

78 여기서 심슨이 이야기하는 브래들리 웨인 휴스Bradley Wayne Hughes는 '퍼블릭 스토리지'의 창업자이고 루이스 막스Louis Marx는 장난감 제조업자이다. 프랭크 올슨Frank Olsen은 캘리포니아에 기반을 둔 전자제품 회사 경영인이고, 마크 패커Mark Packer는 라디오, TV 방송인이다. 데이비드 벤더David Bender는 정치인이자 라디오 토크쇼 진행자이다. 로버트 카다시안Robert Kardashian은 변호사이고, 음반사 경영인이다.

79 William C. Dear, op. cit., at 6ff.

80 Joan Gage, "O. J. Simpson's 'Suiside Letter' and the Smiley Face", *Huffpost Crime*(February 3, 2016).

81 Josh Peter, "Whatever happened to O. J. Simpson's white Ford Bronco?", *USA Today Sports*(June 17, 2014).

82 Jim Newton, "After chase Simpson said, 'sorry'", *Los Angeles Times*(June 9, 1994).

83 http://en.wikipedia.org/wiki/O. J. Simpson murder case(2015. 6. 17. 방문).

84 "O. J. Simpson trial: Transcript of Bronco Call", CNN NEWS(December 31, 2007).

85 https://en.wikipedia.org/wiki/zoey Tur(2015. 3. 23. 방문).

86 Vincent Bugliosi, op. cit., at 31ff.

87 William C. Dear, op. cit., at 6ff.

88 Bill Boyarsky, "The O. J. Simpson Murder Trial: Photographer Banished From Courthoust Isn't the Only One to Suffer", *Los Angeles Times*(June 22, 1995).

89 http://en.wikipedia.org/wiki/O. J. Simpson murder case(2015. 6. 17. 방문).

90 William C. Dear, op. cit., at 69ff.

91 Ibid., at 7ff.

92 Jim Newton, "After chase Simpson said, 'Sorry'", *Los Angeles Times*(June 19, 1994).

93 Jeffrey Toobin, op. cit., at 109-111.

94 Seth Mydans, "The Simpson Case: The Fugitive; Simpson is Charged, Chased, Arrested", *The New York Times*(June 18, 1994).

95 http://theunredacted.com/oj-simpson-a-killer-in-the-family(2015. 3. 2. 방문).

96 Mike Gilbert, *How I Helped O. J. Get Away With Murder*, Regnery Pu., 2008, 99. 67ff.

97 William C. Dear, op. cit., at 8-9.

98 John Fiske, "Admissible Postmodernity: Some Remarks on Rodney King, O. J. Simpson, and Contemporary", *U. S. F. L. Rev.*, Vol. 30(1995-1996), p. 20.

99 http://hoaxes.org/photo database/image/darkened mugshot(2015. 6. 6. 방문).

100 살인 사건 후 심슨의 로킹엄 저택은 1998년에 완전히 허물고 새로 지어졌다. 니콜이 살던 집은 대대적으로 개보수되었다. '메잘루나 레스토랑'은 커피 하우스로 바뀌었지만 옛 모습은 그대로 간직하고 있다. Lindsay, "Scene It Before: Robert Kardashian's Former Home from The People v. O. J. Simpson", *Los Angeles*(February 8, 2016).

101 "O. J. Simpson: America's Newest Crime of The Century", *Legal Stud. F.*, Vol. 711(2005), pp. 711-712.

102 심슨의 딸 시드니의 생일 파티를 마이클 잭슨의 '네버랜드Neverland'에서 열 정도로 심슨과 마이클 잭슨의 친분은 두터웠다. 잭슨이 아동 성추행죄로 재판을 받게 되자, 잭슨은 심슨과 마찬가지로 조니 코크런을 자신의 변호사로 선임했다. "Report: Simpson Has Party At Michael Jackson's Ranch", *Chicago Tribune*(October 23, 1995).

103 현성용 외, 『현대 심리학의 이해』, 학지사, 2013, 450-451쪽.

104 다음 날인 1994년 6월 23일자 《시애틀 타임스The Seattle Times》에도 '미친 심슨'이라는 자극적인 표현을 쓰면서 로스앤젤레스 경찰청이 흘린, 니콜의 911 녹음테이프에 대한 기사가 실렸다. "Crazy Simpson Described In 911 Call By Ex-Wife-Nicole Simpson Pleaded For Help In 1993 Incident", *The Seattle Times*(June 23, 1994).

105 Alan M. Derschowitz, *Reasonable Doubts: The Criminal Justice System and the O. J. Simpson Case*, A Touchstone Book, 1997, p. 19ff.

106 Pamela Kramer and Janet Rae-Dupree, "Not Guilty plea starts long battle for Simpson." *Knight Ridder Tribune*(June 21, 1994).

107 Jeffrey Toobin, op. cit., at 112-114.

108 Roger Anthony Fairfax, Jr., *Grand Jury 2. 0*, Carolina Academic Press, 2011, p. 199ff.

109 Roger M. Grace, "Trying the O. J. Simpson Case in Terrain Hostile to Prosecutor: It Wasn't Garcetti's Fault", *Metropolitan News-Enterprise*(May 3, 2010).

110 Jeffrey Toobin, op. cit., at 116-118.

111 Roger M. Grace, "Trying the O. J. Simpson Case in Terrain Hostile to Prosecutor: It Wasn't Garcetti's Fault", *Metropolitan News-Enterprise*(May 3, 2010).

112 "Garcetti Draws Criticism for 'Micromanagement', the Glove Debacle, the Fuhrman Fiasco", *Metropolitan News Enterprise*(January 22, 2010, 2015. 7. 6. 방문).

113 Marjorie Rosen, "The Man in the Gesthouse", *People*(September 12, 1994).

114 Jesse Katz, Stephen Braun, "Grand Jury Reportedly Probing Simpson Alibi: Crime: Family friend may have information on his actions on day of murders. No weapon has been found", *Los Angeles Times*(June 22, 1994).

115 http://en.wikipedia.org/wiki/O. J. Simpson murder case(2015. 6. 17. 방문).

116 Henry Weinstein, Jim Newton, "Transcripts Reveal New Details in Simpson Case: Investigation: Ex-boyfriend of Nicole Simpson told grand jury of defendant's intimidating behavior", *Los Angeles Times*(July 31, 1994).

117 Thomas H. Johnson, op. cit., at 65.

118 Kendall Coffey, "The O. J. Simpson Trial", *Crime Magazine*(May 9, 2011).

119 Alan M. Derschowitz, op. cit., at 24-26.

120 Ibid., at 28-29.

121 Jodi Enda, "Grand Jury Is Ordered Off Simpson Case the Judge Found That Grand Jurors Had Been Exposed To Publicity About the case. The Highly Unusual decision Was Good News For The Former Athlete", Philly. Com(June 25, 1994).

122 Jeffrey Toobin, op. cit., at 131-132.

123 Jim Newton, Andrea Ford, "Simpson Bought a Knife Weeks Before Slayings, Court Is Told: Testimony: Witnesses at opening of preliminary hearing say the defendant made the purchase in May. In Brentwood, police scour lot a renewed search for the weapon", *Los Angeles Times*(July 1, 1994).

124 Jodi Enda, "Simpson Bought Knife, Salesmen Testify It was Described As

A Sharpened Stiletto. Last Night, Part of A Knife Was Found In A Chicago Airport", Pilly. Com(July 1, 1994).

125 Andrea Ford, Jim Newton, "Prosecutors Get Reports on Mystery Envelope: Simpson case: Sources say contents are described as a Stiletto Knife and a receipt", *Los Angeles Times*(Semptember 02, 1994).

126 Alan M. Derschowitz, op. cit., at 30-33.

127 Jeffrey Toobin, op. cit., at 142-142.

128 http://en.wikipedia.org/wiki/O. J. Simpson murder case(2015. 6. 17. 방문).

129 George Anastaplo, "On Crime, Crimiral Lawyers, and O. J. Simpson: Plato's Georgias Revisited", *Loy. U. Chi. L. J.*(1994-1995), pp. 455-469.

130 http://en.wikipedia.org/wiki/O. J. Simpson murder case(2015. 6. 17. 방문).

131 Jeffrey Toobin, op. cit., at 165-170.

132 Thomas H. Johnson, op. cit., at 144-145.

133 Jim Newton, "Power Struggle In The Simpson Camp, Sourses Say Shapiro, Cochran Increasingly Compete For Limelight In Case", *Los Angeles Times*(September 9, 1994).

134 "Simpson Expected To Shuffle Legal Team, Demote Lead Attorney", *The Seattle Times*(January 2, 1995).

135 Vincent Bugliosi, op. cit., at 46-51.

136 Brown v. Board of Education of Topeka(1954).

137 http://en.wikipedia.org/wiki/Johnnie Cochran(2015. 10. 20. 방문).

138 JBHE Foundation. Inc, "Harris Poll of American Heroes: Two of the Three Leaders Are Black", *The Journal of Blacks in Higher Education*, No. 34(Winter, 2001-2002), p. 137.

139 William C. Thompson, "Proving The Case: The Science of DNA: DNA Evidence in the O J Simpson Trial", *U. Colo. L. Rev.*, Vol. 67(1995), pp. 827-832.

140 Christo Lassiter, "The O. J. Simpson Verdict: A Lesson in Black and White", *Mick. J. Race & L.*, Vol. 1(1996), p. 70.

141 Leonard M. Baynes, "A Time Kill, O. J. Simpson Trials, And Storytelling To Juries", *Loy. L. A. Ent. L. J.*, Vol. 17(1996-1997), pp. 560-561.

142 Christo Lassiter, op. cit., at 74-75.

143 Jeffrey Toobin, op. cit., at 184-187.

144 Jeffrey T. Frederick, *Mastering Voir Dire and Jury Selection*, American Bar Association, 2005 / 이은로 역, 『배심원 선정』, 한울, 2008, 20-22쪽.

145 David Ball, *Theater Tips & Strategies For Jury Trials*, The National Institute for Trial Advocacy, 2003 / 구본진 외 역, 『배심재판을 위한 연극 기법과 전략』, 박영사, 2007, 376-378쪽.

146 1989년부터 1999년까지 방영한 미국의 타블로이드 뉴스쇼. 의문 있는 사건들을 공격적으로 다루어 유명해졌다.

147 Andrea Ford, Jim Newton, "12 Simpson Jurors Are Sworn In: Trial: The eight-woman, four-man panel is predominantly black, Fifteen alternative will be adding in coming weeks", *Los Angeles Times*(November 4, 1994).

148 Jeffrey Toobin, op. cit., at 227-241.

149 Nancy S. Ehrenreich, "O. J. Simpson & the Myth of Gender / Race Conflict", *U. Colo. L. Rev.*, Vol. 67(1996), pp. 931-935.

150 미국의 변호사. 주로 민사 사건을 담당한다.

151 미국의 고생물학자, 진화생물학자, 과학사가이다

152 Roger C. Park, "Character Evidence Issues in the O. J. Simpson Case - or, Rationales of the Character Evidence Ban, Illustrations from the Simpson Case", *U. Colo. L. Rev.*, Vol. 67(1996), pp. 747-752.

153 http://en.wikipedia.org/wiki/Prosecutor's fallacy(2015. 8. 6. 방문).

154 Myrna S. Raeder, "The Women of the Simpson Case: Does Gender Affect Justice?", *Women Law. J.*, Vol. 81(1993-1994), pp. 13-15.

155 Leonard Mlodinow, *The Drunkard's Walk: How Randomness Rules Our Lives*, Material, 2008/ 이덕환 역, 『춤추는 술고래의 수학 이야기』, 까치, 2014, 161-162쪽.

156 Collin G. G. Aitiken, "Stastics in Forensic Science. Dart Ⅱ. and Aid to the Evacuation of Evidence", *Problems of Forensic Sciences*(2006), pp. 72-73.

157 Robert A. Pugsley, "The Courtroom is not, Television Studio: Why Judge Fujisaki made the Correct Call in gagging the Lawyers and Parties, and Banning the Cameras from The O. J. Simpson Civil Case", *Loy. L. A. Ent. L. J.*,

Vol. 17(1996-1997), pp. 370-371.

158 Adrew G. T. Moore Ⅱ, "The O. J. Simpson Trial-Triumph of Justice of Debade?", *St. Louis U. L. J.*, Vol, 41(1996-1997), pp. 9-40.

159 "O. J. Simpson: America's Newest Crime of The Century", *Legal Stud. F.* Vol. 711(2005), pp. 713-716.

160 David C. Kohler, Rupert Lewin-Smith, "The Coverage of O. J. Simpson-Only in Ameriea?", *Comm. Law*, Vol. 13(1995), p. 3.

161 Nadine Strossen, "Free Press and Fair Trial: Implications of the O. J. Simpson Case", *U. Tol. L. Rev.*, Vol. 26(1994-1995), pp. 647-648.

162 Gerald F. Uelmen, "The Trials of Two Centuries: Lizzie Borden Meets O. J. Simpson", *Litigation*, Vol. 57(1997-1998), pp. 7-58.

163 Jeffrey Toobin, op. cit., at 249-252.

164 "Ex-O. J. Simpson Prosecutor Christopher Darden Seeking Judgeship", *Metropolitan News-Enterprise*(December 18, 2007).

165 William C. Dear, op. cit., at 77ff.

166 캘리포니아 서북부에 있는 도시.

167 로스앤젤레스에 있는 경기장. 매년 1월 1일에 대학 대항 미식축구 경기가 열린다.

168 "The O. J. Simpson Murder Trial: Excerpts of Opening Statements by Simpson Prosecutors", *Los Angels Times*(January 25, 1995).

169 "The O. J. Simpson Murder Trial: Prosecutor's Added Opening Statement", *Los Angeles Times*(February 1, 1995).

170 Michael S. Gazzaniga, *The Ethical Brain*, Dana Press, 2005 / 김효은 역, 『윤리적 뇌』, 바다출판사, 2012, pp. 165-168.

171 David McRaney, *You are not so smart*, William Morris Endeavor Entertainment, 2011 / 박인균 역, 『착각의 심리학』, 추수밭, 2013, 32-211쪽.

172 Elizabeth Loftus, Katherine Ketcham, *The Myth of Repressed Memory*, Martin's Press, 1994 / 정준형 역, 『우리의 기억은 진짜 기억일까?』 도솔, 2008, 13쪽 이하.

173 Catherine Collin et al., *The Psychology Book*, Dorling Kindersley, 2012 / 이경희 외 역, 『심리의 책』, 지식캘린더, 2013, 204-207쪽.

174 Catherine Collin et al., 위의 책, 208-209쪽.

175 Neil v. Biggers, 409 U.S. 188, 401(1972).

176 배철현, 『신의 위대한 질문: 신이 원하는 것은 무엇인가』, 21세기북스, 2015, 33쪽.

177 Christo Lassiter, "The O. J. Simpson Verdict: A Lesson in Black and White", *Mick. J. Race & L.*, Vol. 1(1996), pp. 88-89.

178 Alan M. Derschowitz, op. cit., at 103.

179 Steven Strogatz, "Changes Are", *The New York Times*(April 25, 2010).

180 Jeffrey Toobin, op. cit., at 273-279.

181 http://edition.cnn.com/US/OJ/verdict/jury didnt see(2015. 6. 22. 방문).

182 sidebar conference. 판사와 대리인들이 사건에 대하여 의견을 조율하는 것. 배심원은 참여하지 않는다.

183 http://en.wikipedia.org/wiki/O. J. Simpson murder case(2015. 6. 17. 방문).

184 Jeffrey Toobin, op. cit., at 281-282.

185 Robin Clark, "Simpson Defense Presses Drung Link a Detective Faced a Barrage of Question. The Judge Ruled The Defense can see some Fuhrman Files", Philly. Com(March, 9, 1995).

186 http://en.wikipedia.org/wiki/O. J. Simpson murder case(2015. 6. 17. 방문).

187 Thomas H. Johnson, op. cit., at 69-79.

188 Jeffrey Toobin, op. cit., at 298-310.

189 Alan M. Dershowitz, *The Best Defense*, Random House, 2006 / 변용란 역, 『최고의 변론』, Image Box, 2006, 14-16쪽.

190 David Robinson, JR., "The Shift of the Balance of Advantage in Criminal Litigation: The Case of Mr. Simpson", *Akron L. Rev.*, Vol. 30(1996-1997), p. 5ff.

191 Isabelle R. Gunning, "An Essay on Teaching Race Issues In the Required Evidence Course: More Lessons fron the O. J. Simpson Case", *SW. U. L. Rev.*, Vol. 355(1998-1999), pp. 361-363.

192 William C. Dear, op. cit., at 313-326.

193 Alan M. Derschowitz, supra note 105, at 169-174.

194 David Robinson, JR., op. cit., at 5-8.

195 William C. Dear, op. cit., at 87-88.

196 Alan M. Derschowitz, supra note 105, at 49-66.

197 Thomas H. Johnson, op. cit., at 22-23.

198 Jeffrey Toobin, op. cit., at 148-154.

199 "USA: OJ Simpson Trial: Dennis Fung", You Tube(July 21, 2015).

200 Susan Caba, "O. J. Simpson Criminalist Assailed Dennis Fung Reeled Under Intense Questioning. The Defense Pressed Him On Handling of Evidence", *National Inquirer*(April 12, 1995).

201 Jessica Seigel, "Handshakes For All, Iucluding Simpson, As Fung End, Testimony", *Chicago Tribune*(April 19, 1995).

202 polymerase chain reaction. DNA를 반복하여 복제하는 기술로, 긴 DNA는 복사하기 어렵지만 짧은 DNA는 정확하게 복제한다.

203 restriction fragment length polymorphism tests. 제한 효소 절편 다형성이라는 특정 부위의 점 돌연변이에 의해 제한 효소로 절단했을 때 생기는 절편의 길이가 사람마다 다양하게 나타나는데 이를 통해 개인 식별을 한다.

204 Jeffrey Toobin, op. cit., at 338-342.

205 "FBI agents take center stage at simpson trial", CNN(September 14, 1995).

206 David Margolick, "F. B. I. Disputes Simpson Defense on Tainted Blood", *The New York Times*(July 26, 1995).

207 "Proof Socks were planted too(O. J. Simpson Trial)", You Tube(September 14, 2015).

208 Alan M. Derschowitz, supra note 105, at 74-90.

209 David Margolick, "Blood Used in Frame-Up, Simpson Lawyers Assert", *The New York Times*(May 5, 1995).

210 그녀는 심슨으로부터 피를 채취하고 범죄 현장에서 혈흔을 채취하여 비교하고 분석했다.

211 http://en.wikipedia.org/wiki/O. J. Simpson murder case(2015. 6. 17. 방문).

212 http://web.archive.org/web/2008020223509(2015. 6. 22. 방문).

213 http://www.courttv.com/trials/ojsimpson(2015. 6. 22. 방문).

214 William C. Thompson, "DNA Evidence in the O. J. Simpson Trial", *U. Colo. L. Rev.*, Vol. 67(1996), pp. 827-829.

215 Ibid., at 830-831.

216 "The O. J. Simpson Murder Trial", *Los Angeles Times*(August 3, 1995).

217 David Margolick, "Simpson's Lawyers Attack Handling of Blood Samples", *The New York Times*(April 13, 1995).

218 Robin Clark, "O. J. Simpson Lawyers Stress Frame-up Blood Was Dabbed On Socks, They Suggested. They Pressed Their Attack on Fuhrman", *National Inquirer*(August 1, 1995).

219 William C. Thompson, supra note 204, at 836-840.

220 Peg Tyre, "Thanks to O. J., Bruno Maglis are really big shoes", CNN interactive(January 23, 1997).

221 Thomas H. Johnson, op. cit., at 82-88.

222 "List of the evidence in the O. J. Simpson double-murder trial", *USA Today*(October 18, 1996).

223 Mark Davis, "In O. J. Simpson Trial, A Glove Link An Expert Said Simpson Wore The Same Type While Sportscasting As Those Collected As Evidence", *Inquirer*(Semptember 13, 1995).

224 Anne McDrmott, "Expert: Simpson's gloves match evidence", CNN(September 12, 1995).

225 http://law2.umkc.edu/faculty/projects/Simpson/Evideuce.html(2015. 6. 22. 방문).

226 Jeffrey Toobin, op. cit., at 363-365.

227 Mike Gilbert, op. cit., at 80-81.

228 Henry Weinstein, Andrea Ford, "Simpson Tries On Gloves Matching Murder Evidence", *Los Angeles Times*(June 12, 1995).

229 "Bloody Gloves Appear To Be A Poor Fit On OJ. Simpson", *Jet*(July 3, 1995), p. 59ff.

230 Bobby Polier, "Why Did The Gloves Not Fit OJ Simpson?", *Heavy*(February 16, 2016; http://heavy.com/entertainment/2006/02, 2016. 2. 16. 방문).

231 Linda Deutsch, "The OJ Simpson Case: 20 Years Later", *Southern California*(Jun 11, 2014).

232 "O. J. Simpson Trial: The gloves don't fit", CNN(December 31, 2007); Jessica Seigel, "New Gloves Make A Much Better Fit", *Chicago Tribune*(June 22, 1995).

233 George Fisher, "The O. J. Simpson Corpus," *Stan. L. Rev.*, Vol. 49(1996-1997), pp. 971-1002.

234 Alan M. Derschowitz, supra note 105, at 129-131.

235 "Bloody Gloves Appear To Be A Poor Fit On O. J. Simpson", *Jet*(July 3, 1995), p. 60.

236 "Ex-prosecutor: O. J. Simpson lawyer tampered with glove", *USA Today*(Semtember 8, 2012, 2015. 7. 6. 방문); http://en.wikipedia.org/wiki/O. J. Simpson murder case(2015. 6. 17. 방문); Terry Baynes, "Ex-prosecutor claims O. J. Simpson attorney tampered with glove", *Reuters*(Semptember 8, 2012).

237 Steven Keena, "Storm Warnings", *A. B. A. J.*, Vol. 8(1995), pp. 77-78.

238 Jeffrey Toobin, op. cit., at 348-355.

239 Henry Weinstein, Tim Rutten, "The O. J. Simpson Murder Trial: Ex-Juror Kept List of Panelists' Name in Violation of Ito's Order", *Los Angeles Times*(April 8, 1995).

240 Lauren Weigle, "Nicole Brown Simpson & Ron Goldman: The Murders & Crime Scene", *Heavy*(February 4, 2016).

241 http://en.wikipedia.org/wiki/O. J. Simpson murder case(2015. 6. 17. 방문).

242 "O. J. Simpson trial: The prosecution rests", CNN(December 31, 2007).

243 Jeffrey Tobbin, op. cit., at 373-374.

244 http://en.wikipedia.org/wiki/O. J. Simpson murder case(2015. 6. 17. 방문).

245 Dominick Dunne, "Was O. J. Simpson, Loving Father and Brother, or a Cold Blooded Killer?", VF NEWS(September 3, 2013).

246 Bill Boyarsky, "The O. J. Simpson Murder Trial: Fast Lane Ins't Where Most of L. A. Lives", *Los Angeles Times*(July 14, 1995).

247 Jeffrey Tobbin, op. cit., at 377-385.

248 Leonard M. Baynes, "A Time Kill, O. J. Simpson Trials, And Storytelling To Juries", *Loy. L. A. Ent. L. J.*, Vol. 17(1996-1997), pp. 558-559.

249 Jeffrey Toobin, op. cit., at 416-417.

250 George Anastaplo, "The O. J. Simpson Case Revisited", *Loy. U. Chi. L. J.*, Vol. 28(1996-1997), p. 465.

251 Joel J. Seidemann, *In the Interest of Justice*, Harper, 2004, p. 59ff.

252 Ibid., at 35-59.

253 법과학 분야에서 뛰어난 사람에게 수여하는 상이다.

254 스포츠 신문 기자가 심슨이 고동색 가죽 장갑을 끼고 빌스 경기에 참가하는 모습을 찍었다.

255 인종차별은 미국 수정헌법에서 금지하고 있다. 따라서 인종차별적인 발언은 위법이고, 처벌된다. 그러나 남녀차별적 발언에 대해서는 인종차별적 발언처럼 당장 처벌되지는 않는다. 매키니는 여성 작가로서, 이런 여성 비하 발언을 막겠다고 말한 것이다.

256 Nancy S. Ehrenreich, "O. J. Simpson & the Myth of Gender / Race Conflict", *U. Colo. L. Rev.*, Vol. 67(1996), p. 935.

257 http://en.wikipedia.org/wiki/O. J. Simpson murder case(2015. 6. 17. 방문).

258 Jeffrey Toobin, op. cit., at 425-431.

259 "1995: O. J. Simpson Verdict: 'Not guilty'", BBC NEWS(October 3, 1995).

260 "Jurors say evidence made the case for Simpson", CNN(October 4, 1995).

261 Peter Charles Hoffer, "Invisible Worlds and Criminal Trials The Cases of John Proctor and O. J. Simpson", *Am. J. Legal Hist.*, Vol. 287(1997), p. 307.

262 Johnnie L. Cochran, Jr., "Solilquy of A Master: Words from the Late, Great Johnnie L. Cochran, JR.", *Marshall L. Rev.*, Vol. 33(2007-2008), p. 2.

263 http://en.wikipedia.org/wiki/O. J. Simpson murder case(2015. 6. 17. 방문).

264 People v. Wheeler, 22 Cal. 3d 258, 583 P. 2d 748(1978).

265 Batson v. Kenturky, 476 U.S. 79(1986).

266 Vincent Bugliosi, op. cit., at 24-27.

267 Christo Lassiter, "The O. J. Simpson Verdict: A Lesson in Black and White", *Mick. J. Race & L.*, Vol. 1(1996), p. 69.

268 Jami Floyd, "The Other Box: Intersectionality and the O. J. Simpson Trial", *Hastings Women's L. J.*, Vol. 6(1995), pp. 273-274.

269 Vincent Bugliosi, op. cit., pp. 79-80.

270 Robert J. Cottrol, "Through, Glass Diversity: The O. J. Simpson Trial as racial Rorschach Test", *U. Colo. L. Rev.*, Vol. 67(1996), pp. 909-911.

271 Devon W. Carbado, "The Construction of O. J. Simpson as a Racial Victim", *Harv. C. R. - C. L. L.* Vol. 32(1997), pp. 42-58.

272 Marianne Wesson, "That's Story and I'm Stickin' to it: the Jury as Fifty Business in the Trial of O. J. Simpson and other Matters", *U. Colo. L. Rev.*, Vol. 67(1996), pp. 949-950.

273 배심원을 선정하는 데 도움을 주고, 배심원의 행동을 과학적으로 분석하는 일을 한다. 법률가들은 이들의 도움을 받아 소송 전략을 짠다.

274 Christopher B. Mueller, "Introduction: O. J. Simpson and The Criminal Justice System on Trial", *U. Colo. L. Rev.*, Vol. 67(1996), pp. 743-744.

275 Cheryl I. Harris, "Myths of Race and Gender in the Trials of O. J. Simpson and Susan Smith-Spectacles of our Times", *Washburn L. J.*, Vol. 35(1995-1996), pp. 252-253.

276 C. Keith Wingate, "The O. J. Simpson Trial Seeing the Elephant", *Hastings Women's L. J.*, Vol. 6(1995), p. 121.

277 Holland v. United States, 348 U. S. 121, 140(1954).

278 Donald F. Paine, "Direct Versus Circumstantial Evidence", *Tennessee Bar Journal*(Oct., 2012), p. 31.

279 People v. Scott, 176 Cal. App. 2d 458, 1 Cal. Rptr. 600(2d Dist. Ct. App. 1959); Columbia Law Review Association, "Murder Conviction upheld despite Lack of Direct Evidence of Corpus Delicti", *Columbia Law Review*, Vol. 61, No. 4(April, 1961), p. 740.

280 Columbia Law Review Association, "Sufficiency of Circumstantial Evidence in a Criminal Case", *Columbia Law Review*, Vol. 55, No. 4(April, 1955), p. 550.

281 Terry v. State, 2006 Ark., LEXIS 326(2006).

282 United States v. Winder, 2009. U.S. App. LEXIS, 3467(10th Cir. 2009).

283 Reid Hastie, Nancy Pennington, "The O. J. Simpson Stories: Behavioral Scientists' Reflections on the People of the State of California v. Orenthal James Simpson", *U. Colo. L. Rev.*, Vol. 67(1996), pp. 957-960.

284 Alan M. Derschowitz, supra note 105, at 69-70.

285 Ibid., at 72-90.

286 Gerald F. Uelmen, "Jury-Bashing and The O. J. Simpson Verdict", *Harv. J. L. & Pub. Pol'y*, Vol. 20(1996-1997), pp. 475-478.

287 Barbara Shapiro, "The Beyond Reasonable Doubt Doctrine: 'Moral

Comfort' or Standard of Proof?", *Law & Human*, Vol. 149(2008), pp. 149-172.

288 Kathryn M. Reinhard, "The Requirement of Proof Beyond a Reasonable for Increasing Sentences Beyond the Statutory Maximum: Why Apprend: v. New Jersey Should be Upheld", *Hamline Law Review*, Vol. 27(2004), p. 573.

289 Thomas J. Gardner, *Terry M. Anderson, Criminal Evidence: Principles and Cases*, 6th ed., Thomson Wadsworth, 2007, p. 58.

290 Ring v. Arizona, 536 U.S. 584(2002).

291 Jefferson L. Ingram, *Criminal Evidence*, 10th ed., LexisNexis, 2009, p. 57.

292 Richard L. Lippke, "Justifying the proof structure of criminal trials", *International Journal of Evidence & Proof*, Vol 17 Issue 4(2013), p. 322.

293 Louis Kaplow, "On the Optimal Burden of Proof", *Journal of Economy*, Vol. 119 Issue 9(Dec., 2011), p. 133.

294 Ring v. Arizona, 536 U.S. 584(2002).

295 Federico Picinali, "The threshold lies in the method: Instructing jurors about reasoning beyond reasonable doubt", *The International Journal of Evidence & Proof*, Vol. 19(3)(2005), pp. 139-141.

296 Carl Gustav Hempel, *Aspects of Scientific Explanation: and other Essays in the Philosophy of Science*, The Free Pree, 1965 / 전영삼 외 역, 『과학적 설명의 여러 측면 그리고 과학 철학에 관한 다른 논문들』, 나남, 2011, 24-25쪽.

297 Jack B. Weinstein, Ian Dewsbury, "Comment on the meaning of 'proof beyond a reasonable doubt'", *Law Prob. & Risk*, Vol. 167(2006), pp. 167-168.

298 Mandeep K. Dhami, "On Measuring Quantative Interpretations of Reasonable Doubt", *Journal of Experimental Psychology*, Vol. 14(December, 2008), p. 533.

299 Ibid.

300 Grace Witsil, "An Epistemological Look at the Standard of Proof for Future Danger Predictions under the Texas Capital Sentencing Scheme", *American Journal of Criminal Law*, Vol. 41 Issue 3(Summer, 2014), p. 229.

301 Azhar J. Minhas, "Proof Beyond a Reasonable Doubt: Shifting Sands of a

Bedrock?", *N. Ⅲ. U. L. Rev.*, Vol. 109(2002-2003), pp. 110-114.

302 C. G. Hempel, *Rational Action*, ed., by Landsman, Indian University Press, 1968, pp. 465ff(이초식 외, 『귀납 논리와 과학철학』, 철학과현실사, 2000, 298쪽에서 재인용-).

303 Elizabeth R. Tenney et al., "Unpacking the Doubt in Beyond a Reasonable Doubt: Plausible Alternative Stories Increase Not Guilty Verdicts", *Basic & Applied Social Psychology*, Vol. 31 Issue 1(Jan-Mar, 2009), p. 1ff.

304 Jon O. Newman, "Beyond Reasonable Doubt", *NYU. L. Rev*, Vol. 68(1993), p. 986; 강우예, 「과학 증거의 자유심증주의 제한에 대한 고찰」, 『형사법 연구』 제25권 제1호(2013), 348쪽에서 재인용.

305 송승헌, 「과실범에 있어 과실 판단과 인과관계 판단」, 『형사정책 연구』 제25권 제3호(2014. 가을), 78쪽.

306 Doron Menashe, "On the inadmissibility of the Aggregated Probabilities Principle", *Intermational Journal of Evidence & Proof*, Vol. 18 Issue 4(2014), p. 291.

307 김상준 외, 「유죄 결정 기준에 관한 실증과학적 접근」, 『한국심리학회지』 Vol. 4, No. 2(2013), 90쪽.

308 Alan M. Dershowitz, *The Best Defense*, Random House, 2006 / 변용란 역, 『앨런 M. 더쇼위츠의 최고의 변론』, IMAGE BOX, 2006, 169쪽.

309 베이즈주의는 과학 이론이 참일 가능성에 대한 철저한 거부를 주장한 포퍼주의에 대한 반론의 결과로 주장했다. 베이즈주의는 '베이즈[Bayes]'의 확률 이론을 이용하여 이론을 입증해주는 증거가 확실할 경우 이론에 대한 신뢰 확률이 올라간다는 것을 주장한다. 박일호, 「조건화의 입증: 조건화 옹호 논증」, 『논리 연구』 제16권 제2호, 한국논리학회(2013), 156쪽.

310 Peter Godfrey-Smith, *Theory and Reality*, The University of Chicago, 2003 / 한상기 역, 『과학철학 입문: 이론과 실제』, 서광사, 2014, 359쪽 이하.

311 여영서, 「입증의 정도를 어떻게 측정할 것인가?」, 『과학철학』, 제13권 제2호(2010), 43-44쪽.

312 베이즈주의자는 '사후 확률[posterior probability]'을 구하기 위해 '사전 확률[prior probability]'과 '조건 확률[conditional probability]'을 활용한다. 사전 확률은 이미 알려지고 확정된 정보나 사실과 관련된 확률을 말한다. 조건 확률은 이를 기초로 새로운 사실이 알려진 경우의 확률이다. 사전 확률과 조건 확률을 결합하면 사후 확률을 얻게 된다.

313 David A. Schum, *The Evidential Foundations of Probabilistic Reasonings*, Northwestern University Press, 1994, pp. 41-42.

314 전영삼, 「총체적 입증도, 입증도의 증가, 그리고 귀납의 입증론」, 『과학철학』 제15권 제2호(2012), 103-104쪽.

315 R. Carnap, *Logical Foundation of Probability*, Routledge & Kegan Paul, 1950; 전영삼, 위의 글 106쪽에서 재인용.

316 '의사소통 이론'을 제창한 위르겐 하버마스 역시 『사실성과 타당성』에서 법의 사회 통합 기능을 강조하고 있다. J. Habermas, *Faktizität und Geltung: Berträge zur Diskurstheorie des Rechts und demokritischen Rechtsstaats*, Suhrkamp Verlag, 1992 / 한상진 · 박영도 역, 『사실성과 타당성: 담론적 법 이론과 민주적 법치국가 이론』, 나남, 2010, 11쪽 이하.

317 David McRaney, *You are not so smart*, William Morris Endeavor Entertainment, 2011 / 박인균 역, 『착각의 심리학』, 추수밭, 2013, 195쪽.

318 Alan M. Derschowitz, supra note 105, at 36-41.

319 정재각, 『독일 사회 철학 강의』, 인간사랑, 2015, 580쪽 이하.

320 Ronald Dworkin, *Law's Empire*, Harvard University, 1986 / 장영민 역, 『법의 제국』, 아카넷, 2011, 13쪽 이하.

ORENTHAL
JAMES
SIM
PSON